全面注册制下
新三板挂牌全流程
法律合规指引

郭纹静 王菊叶 张丽丽 ◎ 著

中国检察出版社

图书在版编目（CIP）数据

全面注册制下新三板挂牌全流程法律合规指引 / 郭纹静，王菊叶，张丽丽著 . -- 北京：中国检察出版社，2023.4

ISBN 978-7-5102-2878-0

Ⅰ．①全… Ⅱ．①郭… ②王… ③张… Ⅲ．①中小企业—股票上市—金融法—研究—中国 Ⅳ．① D922.280.4

中国国家版本馆 CIP 数据核字（2023）第 033276 号

全面注册制下新三板挂牌全流程法律合规指引

郭纹静　王菊叶　张丽丽　著

责任编辑：	王　欢
技术编辑：	王英英
封面设计：	天之赋设计室
出版发行：	中国检察出版社
社　　址：	北京市石景山区香山南路 109 号（100144）
网　　址：	中国检察出版社（www.zgjccbs.com）
编辑电话：	（010）86423780
发行电话：	（010）86423726　86423727　86423728
	（010）86423730　86423732
经　　销：	新华书店
印　　刷：	保定市中画美凯印刷有限公司
开　　本：	A5
印　　张：	9.125
字　　数：	258 千字
版　　次：	2023 年 4 月第一版　　2023 年 4 月第一次印刷
书　　号：	ISBN 978 - 7 - 5102 - 2878 - 0
定　　价：	40.00 元

检察版图书，版权所有，侵权必究
如遇图书印装质量问题本社负责调换

前　言

　　企业合规最初为配合国际反商业贿赂的开展和合作而产生,这种着眼于防范企业商业贿赂犯罪的合规机制即为狭义的合规,一般被称为"小合规"。实际上,企业合规体系不仅包括违反商业贿赂法的反贿赂条款,还包括违反公司法和证券法规的反欺诈条款、违规信息披露条款、董监高诚信义务条款以及违反商业秘密保护法的侵犯商业秘密条款和违反跨国投资并购法规的违规投资并购条款,这种适用范围更为广泛的企业合规管理体系则是广义的合规,我们通常称为"大合规"。企业合规问题是一项跨学科的系统工程,因为企业合规首先是一个公司治理问题,属于商事法和公司法研究的新课题,同时,企业合规也涉及政府主管部门对企业的监管、指导、调查和处罚问题,是一个行政法的问题。对企业合规的认识既要站在宏观的角度多领域并驾齐驱推进,又要立足企业合规实务对某一领域进行深入研究,提出合规标准和合规方案。

　　我们自2016年新三板鼎盛时期开始接触新三板挂牌业务,伴随着新三板市场发展的起起落落,有幸亲历了新三板精选层诞生及退出，见证了北京证券交易所的诞生和发展。工作过程中我们习惯总结各个项目的重点问题审核要点、核查依据、常见瑕疵问题及其解决方案，并在项目中进行验证，积累了大量的企业挂牌上市的合规管理经验。值此最高人民检察院会同司法部、财政部、国家税务总局等九部门印发了《涉案企业合规建设、评估和审查办法（试行）》等一系列规范性文件，全面推动涉案企业合规改革试点工作之际，我们试图将在挂牌上市业务中形成的上市合规经验进行梳理、总结和编辑，汇成今日呈现给业界之拙作。

  本书打破普通著作侧重理论的传统，在开篇介绍了新三板的产生和发展历程，尔后主要从法律实务操作的角度介绍了新三板基础层、创新层、精选层挂牌业务的操作流程、合法合规审核要点、常见的瑕疵问题及合规解决方案。笔者从中小企业新三板挂牌和股票定向发行的角度，梳理了中小企业挂牌上市全流程应该遵循的合规标准，并提出合规方案，作为目前企业合规研究课题中的一个分支，我们大胆提出了企业上市合规的提法。

  截至本书交稿之日，新三板精选层挂牌企业已经顺利平移至北京证券交易所上市，精选层已经退出历史舞台。鉴于北京证券交易所平移了新三板精选层的大部分制度，北京证券交易所正式开市之前的上市业务通过新三板精选层挂牌进行项目申报等重要因素，笔者将新三板精选层挂牌业务收入本书，力图形成该部涵盖新三板历史上最多层级挂牌业务的著作。

值此本书出版之际，喜逢资本市场迎来全面注册制，鉴于此，笔者根据最新规则对有关内容进行了调整，衷心希望本书可以为广大法律工作者从事新三板挂牌业务提供合规思路及操作指引。本书是广大中小企业主、企业法务人员、广大投行人士和资本市场律师从事新三板挂牌业务的必备书籍。本书在写作过程中，得到了盖梦琪、周浩、李萍、陈家雄、曹国珍、洪乔、黄海滨、纪菲和王宇飞等团队律师和律师助理的热忱帮助，在此一并表示感谢。

由于能力和水平的限制，错讹之处，恳请读者批评指正。各位作者邮箱如下：王菊叶，wangjuye518@126.com；郭纹静，sandy329404@126.com；张丽丽，271677916@qq.com，欢迎读者来信交流。

王菊叶　郭纹静　张丽丽
2023年2月于北京

目 录

第一章　新三板挂牌基本情况概述　　1

第一节　新三板的产生和发展　　3
一、第一阶段：老三板市场阶段　　3
二、第二阶段：新三板区域试点阶段　　4
三、第三阶段：新三板扩容至全国进入蓬勃发展期　　5
四、第四阶段：新三板进入深度调整期　　6
五、第五阶段：新三板进入稳健发展期并成为北交所上市企业储备池　　10

第二节　新三板的市场功能及挂牌成本　　11
一、新三板挂牌的市场功能　　11
二、新三板挂牌的经济成本　　14

第三节　新三板挂牌企业赴北交所上市的路径　　17
一、新三板在我国多层次资本市场的地位　　17
二、挂牌企业实现北交所上市的路径　　18

第二章　新三板基础层和创新层挂牌法律合规　　19

第一节　新三板基础层和创新层挂牌的条件　　21
一、新三板基础层挂牌的合规条件　　21
二、新三板创新层挂牌的合规条件　　29

第二节　新三板基础层和创新层挂牌合规指引　32
　　一、新三板挂牌需要聘请的中介机构　32
　　二、新三板基础层及创新层挂牌流程　35

第三节　股东出资核查常见问题及合规方案　41
　　一、股东出资合法合规的核查要点　42
　　二、股东出资合法合规的核查过程和依据　42
　　三、股东出资核查的常见问题　43
　　四、股东出资常见问题的合规方案　44
　　五、股东出资合规案例分析　44

第四节　股权转让核查常见问题及合规方案　56
　　一、股权转让合法合规的核查要点　57
　　二、股权转让过程中对股权结构的核查过程和依据　58
　　三、股权转让核查的常见问题　58
　　四、股权转让常见问题的合规方案　59
　　五、股权转让合规案例分析　59

第五节　股权结构核查常见问题及合规方案　72
　　一、股权结构合法合规的核查要点　73
　　二、股权结构合法合规的核查过程和依据　73
　　三、股权结构核查的常见问题　74
　　四、股权结构常见问题的合规方案　75
　　五、股权结构合规案例分析　75

第六节　董监高核查常见问题及合规方案　87
　　一、董监高合法合规的核查要点　87
　　二、董监高合法合规的核查过程和依据　88
　　三、董监高核查的常见问题　89
　　四、董监高核查常见问题的合规方案　89
　　五、董监高合规案例分析　90

目 录

第一章　新三板挂牌基本情况概述　　1

第一节　新三板的产生和发展　　3
一、第一阶段：老三板市场阶段　　3
二、第二阶段：新三板区域试点阶段　　4
三、第三阶段：新三板扩容至全国进入蓬勃发展期　　5
四、第四阶段：新三板进入深度调整期　　6
五、第五阶段：新三板进入稳健发展期并成为北交所上市企业储备池　　10

第二节　新三板的市场功能及挂牌成本　　11
一、新三板挂牌的市场功能　　11
二、新三板挂牌的经济成本　　14

第三节　新三板挂牌企业赴北交所上市的路径　　17
一、新三板在我国多层次资本市场的地位　　17
二、挂牌企业实现北交所上市的路径　　18

第二章　新三板基础层和创新层挂牌法律合规　　19

第一节　新三板基础层和创新层挂牌的条件　　21
一、新三板基础层挂牌的合规条件　　21
二、新三板创新层挂牌的合规条件　　29

第二节 新三板基础层和创新层挂牌合规指引	32
一、新三板挂牌需要聘请的中介机构	32
二、新三板基础层及创新层挂牌流程	35

第三节 股东出资核查常见问题及合规方案	41
一、股东出资合法合规的核查要点	42
二、股东出资合法合规的核查过程和依据	42
三、股东出资核查的常见问题	43
四、股东出资常见问题的合规方案	44
五、股东出资合规案例分析	44

第四节 股权转让核查常见问题及合规方案	56
一、股权转让合法合规的核查要点	57
二、股权转让过程中对股权结构的核查过程和依据	58
三、股权转让核查的常见问题	58
四、股权转让常见问题的合规方案	59
五、股权转让合规案例分析	59

第五节 股权结构核查常见问题及合规方案	72
一、股权结构合法合规的核查要点	73
二、股权结构合法合规的核查过程和依据	73
三、股权结构核查的常见问题	74
四、股权结构常见问题的合规方案	75
五、股权结构合规案例分析	75

第六节 董监高核查常见问题及合规方案	87
一、董监高合法合规的核查要点	87
二、董监高合法合规的核查过程和依据	88
三、董监高核查的常见问题	89
四、董监高核查常见问题的合规方案	89
五、董监高合规案例分析	90

第七节　控股股东、实际控制人核查常见问题及合规方案　98
一、控股股东、实际控制人合法合规的核查要点　99
二、控股股东、实际控制人合法合规的核查过程及依据　99
三、控股股东、实际控制人核查的常见问题　102
四、控股股东、实际控制人核查常见问题的合规方案　102
五、控股股东、实际控制人合规案例分析　103

第八节　公司业务核查常见问题及合规方案　117
一、公司业务合法合规的核查要点　117
二、公司业务合法合规的核查过程和依据　118
三、公司业务核查的常见问题　120
四、公司业务核查常见问题的合规方案　120
五、公司业务合规案例分析　121

第九节　公司资产核查常见问题及合规方案　133
一、公司资产合法合规的核查要点　134
二、公司资产合法合规的核查过程和依据　135
三、公司资产核查的常见问题　136
四、公司资产常见问题的合规方案　136
五、公司资产合规案例分析　137

第十节　关联方、关联交易和重大担保核查常见问题及合规方案　146
一、关联方、关联交易和重大担保合法合规的核查要点　148
二、关联方、关联交易和重大担保合法合规的核查过程和依据　148
三、关联方、关联交易和重大担保核查的常见问题　149
四、关联方、关联交易和重大担保常见问题的合规方案　150
五、关联方、关联交易和重大担保合规案例分析　150

第十一节　同业竞争核查常见问题及合规方案　157
一、同业竞争的核查要点　159

二、同业竞争的核查过程和依据　　160

　　三、同业竞争核查的常见问题　　161

　　四、同业竞争常见问题的合规方案　　161

　　五、同业竞争合规案例分析　　161

第十二节　劳动用工核查常见问题及合规方案　　168

　　一、劳动用工合法合规的核查要点　　168

　　二、劳动用工合法合规的核查过程和依据　　169

　　三、劳动用工核查的常见问题　　170

　　四、劳动用工常见问题的合规方案　　170

　　五、劳动用工合规案例分析　　170

第十三节　环境保护、行业准入、产品质量及技术标准核查
　　　　　常见问题及合规方案　　176

　　一、环境保护、行业准入、产品质量和技术标准合法
　　　　合规的核查要点　　176

　　二、环境保护、行业准入、产品质量和技术标准合法
　　　　合规的核查过程及依据　　177

　　三、环境保护、行业准入、产品质量和技术标准核查
　　　　的常见问题　　178

　　四、环境保护、行业准入、产品质量和技术标准常见
　　　　问题的合规方案　　178

　　五、环境保护、行业准入、产品质量和技术标准合规
　　　　案例分析　　179

第十四节　诉讼、仲裁及行政处罚核查常见问题及合规方案　　188

　　一、诉讼、仲裁及行政处罚合法合规的核查要点　　189

　　二、诉讼、仲裁及行政处罚合法合规的核查过程和依据　　189

　　三、诉讼、仲裁及行政处罚核查常见问题　　190

　　四、诉讼、仲裁及行政处罚常见问题合规方案　　191

　　五、诉讼、仲裁及行政处罚合规案例分析　　191

第三章　新三板股票定向发行业务法律合规　　201

第一节　新三板股票定向发行基本情况　　203
一、股票定向发行业务常用法律规则　　204
二、股票定向发行业务的中介机构　　205

第二节　新三板股票定向发行的对象及发行流程　　207
一、股票定向发行的对象　　207
二、股票定向发行的业务流程　　212

第三节　新三板股票定向发行核查常见问题及合规方案　　218
一、股票定向发行业务合法合规的核查要点　　219
二、股票定向发行业务合法合规的核查过程和依据　　219
三、股票定向发行业务核查的常见问题　　220
四、股票定向发行业务常见问题的合规方案　　221
五、股票定向发行业务合规案例分析　　221

第四节　对赌等特殊投资条款常见问题及合规方案　　228
一、对赌等特殊投资条款对新三板挂牌的影响　　228
二、对赌等特殊投资相关法律规则体系　　229
三、对赌等特殊投资条款合法合规的核查要点　　237
四、对赌等特殊条款常见问题的合规方案　　238
五、对赌等特殊投资条款合规案例分析　　239

第四章　新三板精选层挂牌法律合规　　249

第一节　新三板精选层挂牌基本情况　　251
一、新三板精选层诞生　　251
二、设立精选层的意义　　253

三、精选层退出历史舞台　　　　　　　　　　　　255

第二节　新三板精选层挂牌合规指引　　　　　　　256
　一、精选层挂牌的合规条件　　　　　　　　　　256
　二、精选层挂牌适用的主要法律规则　　　　　　258
　三、企业挂牌精选层的流程和步骤　　　　　　　260

第三节　新三板精选层挂牌核查常见问题及合规方案　263
　一、精选层挂牌合法合规的核查要求及标准　　　263
　二、精选层挂牌合规案例分析　　　　　　　　　268

第一章
新三板挂牌基本情况概述

第一节 新三板的产生和发展

我国资本市场自20世纪90年代发展至今,已有四十余年的历史。在资本市场上,投资者与融资者主体身份及规模大小的不同,决定了其对资本市场金融服务的需求不尽相同,这种多样化需求决定了资本市场应该是一个多层次的市场体系。就我国资本市场而言,从交易的组织形式看,我国资本市场分为交易所市场(场内交易市场或集中交易市场)和场外交易市场。传统的场内场外市场按照物理概念划分,交易所市场的交易集中在交易大厅进行,场外交易市场即"OTC市场",又叫"柜台市场"或"店头市场",分散在各个证券商柜台的市场。但是随着信息科技发展,电子交易系统渐渐模糊两者的概念。场内交易市场的主板、创业板(俗称二板)、科创板、北交所[①]和场外市场的全国中小企业股份转让系统(俗称新三板)、区域性股权交易市场、证券公司主导的柜台市场共同组成了我国多层次资本市场体系。

新三板属于场外交易市场,全称全国中小企业股份转让系统,是我国多层次资本市场的有机组成部分。新三板由原来的老三板发展而来,历经扩展期、蓬勃发展期、市场低迷期和平稳期,其各个阶段的基本情况和特点均不相同。

一、第一阶段:老三板市场阶段

三板市场,即代办股份转让系统,也即常说的股权交易市场,

[①] 此处的北交所特指北交所上市板块,由于北京证券交易所成立时间较短,目前没有区分不同的上市板块,因此,业内将企业赴北交所上市称为北交所上市或北交所。

是场外交易市场，简称"OTC市场"，或称"场外交易电子柜台交易板"。代办股份转让系统作为我国多层次证券市场体系的一部分，于 2001 年 7 月 6 日正式开办，是指经过证券业协会批准，由具有代办非上市公司股份转让业务资格的证券公司采用电子交易方式，为非上市公司提供的特别转让服务，其作用是发挥证券公司的中介机构作用，充分利用代办股份转让系统现有的证券公司网点体系，方便投资者进行股份转让。

当时的三板证券市场是由全国证券交易自动报价系统 STAQ 和 NET 组成。为妥善解决原 STAQ 和 NET 系统挂牌公司流通股的转让问题，经中国证监会批准，中国证券业协会于 2001 年 6 月 12 日发布了《证券公司代办股份转让服务业务试点办法》，代办股份转让工作正式启动，7 月 16 日第一家股份转让公司挂牌。同时为了解决退市公司股份转让问题，2002 年 8 月 29 日起，中国证券业协会将退市公司也纳入代办股份转让试点范围。

二、第二阶段：新三板区域试点阶段

为解决三板市场的遗留问题，北京市政府与当时的科技部自 2003 年底开始联合向国务院上报《关于中关村科技园区非上市股份有限公司进入证券公司代表股份转让系统进行试点的请示》，经过两年多的筹备、策划和多方努力，2006 年 1 月 16 日，正式推出新三板。所谓新三板是针对之前的三板市场即所谓的老三板而言的，新三板产生后，由于当时的服务区域仅限于中关村科技园区一个特定的区域，加之受到企业性质、投资者身份及融资功能的限制，新三板并未受到市场的追捧，挂牌企业相对较少。

为进一步提升新三板的市场功能，2012 年 9 月 7 日，中国证监会与北京市、天津市、上海市、湖北省四地政府分别签署扩大新三板合作市场备忘录。至此，除北京中关村科技园区外，天津滨海高新技术产业开发区、上海张江高新技术园区、武汉东湖高新技术开发区等四个高新技术开发区的企业均可以在新三板挂牌报价转让。

新三板试点扩大到上述 4 个省或直辖市的园区之后，引起了市场的极大关注。仅2012年一年在新三板挂牌的企业就有105家之多，超过之前2006年至2012年6月总挂牌企业的数量，这预示着新三板市场即将迎来快速增长的阶段。

三、第三阶段：新三板扩容至全国进入蓬勃发展期

2012年9月20日，全国中小企业股份转让系统有限责任公司[①]（全国股转公司）成立。2013年1月16日，全国股转公司正式揭牌运营，这是全国场外市场从试点走向规范性运行的重要转折。自此，新三板的正式名称由"中关村股份转让试点"变更为"全国中小企业股份转让系统"[②]（也称全国股转系统），全国场外市场的运作管理机构也从原来的中国证券业协会变更为全国股转公司，先前在新三板挂牌的公司全部由全国股转公司承接。

2013年2月初，全国股转公司发布5个通知、4个细则、4个暂行办法及4个指引。其中2013年2月8日发布的《全国中小企业股份转让系统业务规则（试行）》规定，股份有限公司申请股票在全国股份转让系统挂牌，不受股东所有制性质的限制，不限于高新技术企业。

2013年6月19日，国务院常务会议研究部署金融支持经济结构调整和转型升级的政策措施，会议决定将中小企业股份转让系统试点扩大至全国，鼓励创新、创业型中小企业融资发展。2013年12

---

① 全国中小企业股份转让系统有限责任公司成立于2012年9月20日，公司在国家工商总局注册成立，注册资本30亿元。上海证券交易所、深圳证券交易所、中国证券登记结算有限责任公司、上海期货交易所、中国金融期货交易所股份有限公司、郑州商品交易所、大连商品交易所为公司股东单位。其经营范围为组织安排非上市股份公司股份的公开转让，为非上市股份公司融资、并购等相关业务提供服务，为市场参与人提供信息、技术和培训服务。如无特别说明，本书所有全国股转公司均指全国中小企业股份转让系统有限责任公司。

② 全国中小企业股份转让系统（National Equities Exchange and Quotations，NEEQ），是经国务院批准设立的全国性证券交易场所，全国中小企业股份转让系统有限责任公司为其运营管理机构。如无特别说明，本书所有全国股转系统均指全国中小企业股份转让系统。

月14日，国务院正式发布了《关于全国中小企业股份转让系统有关问题的决定》，标志着新三板从试点阶段正式进入扩容阶段。2013年12月31日起，股份转让系统开始面向全国受理企业挂牌申请，在短短的两个月内，挂牌企业呈现出井喷式发展，这表明新三板在历经多年的低迷之后，已经迎来新的机遇和新的发展阶段。

2014年6月5日，《全国中小企业股份转让系统做市商做市业务管理规定（试行）》发布实施，该管理规定与前期已发布实施的《全国中小企业股份转让系统股票转让细则（试行）》一起，构成了全国股份转让系统挂牌公司股票做市转让业务的基本制度框架。《全国中小企业股份转让系统做市商做市业务管理规定（试行）》共23条，主要内容包括做市业务准入与终止，做市业务内部管理制度，做市业务管理、决策及相关部门职责，禁止性规定，自律管理等五方面，全国股转系统采用的传统竞争性做市商制度是我国证券市场的一次创新尝试，做市商制度在一定程度上促进了新三板的发展。

全国股转系统公开的数据显示，截至2017年6月末，新三板挂牌公司共计11314家，到了2017年11月末，这一数值一度冲击到11645家，也达到了新三板自成立以来挂牌数量的峰值。

四、第四阶段：新三板进入深度调整期

根据全国股转系统官网公开显示，2017年12月开始，新三板挂牌公司数量开始出现不同程度的下降，之后便一路下滑，主要原因是新增挂牌的数量开始减少，而终止挂牌的公司数量开始逐渐增多。2018年4月，挂牌公司净减少家数达到177家，新三板市场摘牌潮涌，截至2018年6月8日，新三板挂牌公司家数为11298家，较2017年12月末的11630家减少了332家。①

据Wind数据显示，2019年上半年新三板新增挂牌企业153家，摘牌企业达923家，摘牌企业是新挂牌企业的6倍多。2019年末，

---

① 数据引自Wind网站，网址：https://www.wind.com.cn/NewSite/edb.html，2020年11月访问。

新三板挂牌企业再度迎来摘牌小高峰，新三板摘牌企业数量在 2019 年超过 1900 家，新三板挂牌企业总数量减少至 9000 家以下，截至 2021 年 5 月 27 日，新三板挂牌公司总数为 7517 家。①

挂牌公司退市的原因，除了少部分公司因登陆创业板从新三板摘牌外，其余大部分公司均给出了"根据业务发展"或"长期战略发展规划"的理由，不少企业进一步提到摘牌是为了"提高运营效率"或"减少挂牌维护成本"。

为提升新三板流动性，全国股转公司出台了许多增强投资者信心的政策。2019 年 1 月 25 日，全国股转公司发布关于修订《全国中小企业股份转让系统做市商做市业务管理规定（试行）》部分条款的公告（股转系统公告〔2019〕141 号），对做市商制度的部分条款进行了修订和完善。

2019 年 12 月 27 日，全国股转系统发布《全国中小企业股份转让系统分层管理办法》（股转系统公告〔2019〕1843 号），这是监管层为了完善分层管理，优化市场层级结构，对《全国中小企业股份转让系统挂牌公司分层管理办法》进行的修订，修订后更名为《全国中小企业股份转让系统分层管理办法》。根据该管理办法，全国股转系统在原来基础层、创新层的基础上增设精选层，符合不同条件的挂牌公司分别纳入不同市场层级管理。符合中国证监会、证券交易所和全国股转公司有关规定的精选层挂牌公司，可以直接向证券交易所申请上市交易。本管理办法为新三板公司转板创造了条件、开辟了通道。

2019 年 12 月 27 日，全国股转公司对《全国中小企业股份转让系统投资者适当性管理办法》（股转系统公告〔2019〕1845 号）进行了修订，这是本管理办法自 2013 年实施以来的第三次修订，本次修订降低了投资者适当性的标准，将原来的 500 万元降低为 100 万元或 150 万元，这是全国股转公司为加强挂牌公司流动性的重要举措。

2020 年 2 月 26 日，全国股转公司和中国证券登记结算有限责

---

① 参见全国中小企业股份转让系统官网，网址：http://www.neeq.com.cn/，2021 年 5 月 30 日访问。

任公司联合发布《全国中小企业股份转让系统股票向不特定合格投资者公开发行并在精选层挂牌与承销业务实施细则（试行）》（股转系统公告〔2020〕140号）。这是鉴于新三板市场积累的一批创新驱动特征突出、市场认可度高、公司治理规范、财务状况良好的优质公司，这些公司对融资规模和融资效率有了更高需求的背景，为优化发行机制，而推出的向不特定合格投资者公开发行股票的制度，该制度的出台，将为完善市场融资功能，满足优质挂牌公司的迫切需求，形成示范引导效应。

2020年2月28日，全国股转公司发布《全国中小企业股份转让系统精选层挂牌审查细则（试行）》（股转系统公告〔2020〕155号），这是全国股转公司对挂牌公司申请股票在精选层挂牌进行自律审查的文件依据，给符合条件的挂牌公司申请股票在精选层挂牌提供的具体操作指引。

全国股转系统官网数据显示，截至2021年10月13日，在新三板挂牌的企业总量为7255家，其中基础层5942家，创新层1247家，精选层66家。相较于2020年3月底，挂牌企业虽然总量有所减少，但挂牌公司进入创新层和精选层数量增加，创新层企业由3月的662家增加至1247家，[①] 精选层企业则由32家增加至66家，上涨幅度较大。截至精选层企业平移至北交所之日，精选层挂牌企业共计81家，平移后导致新三板挂牌企业数量相应减少，截至2022年7月13日，新三板挂牌企业总股本、成交股数和成交金额等基本情况见表1：

表1 挂牌企业股本及交易基本情况

数量（只）	总股本（亿股）	流通股本（亿股）	成交股数（万股）	成交金额（万元）
6719	4507.87	2753.12	6640.91	34144.60

[①] 数据引自全国中小企业股份转让系统官网，网址：http://www.neeq.com.cn/，2021年10月13日访问。

挂牌企业在地域分布上呈现出明显的区域特征，经济比较发达的北上广地区及江浙地区偏多，西部地区则相对较少。从地域分布上看，北京、广东和江苏数量较多，位于第一梯队，其次是浙江和山东。

根据全国股转系统官网的数据[①]，经笔者统计，截至2022年7月13日，各省、自治区和直辖市挂牌企业的数量及排名如表2所示：

表2 挂牌企业地域分布数量统计表

排名顺序	省、自治区、直辖市名称	挂牌企业数量（含精选层、创新层、基础层）	排名顺序	省、自治区、直辖市名称	挂牌企业数量（含精选层、创新层、基础层）
1	广东	962	17	江西	95
2	北京	874	18	重庆	84
3	江苏	846	19	山西	82
4	浙江	608	20	云南	63
5	上海	496	21	黑龙江	60
6	山东	424	22	吉林	56
7	湖北	249	23	新疆	55
8	安徽	247	24	广西	54
9	河南	244	25	内蒙古	45
10	福建	229	26	宁夏	42
11	四川	199	27	贵州	36
12	河北	184	28	海南	30
13	辽宁	145	29	甘肃	26
14	湖南	130	30	西藏	11
15	天津	129	31	青海	2
16	陕西	125			

① 参见全国中小企业股份转让系统官网，网址：http://www.neeq.com.cn/，2022年7月13日访问。

五、第五阶段：新三板进入稳健发展期并成为北交所上市企业储备池

精选层推出后，优质挂牌企业进入精选层意愿较强，这在一定程度上促进了新三板的发展。为进一步深化新三板改革，经国务院批准，中央于 2021 年在新三板多年运营的基础上组建了北交所，北交所的设立是中央深化新三板改革的成果。北交所成立后，新三板精选层挂牌公司被平移至北交所，精选层在完成历史使命后退出全国中小企业股份转让系统。目前，新三板的分层管理制度仅包含基础层和创新层，根据全国中小企业系统官网显示，截至 2022 年 7 月 1 日，在新三板挂牌企业共计 6729 家，其分层情况及交易方式如表 3 所示：

表 3　新三板挂牌企业情况

入层情况	挂牌数量（家）	集合竞价（家）	做市交易（家）	总股本（亿股）	流通股本（亿股）
基础层	5033	4851	182	2902.85	1822.22
创新层	1696	1476	220	1603.67	930.25
合计	6729	6327	402	4506.52	2752.47

相较于 2021 年 10 月 13 日的 7255 家，新三板挂牌企业数量有所减少，考虑到除去精选层挂牌企业已经平移至北交所，新三板挂牌企业数量变化不大，新三板市场进入相对稳健的发展期。

全国股转系统官网数据显示，2022 年上半年，共计 79 家企业完成新三板挂牌，79 家公司的收入平均值是 2.612 亿元，利润平均值是 2352 万元，收入的中位数是 2.01 亿元，利润的中位数是 1878 万元。目前单纯为新三板挂牌的企业特别少，基本都是为了完成北交所上市而先行进行挂牌。目前挂牌的部分企业的财务数据已经满足了北交所上市的财务指标，新三板已经成为北交所上市的储备池，是真正的 PRE-IPO 企业的聚集地。随着赴北交所上市企业的逐渐增加，新三板挂牌企业的质量迎来新的提升，新三板进入稳健的发展期，成为北交所上市企业储备池名副其实。

第二节　新三板的市场功能及挂牌成本

新三板自2013年扩容至全国后，挂牌企业数量一度如雨后春笋般突飞猛进。新三板在很多地方确实是实现了突破，但客观而言，新三板的合格投资者及其流动性问题一直难以让人满意，在北交所诞生之前，很多股市投资者甚至根本就不知道市场体系中还有新三板的存在。对新三板稍有了解的投资者普遍认为新三板的流动性不强，其流动性需要进一步提升。多年来，监管部门一直致力于解决新三板的流动性问题，新三板分层制度、做市商制度、集合竞价制度均为提升新三板活力、增加流动性而产生，特别是新三板精选层制度，其已经具备了向不特定合格投资者公开发行股票的功能。

北交所成立后，新三板挂牌作为北交所上市的首要环节，其与北交所共同发挥了市场的融资功能。新三板与北交所作为我国多层次资本市场的有机组成部分，其积极功能不容小觑，随着北交所制度的逐步建设和完善，在北交所上市的公司，必将吸引更多的机构投资者和高净值个人投资者，其融资及规范公司治理等积极功能将进一步得以加强并提升。

一、新三板挂牌的市场功能

（一）规范公司治理功能

新三板挂牌是北交所上市的第一步，而规范公司治理则是新三板挂牌的第一步。建立完善的公司治理结构、厘清企业产权关系、完善财务及税收制度、规范企业用工制度并建立完善的信息披露制度是规范公司治理的应有之义。一般而言，主办券商在对拟挂牌企业进行初步尽职调查之后，会联合律师事务所对拟挂牌企业的公司制度等进行规范，帮助企业建立规范的公司治理结构等制度。

在规范公司治理的过程中，律师事务所会帮助企业逐步建立起一套符合行业特点和本企业特色的相关公司治理制度、财税关系制度、劳动用工等现代企业管理制度，同时也会对于企业现行存在不合法不合规的制度进行调整修改，甚至要求企业补交税收、员工社保等。因此，在规范过程中，部分企业会因此付出一定的经济代价就显得不可避免，这就需要企业高管、控股股东和实际控制人结合中介机构的意见对企业的长远发展规划、预期经济指标进行综合评估，最终对是否进行挂牌作出选择。但是无论这种代价几何，对于任何即将进入资本市场的市场主体而言，这种规范是必需的，从长远来看对企业发展也是有利的。

（二）融资功能

中小企业融资难是当今中小企业面临的主要问题，融资难的原因除了社会因素之外，主要原因是大多数中小企业是轻资产企业，企业缺少可以用于抵押的房地产及机器设备等有效资产，加之这类企业普遍规模较小，尚未形成稳定的盈利模式，传统的信贷支持非常有效。

企业在新三板挂牌暨北交所上市后，企业股权实现标准化，获得流动性之后，可以采取股权质押的方式向银行申请贷款。目前，新三板已经和多家国有商业银行、股份制银行建立了合作关系，多家银行推出了挂牌企业小额贷专项产品，就质押股份价值超出净资产部分提供授信增额。挂牌企业可以在申请挂牌的同时或挂牌后以定向增发的形式进行股权融资，定向增发可以申请一次核准，分期发行。

符合条件的挂牌企业可以发行中小企业私募债，《中小企业私募债试点办法》明确试点期间中小企业私募债券的发行人为未上市的中小微企业，具体来说，是指符合《关于印发中小企业划型标准规定的通知》（工信部联企业〔2011〕300号）规定的，但未在上海证券交易所和深圳证券交易所上市的中小微型企业，暂不包括房地产企业和金融企业。私募债是一种便捷高效的融资方式，其发行审核采取备案制，审批周期更快。没有对募集资金进行明确约定，资金使用的监管较松，发行人可根据自身业务需要设定合理的募集资金用途，如偿还贷款、补充营运资金，若企业需要，也可用于募投项目投资、股权收购等方面，资金用途相对灵活。同时，私募债的综合融资成本比信托资金和民间借贷低，部分地区还能获得政策贴息。已经有不少券商的资管子公司或者基金开始募集新三板投资基金，针对新三板企业进行精选投资。未来新三板公司的融资功能应该确实可以得到提升。

（三）价值发现功能

北交所定位为专精特新中小企业提供服务，新三板定位于为创新创业型中小微企业服务，这类企业具有较好的发展前景，加之在挂牌之前就规范了公司治理，建立了现代企业制度。企业在挂牌之后持续规范地进行信息披露，使得挂牌企业更易于被各类投资机构关注，有利于各类市场主体发现企业的价值。

由于挂牌企业业绩不确定性较大，普通投资者对其缺乏专业判断，导致市场参与度较低，交易不活跃。做市商制度的推出，促进了挂牌公司的价值发现。所谓做市商制度，是指在证券市场上由具备一定实力和信誉的独立证券经营法人作为特许交易商，不断向公众投资者报出某些特定证券的买卖价格（即双向报价），并在该价位上接受公众投资者的买卖要求，以其自有资金和证券与投资者进行证券交易。而做市商利用其专业优势，能够对股票进行较为合理的市场估值，通过不断向投资者提供买卖双向报价，保证市场交易连续进行。在做市转让方式下，投资者之间不能成交。做市商最重要的是具有价值发现功能，通过专业估值促使股票价格更趋近于其实际价值。

《北京证券交易所投资者适当性管理办法（试行）》规定，个人投资者参与北交所交易需满足"20个交易日证券账户和资金账户内的资产日均不低于人民币50万元"，这意味着北交所合格投资者门槛进一步降低，这与科创板目前的标准一致。投资者门槛的降低势必会促进市场流动性，提升市场活力，将会促进一大批挂牌新三板的专精特新中小企业市场价值的重新发现。

(四)重组并购功能

新三板挂牌的公司在公司治理、财务和税务方面得到了规范,它获得的是券商、会计师、律师和全国股转公司的隐藏信誉保证,在投资者的寻找上也会更为便利。由于公司的信息已经在一个全国性平台上面进行披露和展示,因而公司在经营情况良好的前提下,寻找投资者毫无疑问是有优势的。新三板给各挂牌公司及其实际控制人提供了信息沟通平台,各挂牌主体可以更好地根据自身企业的优势和对上下游企业的需要,实现对其他企业的重组并购,实现自身优势。

从操作实务看,各类市场主体特别是上市公司、国有大中型企业和集团公司,在进行产业结构升级、公司功能整合中,普遍倾向在挂牌公司中选择吸收并购或重组的相对方,究其原因,得益于挂牌公司良好的公司治理和信息披露制度,使得各市场主体在对挂牌公司进行并购或重组时的信息成本或沟通成本减少,在一定程度上降低了重组并购的风险。

二、新三板挂牌的经济成本

新三板挂牌企业无论选择止步于基础层和创新层,还是选择北交所上市,均会产生一定的上市及挂牌费用。这些费用除了企业在上市过程中产生的整改及规范费用外,还包括企业支付给中介机构的费用以及向全国股转公司缴纳的费用。

企业在新三板挂牌,除挂牌项目直接付给中介机构的费用,在挂牌前后还需要向全国股转公司和有关中介机构缴纳或支付其他费用。2013年2月8日,全国股转公司经中国证监会批准,发布《关于全国中小企业股份转让系统有限责任公司有关收费事宜的通知》(股转系统公告〔2013〕7号),对企业挂牌新三板挂牌费用和交易费用作出了明确的规定。此后,全国股转公司针对部分地区陆续出台了收费优惠,根据全国股转公司2019年2月公布的最新收费明细,截至2020年11月7日,全国股转公司收费项目及标准如表4所示:

（一）挂牌公司初费和年费费用

表4　挂牌公司初费及年费明细表

收费项目	收费标准	收费依据	优惠政策
挂牌初费	总股本2000万股（含）以下，3万元； 总股本2000万—5000万股（含），5万元； 总股本5000万—10000万股（含），8万元； 总股本10000万股以上，10万元	（1）《关于全国中小企业股份转让系统有限责任公司有关收费事宜的通知》（股转系统公告〔2013〕7号）； （2）《关于暂免征收民族自治地区挂牌公司挂牌费用的公告》（股转系统公告〔2015〕30号）； （3）《关于暂免征收贫困地区挂牌公司挂牌初费的公告》（股转系统公告〔2017〕7号）	（1）自2015年1月1日起暂免征收注册在内蒙古、广西、西藏、宁夏和新疆5个民族自治地区的挂牌公司挂牌初费。 （2）自2017年1月1日起暂免征收注册在贫困地区的挂牌公司的挂牌初费。 （3）两网公司及退市公司股票暂免全国股转公司征收
挂牌后年费	总股本2000万股（含）以下，2万元/年； 总股本2000万—5000万股（含），3万元/年； 总股本5000万—10000万股（含），4万元/年； 总股本10000万股以上，5万元/年	（1）《关于全国中小企业股份转让系统有限责任公司有关收费事宜的通知》（股转系统公告〔2013〕7号）； （2）《关于暂免征收民族自治地区挂牌公司挂牌费用的公告》（股转系统公告〔2015〕30号）	（1）自2015年1月1日起暂免征收注册地在内蒙古、广西、西藏、宁夏和新疆5个民族自治地区的挂牌公司挂牌年费。 （2）两网公司及退市公司股票暂免征收

（二）股转系统交易费用

股转系统交易费用如表5所示：

表5　股转系统交易费用明细表

收费项目	收费标准	收费依据
转让经手费	挂牌公司股票，成交金额的0.5‰双边收取； 两网及退市公司A股，成交金额的0.6‰双边收取； 两网及退市公司B股，成交金额的0.8‰双边收取	《关于全国中小企业股份转让系统有限责任公司有关收费事宜的通知》（股转系统公告〔2013〕7号）

续表

收费项目	收费标准	收费依据
交易单元费	（1）交易单元开设初费：50万元，在首次申请开通交易单元时收取，以后增设交易单元不再收取； （2）交易单元使用费：每个交易单元3万元/年； （3）流速费：总流速超出其享有的免费标准流速之和的部分，按每个标准流速人民币5000元/年交纳； （4）流量费：转让参与人每年流量费总额＝（转让参与人所属各交易单元的年交易类申报笔数总和－该转让参与人享受的年交易类免费申报笔数）×每笔交易类申报收费单价＋（转让参与人所属各交易单元的年非交易类申报笔数总和－该转让参与人享有的年非交易类免费申报笔数）×每笔非交易类申报收费单价。其中：每个交易单元享受的年免费申报笔数为交易类申报、非交易类申报各5000笔；每笔交易类申报收费单价为0.15元，每笔非交易类申报收费单价为0.01元。计算的流量费每年不足2000元的，按2000元计	《关于发布〈全国中小企业股份转让系统交易单元管理办法（试行）〉的公告》（股转系统公告〔2014〕28号）
服务介质费	（1）介质初始化服务费：50元/个；介质解锁费：50元/次。 （2）单个介质年服务费：1000元/个	《关于全国股份转让系统业务支持平台上线试运行的通知》（股转系统公告〔2014〕11号）

在新三板挂牌业务，挂牌公司除了向全国股转公司缴纳的上述费用外，还需要向提供服务的中介机构支付股改推荐费、发行费、律师费、审计费、持续督导费等费用。一般而言，挂牌一次性费用为200万—300万元，这个费用包括所有中介机构的费用，持股督导费用则基本位于10万—30万元，在实务中，中介机构根据项目的不同情况收费标准各不相同。

第三节 新三板挂牌企业赴北交所上市的路径

目前选择在新三板挂牌的企业大部分均有在北交所上市的预期，经常咨询新三板在整个资本市场体系中的地位和层级，以及其在新三板挂牌后如何实现北交所上市，以实现其投资的企业最终赴北交所上市的目标。根据北交所的市场定位及目前出台的相关法律规则体系，有限责任公司并不能直接申请北交所上市，欲申请在北交所上市的企业需先在新三板挂牌，待挂牌一年并进入创新层且满足北交所上市条件后方可申请在北交所上市。

一、新三板在我国多层次资本市场的地位

北交所是国务院批准设立的全国第一家公司制证券交易所，北交所成立后，我国多层次资本市场的格局发生了根本性变化，从原来的两大交易所（本文指大陆范围内的证券交易所）演变为北交所、上交所和深交所三足鼎立的局面。北交所与新三板并行存在，形成良性互动和优劣互补，其在我国多层次资本市场中占有重要地位。北交所成立后，新三板在我国多层次资本市场所处的层级及地位如表6所示：

表6 我国多层次资本市场体系一览表

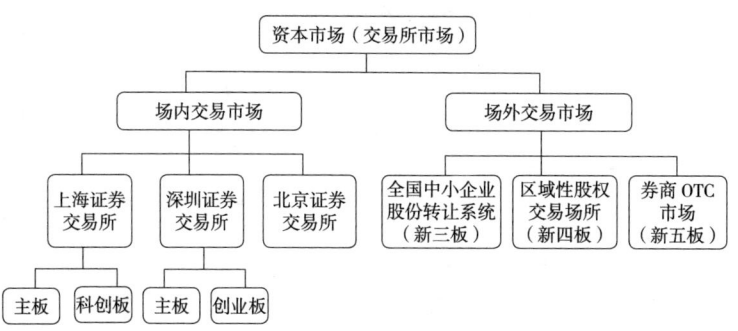

二、挂牌企业实现北交所上市的路径

目前，北交所的上市公司主要来源于新三板企业，具体包括两类：一类是新三板精选层公司直接平移，实现直接在北交所上市；另一类则是在新三板挂牌满 12 个月的创新层公司。从以上规定可以看出，企业不能直接在北交所上市，必须先挂牌新三板之后经过一定时期的市场培育，在满足财务指标及合规要求的前提下方可实现北交所上市。新三板挂牌企业实现北交所上市的具体路径如表 7 所示：

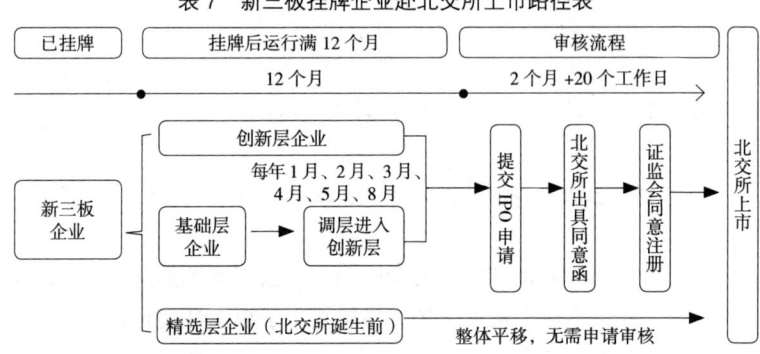

表 7 新三板挂牌企业赴北交所上市路径表

对于尚未在新三板挂牌的企业而言，其欲赴北交所上市的，则需首先在新三板挂牌，挂牌满 12 个月且进入创新层之后，方可申报北交所上市。其具体路径如表 8 所示：

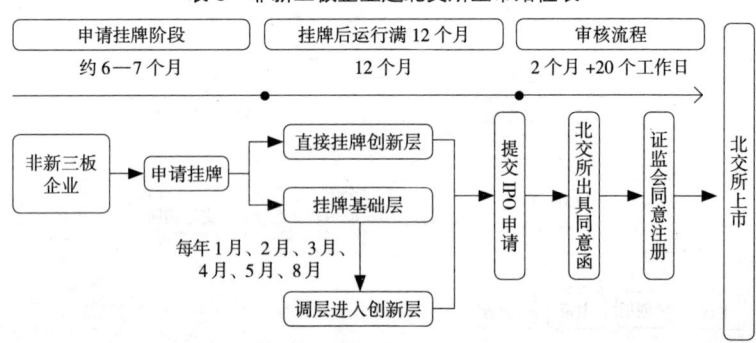

表 8 非新三板企业赴北交所上市路径表

第二章

新三板基础层和创新层挂牌法律合规

第一节　新三板基础层和创新层挂牌的条件

根据《全国中小企业股份转让系统分层管理办法》(2019年12月27日发布，2021年7月30日修改版)的相关规定，全国股转系统设置基础层、创新层和精选层，符合不同条件的挂牌公司分别纳入不同市场层级管理。全国股转公司制定客观、差异化的各层级进入和调整条件，并据此调整挂牌公司所属市场层级。

一、新三板基础层挂牌的合规条件

新三板挂牌条件最早由全国股转公司于2013年6月20日颁行的《全国中小企业股份转让系统股票挂牌条件适用基本标准指引（试行）》进行规定。2020年2月28日，全国股转公司发布关于修订《全国中小企业股份转让系统股票挂牌条件适用基本标准指引》（股转系统公告〔2020〕151号）公告，除了将"具有证券期货相关业务资格的会计师事务所"修改为"符合《证券法》规定的会计师事务所"外，主要按照"可把控、可举证、可识别"的原则对《全国中小企业股份转让系统业务规则（试行）》规定的六项挂牌条件进行细化，形成挂牌基本标准。全面注册制落地实施后，为落实全面注册制的有关要求，全国股转公司于2023年2月17日颁行《全国中小企业股份转让系统股票挂牌规则》，对新三板挂牌的条件作出了进一步的调整。

（一）依法设立且一般应存续满两年

1.依法设立是挂牌的首要条件，所谓依法设立是指公司依据《公司法》等法律、法规及规章的规定向公司登记机关申请登记，并已取得《企业法人营业执照》。

（1）公司设立的主体、程序合法、合规。

①国有企业需提供相应的国有资产监督管理机构或国务院、地方政府授权的其他部门、机构关于国有股权设置的批复文件。

②外商投资企业须提供商务主管部门出具的设立批复或备案文件。

③《公司法》修改（2006年1月1日）前设立的股份公司，须取得国务院授权部门或者省级人民政府的批准文件。

（2）公司股东的出资合法、合规，出资方式及比例应符合《公司法》相关规定。

①公司股东以实物、知识产权、土地使用权等非货币财产出资的，应当评估作价，核实财产，明确权属，财产权转移手续办理完毕。

②以国有资产出资的，应遵守有关国有资产评估的规定。

③公司注册资本缴足，不存在出资不实情形。

2. 存续满两年是指存续两个完整的会计年度。完整的会计年度是指从一年的1月1日至12月31日为一个完整的会计年度，实务中有人理解为必须要有2个完整会计年度加1期的经营记录方可申请在新三板挂牌，实际上最近一期财务报表不强制要求为季度、半年度或年度报表。如：公司成立于2015年1月1日，并且于2017年2月完成2016年度财务报表审计，则可以直接申报新三板挂牌，无须等到2017年一季报出来后再申报。需要注意的是：财务报表的有效期是六个月（特殊情况下可申请延长一个月），全国股转系统要求申报企业至少给其留出2个月审核时间，因此企业申报时距其最近一期财务报表有效期截止日不能少于2个月，否则股转系统会直接要求企业加审。

3. 有限责任公司按原账面净资产值折股整体变更为股份有限公司的，存续时间可以从有限责任公司成立之日起计算。整体变更不应改变历史成本计价原则，不应根据资产评估结果进行账务调整，应以改制基准日经审计的净资产额为依据折合为股份有限公司股本。申报财务报表最近一期截止日不得早于股份有限公司成立之日。

4. 持续经营时间可以少于两个完整会计年度的适应情形。申请挂牌公司主要业务属于人工智能、数字经济、互联网应用、医疗健康、新材料、高端装备制造、节能环保、现代服务业等新经济领域以及基础零部件、基础元器件、基础软件、基础工艺等产业基础领域，且符合国家战略，拥有关键核心技术，主要依靠核心技术开展生产经营，具有明确可行的经营规划的，持续经营时间可以少于两个完整会计年度但不少于一个完整会计年度，并符合下列条件之一：

（1）最近一年研发投入不低于1000万元，且最近12个月或挂牌同时定向发行获得专业机构投资者股权投资金额不低于2000万元；

（2）挂牌时即采取做市交易方式，挂牌同时向不少于4家做市商在内的对象定向发行股票，按挂牌同时定向发行价格计算的市值不低于1亿元。

基础零部件、基础元器件、基础软件、基础工艺等产业基础领域是指《工业"四基"发展目录》中规定的相关产品或技术。

（二）业务明确且具有持续经营能力

新三板在挂牌的业务方面未严格要求主营业务突出，仅要求业务明确，而且不要求公司必须盈利。

1. 业务明确，是指公司能够明确、具体地阐述其经营的业务、产品或服务、用途及其商业模式等信息。

2. 公司可同时经营一种或多种业务，每种业务应具有相应的关键资源要素，该要素组成应具有投入、处理和产出能力，能够与商业合同、收入或成本费用等相匹配，具有直接面向市场独立持续经营的能力。

3. 公司具有持续的运营记录，除《全国中小企业股份转让系统股票挂牌规则》第21条规定的新经济领域和"四基"等基础领域公司外，申请挂牌公司最近一期末每股净资产应当不低于1元/股，并满足下列条件之一：

（1）最近两年净利润均为正且累计不低于800万元，或者最近一年净利润不低于600万元；

（2）最近两年营业收入平均不低于3000万元且最近一年营业收

入增长率不低于20%，或者最近两年营业收入平均不低于5000万元且经营活动现金流量净额均为正；

（3）最近一年营业收入不低于3000万元，且最近两年累计研发投入占最近两年累计营业收入比例不低于5%；

（4）最近两年研发投入累计不低于1000万元，且最近24个月或挂牌同时定向发行获得专业机构投资者股权投资金额不低于2000万元；

（5）挂牌时即采取做市交易方式，挂牌同时向不少于4家做市商在内的对象定向发行股票，按挂牌同时定向发行价格计算的市值不低于1亿元。

4. 持续经营能力，是指公司在可预见的将来，有能力按照既定目标持续经营下去。

公司存在以下情形之一的，应认定为不符合持续经营能力要求：

（1）存在依据《公司法》第180条规定解散的情形，或法院依法受理重整、和解或者破产申请。

（2）公司存在《中国注册会计师审计准则第1324号——持续经营》应用指南中列举的影响其持续经营能力的相关事项或情况，且相关事项或情况导致公司持续经营能力存在重大不确定性。

（3）存在其他对公司持续经营能力产生重大影响的事项或情况。

申请挂牌公司所从事业务或所属行业属于《全国中小企业股份转让系统股票挂牌规则》规定的以下情形的，不具备申请新三板挂牌的条件：

（1）申请挂牌公司从事学前教育、学科类培训等业务，或属于国务院主管部门认定的产能过剩行业、《产业结构调整指导目录》中规定的淘汰类行业；

（2）除中国人民银行、中国银保监会、中国证监会批准设立并监管的金融机构外，申请挂牌公司主要从事其他金融或投资业务，或申请挂牌公司持有主要从事上述业务企业的股权比例20%以上（含20%）或为其第一大股东；

（3）不符合全国股转系统市场定位及中国证监会、全国股转公司规定的其他情形。

2023年2月17日出台的《全国中小企业股份转让系统股票挂牌规则》对新的挂牌企业的财务指标大幅提高，但对待挂牌企业进行了区分、给出了五套财务标准，不同的企业可以根据其是否盈利及盈利情况进行选择其中任一标准申报挂牌。新规则同时对新领域企业、新科技型和国家战略型的中小企业挂牌公司，其挂牌条件是相对下降的，可以经营不满两年，但同时关注其研发投入和市场认可度。这一方面体现了新三板对标北交所的市场定位，同时也体现了新三板的包容性。

（三）公司治理机制健全且合法规范经营

1. 公司治理机制健全，是指公司按规定建立股东大会、董事会、监事会和高级管理层（以下简称"三会一层"）组成的公司治理架构，制定相应的公司治理制度，并能证明有效运行，保护股东权益。

（1）公司依法建立"三会一层"，并按照《公司法》《非上市公众公司监督管理办法》及《非上市公众公司监管指引第3号——章程必备条款》等规定制定公司章程、"三会一层"运行规则、投资者关系管理制度、关联交易管理制度等，建立全面完整的公司治理制度。

（2）公司"三会一层"应按照公司治理制度进行规范运作。在报告期内的有限公司阶段应遵守《公司法》的相关规定。

（3）公司董事会应对报告期内公司治理机制执行情况进行讨论、评估。

（4）公司现任董事、监事和高级管理人员应具备《公司法》规定的任职资格，履行《公司法》和公司章程规定的义务，且不应存在以下情形：

①最近24个月内受到中国证监会行政处罚，或者被中国证监会采取证券市场禁入措施且期限尚未届满，或者被全国中小企业股份转让系统有限责任公司认定不适合担任挂牌公司董事、监事、高级管理人员；

②因涉嫌犯罪被司法机关立案侦查或者涉嫌违法违规被中国证

监会立案调查,尚未有明确结论意见。

(5)公司进行关联交易应依据法律法规、公司章程、关联交易管理制度的规定履行审议程序,保证交易公平、公允,维护公司的合法权益。

(6)公司的控股股东、实际控制人及其关联方存在占用公司资金、资产或其他资源情形的,应在申请挂牌前予以归还或规范(完成交付或权属变更登记)。

占用公司资金、资产或其他资源的具体情形包括:从公司拆借资金;由公司代垫费用、代偿债务;由公司承担担保责任而形成债权;无偿使用公司的土地房产、设备动产等资产;无偿使用公司的劳务等人力资源;在没有商品和服务对价情况下其他使用公司的资金、资产或其他资源的行为。

2.合法合规经营,是指公司及其控股股东、实际控制人、下属子公司(下属子公司是指公司的全资、控股子公司或通过其他方式纳入合并报表的公司或其他法人,下同)须依法开展经营活动,经营行为合法、合规,不存在重大违法违规行为。

(1)公司及下属子公司的重大违法违规行为是指公司及下属子公司最近24个月内因违反国家法律、行政法规、规章的行为,受到刑事处罚或适用重大违法违规情形的行政处罚。

①行政处罚是指经济管理部门对涉及公司经营活动的违法违规行为给予的行政处罚。

②重大违法违规情形是指,凡被行政处罚的实施机关给予没收违法所得、没收非法财物以上行政处罚的行为,属于重大违法违规情形,但处罚机关依法认定不属于的除外;被行政处罚的实施机关给予罚款的行为,除主办券商和律师能依法合理说明或处罚机关认定该行为不属于重大违法违规行为的外,都视为重大违法违规情形。

③公司及下属子公司最近24个月内不存在涉嫌犯罪被司法机关立案侦查,尚未有明确结论意见的情形。

(2)控股股东、实际控制人合法合规,最近24个月内不存在涉及以下情形的重大违法违规行为:

①控股股东、实际控制人受刑事处罚；

②受到与公司规范经营相关的行政处罚，且情节严重，情节严重的界定参照前述规定；

③涉嫌犯罪被司法机关立案侦查，尚未有明确结论意见。

（3）公司及下属子公司业务如需主管部门审批，应取得相应的资质、许可或特许经营权等。

（4）公司及其法定代表人、控股股东、实际控制人、董事、监事、高级管理人员、下属子公司，在申请挂牌时应不存在被列为失信联合惩戒对象的情形。

（5）公司及下属子公司业务须遵守法律、行政法规和规章的规定，符合国家产业政策以及环保、质量、安全等要求。公司及下属子公司所属行业为重污染行业的，根据相关规定应办理建设项目环评批复、环保验收、排污许可证以及配置污染处理设施的，应在申请挂牌前办理完毕；不属于重污染行业的，但根据相关规定必须办理排污许可证和配置污染处理设施的，应在申请挂牌前办理完毕。

（6）公司财务机构设置及运行应独立且合法合规，会计核算规范。

①公司及下属子公司应设有独立财务部门，能够独立开展会计核算、作出财务决策。

②公司及下属子公司的财务会计制度及内控制度健全且得到有效执行，会计基础工作规范，符合《会计法》《会计基础工作规范》《公司法》《现金管理条例》等其他法律法规要求。

③公司应按照《企业会计准则》和相关会计制度的规定编制并披露报告期内的财务报表，在所有重大方面公允地反映公司的财务状况、经营成果和现金流量，财务报表及附注不得存在虚假记载、重大遗漏以及误导性陈述。公司财务报表应由符合《证券法》规定的会计师事务所出具标准无保留意见的审计报告。财务报表被出具带强调事项的无保留审计意见的，应全文披露审计报告正文以及董事会、监事会和注册会计师对强调事项的详细说明，并披露董事会和监事会对审计报告涉及事项的处理情况，说明该事项对公司的影响是否重大、影响是否已经消除、违反公允性的事项是否已予纠正。

（四）股权明晰、股票发行和转让行为合法合规

1. 股权明晰，是指公司的股权结构清晰、权属分明、真实确定、合法合规，股东特别是控股股东、实际控制人及其关联股东或实际支配的股东持有公司的股份不存在权属争议或潜在纠纷。

（1）公司的股东不存在国家法律、法规、规章及规范性文件规定不适宜担任股东的情形。

（2）申请挂牌前存在国有股权转让的情形，应遵守国资管理规定。

（3）申请挂牌前外商投资企业的股权转让，应遵守商务部门的规定。

2. 股票发行和转让合法合规，是指公司及下属子公司的股票发行和转让依法履行必要内部决议、外部审批（如有）程序。

（1）公司及下属子公司股票发行和转让行为合法合规，不存在下列情形：

①最近36个月内未经法定机关核准，擅自公开或者变相公开发行过证券；

②违法行为虽然发生在36个月前，目前仍处于持续状态，但《非上市公众公司监督管理办法》实施前形成的股东超200人的股份有限公司经中国证监会确认的除外。

（2）公司股票限售安排应符合《公司法》和《全国中小企业股份转让系统业务规则（试行）》的有关规定。

3. 公司曾在区域股权市场及其他交易市场进行融资及股权转让的，股票发行和转让等行为应合法合规；在向全国中小企业股份转让系统申请挂牌前应在区域股权市场及其他交易市场停牌或摘牌，并在全国中小企业股份转让系统挂牌前完成在区域股权市场及其他交易市场的摘牌手续。

（五）主办券商推荐并持续督导

1. 公司须经主办券商推荐，双方签署了《推荐挂牌并持续督导协议》。

2. 主办券商应完成尽职调查和内核程序，对公司是否符合挂牌

条件发表独立意见，并出具推荐报告。

（六）全国股转公司要求的其他条件

符合上述条件的公司，可以聘请中介机构制作挂牌申报文件，申报进入基础层。公司对挂牌条件不清楚的或者公司有其他修改事宜的，可以聘请券商或律师进行初步尽职调查并进行整改，待公司符合挂牌条件时再行申报挂牌。

二、新三板创新层挂牌的合规条件

企业进入创新层可以通过以下两种方式：（1）基础层挂牌后由全国股转公司在每年调层时调入创新层；（2）申请挂牌公司符合规定条件时自挂牌之日起直接进入创新层。

（一）全国股转公司调入创新层

全国股转公司于每年定时启动挂牌公司所属市场层级定期调整工作，基础层挂牌公司符合创新层进入条件的，经申请调入创新层。《全国中小企业股份转让系统分层管理办法》自2016年5月27日颁行，设立基础层和创新层，伴随精选层的产生及退出，分层管理办法历经多次修改。2022年3月4日，为统筹新三板基础层、创新层与北京证券交易所之间的制度协同，完善新三板分层制度，全国股转公司发布关于修改《全国中小企业股份转让系统分层管理办法》的公告（股转系统公告〔2022〕53号），对分层管理制度进行了全面的修订。

根据现行《全国中小企业股份转让系统分层管理办法》，全国股转公司每年设置6次创新层进层实施安排，进层启动日分别为每年1月、2月、3月、4月、5月和8月的最后一个交易日。《全国中小企业股份转让系统分层管理办法》第7条规定，挂牌公司进入创新层，应当符合下列条件之一：

（1）最近两年净利润均不低于1000万元，最近两年加权平均净资产收益率平均不低于6%，截至进层启动日的股本总额不少于

2000万元；

（2）最近两年营业收入平均不低于8000万元，且持续增长，年均复合增长率不低于30%，截至进层启动日的股本总额不少于2000万元；

（3）最近两年研发投入累计不低于2500万元，截至进层启动日的24个月内，定向发行普通股融资金额累计不低于4000万元（不含以非现金资产认购的部分），且每次发行完成后以该次发行价格计算的股票市值均不低于3亿元；

（4）截至进层启动日的120个交易日内，最近有成交的60个交易日的平均股票市值不低于3亿元；采取做市交易方式的，截至进层启动日做市商家数不少于4家；采取集合竞价交易方式的，前述60个交易日通过集合竞价交易方式实现的股票累计成交量不低于100万股；截至进层启动日的股本总额不少于5000万元。

除上述条件外，根据《全国中小企业股份转让系统分层管理办法》第8条规定，挂牌公司进入创新层，同时还应当符合下列条件：

（1）挂牌同时或挂牌后已完成定向发行普通股、优先股或可转换公司债券（以下简称可转债），且截至进层启动日完成的发行融资金额累计不低于1000万元（不含以非现金资产认购的部分）；

（2）最近一年期末净资产不为负值；

（3）公司治理健全，截至进层启动日，已制定并披露经董事会审议通过的股东大会、董事会和监事会制度、对外投资管理制度、对外担保管理制度、关联交易管理制度、投资者关系管理制度、利润分配管理制度和承诺管理制度；已设董事会秘书作为信息披露事务负责人并公开披露；

（4）中国证监会和全国股转公司规定的其他条件。

挂牌公司完成发行融资的时间，以定向发行普通股、优先股或可转债的挂牌交易日或挂牌转让日为准。

根据《全国中小企业股份转让系统分层管理办法》第9条规定，以每年8月的最后一个交易日为进层启动日的挂牌公司，还应当同时符合以下条件：

（1）当年所披露中期报告的财务会计报告应当经符合《证券

法》规定的会计师事务所审计,审计意见应当为标准无保留意见;

(2)中期报告载明的营业收入和净利润均不低于上年同期水平。

基础层挂牌公司申请进入创新层,在满足上述条件后由督导券商进行转层申报即可,不需要其他中介机构参与,不会因此产生费用。

(二)挂牌时直接进入创新层

申请挂牌公司同时符合挂牌条件和下列条件的,自挂牌之日起进入创新层:

(1)最近两年净利润均不低于 1000 万元,最近两年加权平均净资产收益率平均不低于 6%,股本总额不少于 2000 万元;

(2)最近两年营业收入平均不低于 8000 万元,且持续增长,年均复合增长率不低于 30%,股本总额不少于 2000 万元;

(3)最近两年研发投入不低于 2500 万元,完成挂牌同时定向发行普通股后,融资金额不低于 4000 万元(不含以非现金资产认购的部分),且公司股票市值不低于 3 亿元;

(4)在挂牌时即采取做市交易方式,完成挂牌同时定向发行普通股后,公司股票市值不低于 3 亿元,股本总额不少于 5000 万元,做市商家数不少于 4 家,且做市商做市库存股均通过本次定向发行取得。

前款所称市值是指以申请挂牌公司挂牌同时定向发行普通股价格计算的股票市值。

申请挂牌同时进入创新层的公司,还应当符合下列条件:

(1)完成挂牌同时定向发行普通股、优先股或可转债,且融资金额不低于 1000 万元(不含以非现金资产认购的部分);

(2)符合《全国中小企业股份转让系统分层管理办法》第 8 条第 1 款第 2 项和第 3 项的规定;

(3)不存在《全国中小企业股份转让系统分层管理办法》第 10 条第 1 项至第 5 项、第 7 项规定的情形;

(4)中国证监会和全国股转公司规定的其他条件。

企业满足上述条件后,需要按照新三板挂牌程序由券商、律师事务所和会计师事务所等中介机构提供专项服务,申报挂牌文件。企业欲直接申请挂牌创新层的,应在挂牌时即采取做市交易,且满足1000万元融资要求,其挂牌程序和挂牌基础层基本相同。

以上两种方式中,挂牌时直接进入创新层不被大家所熟知,实务中挂牌进入创新层的企业少之又少。笔者通过全国股转系统官网检索发现:2021年6月11日,华西证券股份有限公司为四川振通检测股份有限公司出具《四川振通检测股份有限公司股票在全国股转系统挂牌同时进入创新层的专项核查意见》,认为其符合挂牌同时定向发行后进入全国股转系统创新层的要求。2021年7月8日,振通检测(873599)挂牌敲钟仪式在全国股转公司举行,公司挂牌同时进入创新层,由此振通检测成为新三板史上第一家直接挂牌创新层的企业。

第二节 新三板基础层和创新层挂牌合规指引

一、新三板挂牌需要聘请的中介机构

新三板挂牌一般需要聘请以下中介机构:证券公司,即我们平常所说的主办券商具有证券从业资格的会计师事务所、律师事务所、具有证券评估资质的资产评估机构。

各中介机构在主办券商的主导下开展工作,在新三板挂牌项目中相互配合,共同发挥着重要作用。

(一)证券公司

主办券商主要负责挂牌的改制、挂牌公司的合规、挂牌材料的制作和内核、挂牌申请、挂牌后的持续督导工作,具体包括:

1. 按照国家法律法规等对挂牌公司进行股份制改造,成立股份公司,具体包括:

（1）制定企业改制详细的工作进度表，对挂牌企业进行尽职调查；

（2）协助企业以及会计师事务所、律师事务所、资产评估机构等中介机构制定股改方案，并进行法律和财务等方面的可行性研究；

（3）组织股份制改制工作小组；

（4）调查企业的资产状况和财务状况，对企业资产状况和财务状况中与股改不相符合的问题向企业提出整改的意见或建议，并协助企业以及会计师事务所解决有关财务问题；

（5）协助挂牌企业及律师事务所编制有关企业改制设立股份有限公司的申请文件；

（6）协助企业与政府有关主管部门沟通协调并取得股份制改制的所有审批；

（7）协助企业召开创立大会和第一届董事会第一次会议；

（8）协助挂牌企业完成有关股份公司设立的企业工作。

2. 对改制后设立的股份公司进行挂牌前的辅导工作。

3. 按照全国股转公司的相关规定对股份公司进行尽职调查，对发现的问题提出解决方案并协助企业落实相关措施。

4. 协调、安排中介机构进场进行相关工作，并使其按时制作挂牌申报文件。

5. 协助企业与相关主管部门沟通，推进企业资本运作，顺利开展挂牌工作。

6. 负责制作企业进行新三板挂牌申请所需资料，并为相关工作提供专业意见。

7. 负责申请新三板挂牌材料的内核。

8. 向全国中小企业股份转让系统递交挂牌申请的有关资料，并进行反馈。

9. 企业挂牌完成后，主办券商应持续督导挂牌公司诚实守信、规范履行披露义务，完善公司治理。

（二）会计师事务所

企业申请新三板挂牌，一般应聘请具有证券从业资格的会计师事务所承担有关审计和验资工作。① 具体包括以下内容：

（1）负责企业改制的审计，并出具改制审计报告；

（2）负责企业资本验证，并出具有关验资报告；

（3）负责企业财务报表的审计，并出具两年一期的审计报告；

（4）对发行人原始财务报表与申报财务报表的差异情况出具专项意见；

（5）提供与新三板挂牌有关的财务会计咨询服务。

（三）律师事务所

除上述两家中介机构之外，企业申请新三板挂牌，必须依法聘请律师事务所担任专项法律顾问。律师事务所的主要工作范围如下：

（1）对挂牌企业进行尽职调查，出具尽职调查报告；

（2）对尽职调查发现的问题进行梳理，并提供解决方案；

（3）协同券商制定改制方案，对改制重组方案的合法性进行论证；

（4）起草创立大会的有关文件，指导挂牌公司股份公司的设立和变更；

（5）对企业挂牌过程中涉及的法律事项进行审查并协助企业规范、调整和完善；

（6）对企业主体的历史沿革、股权结构、资产、组织机构运作、独立性、合规性、税务等公司法律事项的合规性进行核查并出具意见；

（7）对企业挂牌过程中的各种法律文件的合规性进行评判；

---

① 2013年6月20日颁行的《全国中小企业股份转让系统股票挂牌条件适用基本标准指引（试行）》规定，企业应按照《企业会计准则》的规定编制并披露报告期内的财务报表，并由具有证券期货相关业务资格的会计师事务所出具无保留意见的审计报告。2020年2月28日，全国股转公司对前述文件进行了修订，将具有证券期货相关业务资格的会计师事务所修改为符合《证券法》规定的会计师事务所，这意味着是否具备证券从业资格已经不是新三板业务选择会计师事务所的必备条件。

(8)协助和指导起草公司章程等公司文件；
(9)出具法律意见书等挂牌所需要的法律文件；
(10)对有关申请挂牌文件提供鉴证意见。

(四)评估公司

评估公司是否是新三板挂牌业务中必须聘请的中介机构，换言之，在新三板挂牌业务中评估是否为必需的环节，理论上争议较大。在实务中，挂牌公司则普遍要求评估公司对股改时净资产出具评估报告。

目前法律明确规定需要评估的情况主要有两种：(1)以非货币资产出资，需要评估作价；(2)国有企业改制等需要评估。除上述需要评估的两项外，将评估作为必要条件的情况并不多见。对于企业股改而言，如果不涉及非货币资产出资，也不涉及国有资产成分，在没有特殊要求下，评估并不是必要条件。

《全国中小企业股份转让系统业务规则(试行)》第 2.1 条规定：关于挂牌企业的条件要求企业依法设立且存续满两年。有限责任公司按原账面净资产值折股整体变更为股份有限公司的，存续时间可以从有限责任公司成立之日起计算。该项规定对企业股改基础进行了明确规定，要求股改以净资产值折股。换言之，股改并不以评估作为必要条件。

在实务中，保荐人出于法律程序合规、会计谨慎等诸多因素考虑，一般均要求有限公司在变更为股份公司时进行股改评估，毕竟评估结果作为一种参考具有其积极的价值。但是，中介机构不能因为评估的重要作用就将评估视为股改的必要程序，因为非必要的评估可能增加企业负担，并进而影响股改效率，在法律、法规等没有要求必须评估的情形下，企业股改时不进行评估并不构成程序上的瑕疵，企业股改时若未评估不会构成企业挂牌的实质法律障碍。

二、新三板基础层及创新层挂牌流程

公司申请挂牌新三板应在主办券商的督导下，聘请专项法律顾问和审计机构按照法定的流程进行。挂牌的每一个阶段和程序应科学合理地安排,按照挂牌的时间进度表进行推进。新三板挂牌的主要流程如图1所示:

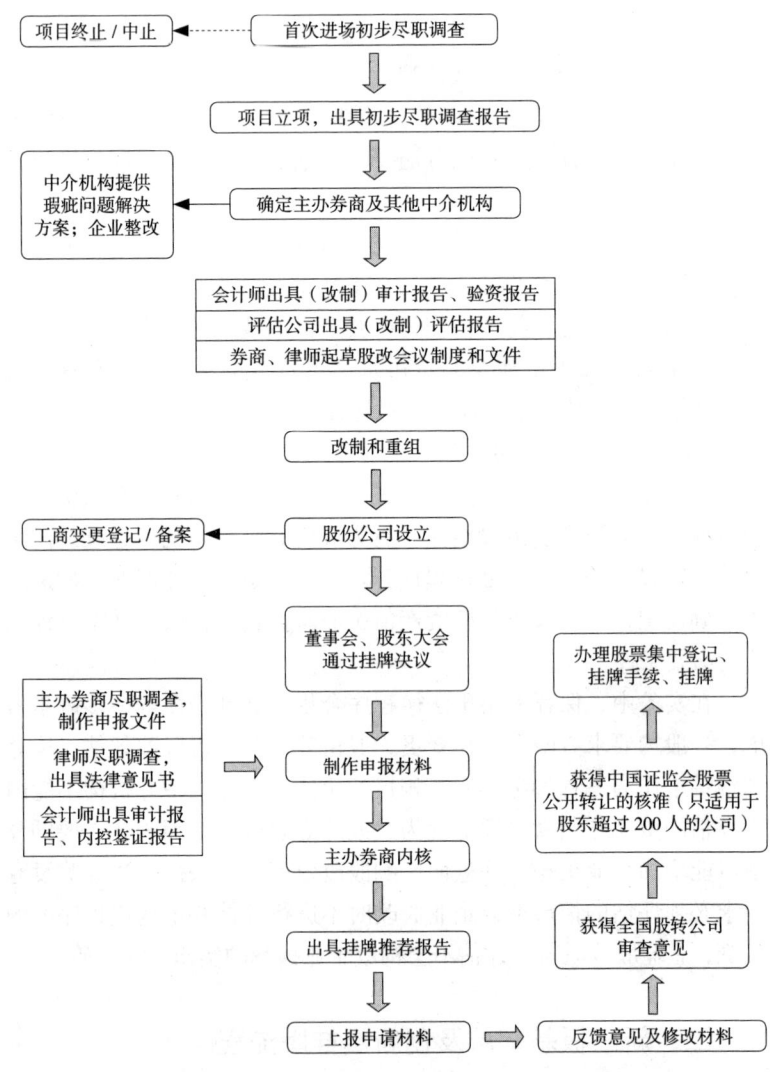

图1 新三板基础层挂牌流程图

企业申请直接挂牌新三板创新层的应当在挂牌前或挂牌的同时完成一次1000万的定向发行融资，其流程图除增加挂牌前定向发行外，与基础层挂牌流程图一致。定向发行流程图见本书第三章图2定向发行股票业务流程图。

（一）中介机构第一次进场开展初步尽职调查

各中介机构进场摸底，开展为期2—3天的初步尽职调查，对企业财务状况、企业股权结构及公司治理、企业持续经营管理、资产、劳动用工和消防等进行全面初步的尽职调查，了解企业有无存在重大影响挂牌的问题，对确认不存在重大问题的企业，给予可以启动挂牌工作的意见。对暂时不符合挂牌条件的企业，决定终止或暂缓。一般情况下，中介机构会在初步尽职调查结束时，出具初步尽职调查报告或问题清单。

（二）项目立项、聘请挂牌服务机构并签订协议

新三板市场是我国资本市场的重要组成部分，公司决定在新三板挂牌是公司决定进军资本市场的重大事项，需要公司管理层集体研究决定。一般情况下，公司管理层和决策层会根据公司的经营发展战略、公司的经营状况和财务状况，并在初步沟通公司法律顾问并咨询证券公司后作出决策。

公司确定在新三板挂牌意愿之后，应聘请主办券商、律师事务所、会计师事务所等至少三家中介机构进行辅导挂牌。中介机构确定后，挂牌主体应当与各中介机构签订委托代理协议，确定服务费用和各方的权利义务，以便于中介机构尽快开展尽职调查，更好地推进新三板挂牌的进程。

（三）会计师进场审计、出具验资报告和股改审计报告初稿

股改方案确定后，会计师事务所重点关注企业的财务政策和关联方资金占用等主要问题，对公司报告期内是否存在股东包括控股股东、实际控制人及其关联方占用公司资金、资产或其他资源，是

否设有独立财务部门进行独立的财务会计核算，相关会计政策是否能如实反映企业财务状况、经营成果和现金流量，以及公司报告期内是否存在股东包括控股股东、实际控制人及其关联方占用公司资金、资产或其他资源，公司是否依法纳税的情形进行审计。如有，应在申请挂牌前予以归还或规范。

会计师事务所应在详尽的审计之后，对审计的有关问题出具股改专项审计报告和验资报告。对于公司历次出资瑕疵或补充出资等瑕疵问题，会计师事务所应根据项目公司情况及主办券商的要求，在保证财税问题合规的情况下出具复核报告。

（四）中介机构二次进场开展充分尽职调查

尽职调查是所有资本市场项目的开端，是做好项目的基础，新三板挂牌业务也不例外。全面的尽职调查有助于中介机构了解挂牌主体的合法合规情况、了解其公司治理水平和财务状况。根据股转系统公司要求，挂牌企业必须是公司治理结构完善的股份公司，因此，对于大多数有限责任公司而言，完成股份制是企业在新三板挂牌之前必须完成的一个重要环节。

尽职调查是指主办券商、律师事务所和会计师事务所等中介机构在主办券商的主导下，遵循勤勉尽责、诚实信用的原则，通过实地考察、行业论证、文件核查和法律论证等方法，对拟挂牌公司进行调查，有充分理由确信公司符合试点办法规定的挂牌条件以及推荐挂牌备案文件真实、准确、完整的过程。

挂牌公司多为中小企业，其公司治理有时不太规范，因此在实际操作中，中介机构一般会在券商的主导下在股改之前先行开展充分的尽职调查，就公司的主体合规问题、出资问题、公司治理、关联交易、公司业务和资质、董监高任职资格及重大诉讼和行政处罚开展初步尽职调查，并对尽职调查过程中发现的问题进行整改、出具合理的解决方案，并在此基础上出具股改方案，辅导公司进行股份制改造。

1. 发送尽职调查清单，收集公司资料

公司作为挂牌主体，掌握公司所有的经营和财务信息和资料，鉴于中介机构尽职调查手段的限制，中介机构一般均会向挂牌公司发送《尽职调查清单》，要求挂牌公司按照尽职调查清单的要求提供资料。中介机构会在收到资料后对资料进一步归类整理，编制工作底稿。

2. 开展外部尽职调查

根据公司提供的资料，并进一步通过全国企业信用信息系统、中国裁判文书网、中国执行公开网进行外部核查，确认提供资料真实性，确定挂牌主体基本情况和历史沿革、关联公司清单、控股股东、涉诉（仲裁）和行政处罚情况。

3. 进场尽职调查

根据掌握的初步信息，入驻项目现场开展现场调查，主要包括实地考察车房厂房、研发基地、在建工程等，并由会计师事务所对公司库存商品进行盘点。由律师事务所对公司所在的工商、税务、环保、质量监管部门进行现场走访，确认挂牌主体及其项目的合法合规性。

（五）梳理问题、出具合规方案

在前期尽职调查的基础上，券商和律师事务所出具《尽职调查报告》，揭示挂牌企业的主要问题。针对已经发现的问题，各中介机构应该在券商的主导下，召开联席会议，对各自发现的瑕疵问题进行研究，制定整改方案。中介机构应辅导公司起草准备相关整改文件，召开会议并贯彻执行整改措施，以便符合股改要求和挂牌要求。

根据公司的具体情况，待公司瑕疵问题得以稳妥解决后，就股份制改造事宜涉及的问题向公司管理层出具合理化股改方案。

（六）股份制改造、设立股份公司

1. 律师协助企业准备公司章程、发起人协议等文件，评估机构出具评估报告

评估机构应针对股改事宜对企业的净资产等进行评估，出具评估报告，律师事务所应协助企业准备股份公司章程、发起人协议，

创业大会文件等,指导企业准备会议的有关文件和会议议案。

2. 召开创立大会,发起设立股份公司

我国《公司法》规定,发起人应当自股款缴足之日起30日内主持召开公司创立大会。创立大会由发起人、认股人组成。发行的股份超过招股说明书规定的截止期限尚未募足的,或者发行股份的股款缴足后,发起人在30日内未召开创立大会的,认股人可以按照所缴股款并加算银行同期存款利息,要求发起人返还。

发起人应当在股款缴足后及时召开创立大会,成立股份公司。

3. 工商登记变更手续

工商变更登记是挂牌企业股份制改造完成的标志,挂牌企业应将公司的"三会一层"到主管工商部门进行备案,对发起人股东进行登记。

(七) 制作并完成申报文件

挂牌申报文件主要包括以下文件:

1. 会计师事务所出具的两年一期的《审计报告》;
2. 律师完成法律尽职调查后出具的《法律意见书》;
3. 主办券商组成项目组进行全面尽职调查,制作尽职调查工作底稿、尽职调查报告及《公开转让说明书》等申报材料。

(八) 券商完成内核

1. 券商公司内核小组对项目进行审核,出具内核意见;
2. 项目组根据内核意见,修改和补充备案文件;
3. 通过券商内核,出具挂牌推荐报告。

(九) 报送申请材料、监管部门审核、挂牌

配合主办券商组织材料向证监会报备,监管部门审核通过进行备案,出具确认函,主要包括以下步骤和环节:

1. 向全国股份转让系统公司报送挂牌申请材料;
2. 全国股份转让系统公司对材料进行审查,出具反馈意见;
3. 主办券商组织企业及其他中介机构进行补充核查,回复反馈

意见;

4. 全国股份转让系统公司审查通过(挂牌);
5. 报证监会核准(公开转让);
6. 申请股份简称及代码,股份初始登记,挂牌。

第三节　股东出资核查常见问题及合规方案[①]

公司依法成立是挂牌新三板的重要条件,而依法成立首先要求的就是公司股东出资合法合规,因此,公司股东出资合法合规历来是全国股转公司的一大审核要点。公司股东出资合法合规是公司成立的基础,只有基础坚不可摧,公司才能更好地启动良性运营。公司注册资本是否实际缴足、不同形式的出资比例是否符合监管要求,是否存在股东虚假出资、出资形式是否合法等常见问题是直接关系到公司独立责任承担的重要问题,因而这些问题是中介机构在操作新三板业务时重点关注的事项,也是公司在申报材料审核时受到股转公司重点关注的问题。

根据全国股转公司的要求,作为股东出资的资产应当是股东的自有出资,作为出资的资产的权属应当合法明确,一般情况下资产应该在股份制改造之前实际到位。由于新三板挂牌企业初期可能运营并不规范,实践中会出现挂牌公司不能提供验资报告、评估报告,甚至股东出资短时间被抽逃、被占用等问题,该问题在新三板

---

① 本章第三节至第十四节的内容均是企业在新三板基础层挂牌时就需要把握的审核要点以及针对瑕疵问题提供的合规方案。需要说明的是,企业在创新层挂牌的核查要点、程序与基础层并无区别,企业挂牌基础层还是创新层除依赖于企业的自身决策外,更重要的因素在于企业的财务指标。另外,企业直接挂牌创新层需要在挂牌之前或挂牌的同时完成一次定向发行股票业务,即业界俗称的定向增发,笔者将在本书第三章专门对挂牌的同时进行定向发行股票问题予以介绍。

的民营企业中具有一定的普遍性，股东出资涉及拟挂牌主体的身家清白，如果存在资金的抽逃或者非法占用，不仅导致法人资本充足性不足，其股东的诚信也将大打折扣。另外，从法律合规角度，抽逃注册资本要承担民事甚至刑事责任，无论是在国内资本市场任何板块，抽逃出资都是难以逾越的红线。对于企业带有抽逃风险的情况，中介机构特别是律师事务所如何解释和认定就凸显出其思路和水平。

鉴于此，笔者根据多年的实务经验，总结整理了股东出资的审核要点和容易出现的法律问题，同时有针对性地提出了合规方案。

一、股东出资合法合规的核查要点

1. 2013年公司法修订之前，公司法对股东向公司出资采取实缴资本制，应核查股东出资实际到位情况；

2. 在认缴制情况下，应重点核查出资是否按照章程约定时间到位；

3. 在实物出资的情况下，应重点核查评估报告和验资报告，用于出资的实物资产是否交由挂牌企业实际控制、是否办理产权变更；

4. 核查增资或减资程序是否合法，增资资产是否真实到位；

5. 在软件著作权、商标、专利、专有技术等知识产权出资情况下，应核查知识产权所占出资比例是否符合当时法律规定的范围，知识产权是否为企业所必需；

6. 作为出资的软件著作权、商标、专利、专有技术等是否为职务作品或合作作品，是否存在潜在的权属纠纷；

7. 核查股东从事职业和收入来源，了解股东经济实力是否与其出资能力相匹配，并将其作为判断股东出资真实性的参考因素之一。

二、股东出资合法合规的核查过程和依据

（一）核查过程

1. 通过查阅公司的工商登记资料、年检文件等，判断公司设立、

股东出资的真实性和合法性；

2.通过查阅历次股权变动涉及股权转让协议或增减资协议、转让价格、资产评估报告等文件，调查公司历次股权变动的情况及转让变更后的公司章程以及董事会的变化情况；

3.通过查阅审计报告、资产评估报告、验资报告等相关文件并询问公司法律顾问，判断股东出资的真实性和合法性；

4.通过访谈股东，了解其职业和收入情况，判断其出资能力。

（二）核查依据

1.公司设立批准文件、营业执照、公司章程、年度检验和工商变更登记等文件；

2.公司设立及历次股权变动的法律文件，包括但不限于批准文件、发起人协议、股权转让协议、增资协议、减资协议等；

3.验资报告、复核报告、资产评估报告、审计报告、银行对账单；

4.出资所用实物资产、知识产权或其他资产的产权证明；

5.股东出资凭证；

6.股东访谈记录。

三、股东出资核查的常见问题

在实务操作中，因申请挂牌公司设立时间较早、公司治理不规范或公司此前进行了相关的重组并购等原因，导致申请挂牌公司掌握的资料不完备、资料缺失，经常发生以下情况：

1.公司的工商档案中对股东的出资无《验资报告》及《评估报告》，相关股东及公司也无法提供确认证明；

2.实物出资如生产设备、原材料等未交由公司实际控制并使用，出资的实物对公司生产经营没有使用价值，未进行评估或评估价值过高或过低等；

3.作为出资商标、专利或专有技术等未依法进行评估，或者评估值不客观、不公允，如评估值过高或过低；

4. 作为出资的商标、专利或专有技术非为公司生产经营所必需的；
5. 知识产权出资超过当时法律规定的出资比例；
6. 公司减资没有履行通知债权人并进行公告的义务；
7. 商标、专利或专有技术等知识产权类出资权属不清晰，可能为其他单位职务作品、合作作品，可能存在权属纠纷及潜在法律风险；
8. 商标、专利或专有技术等知识产权类出资未将权属转让给公司或交由公司进行实际保管及控制。

四、股东出资常见问题的合规方案

1. 寻找法律依据，虽然不符合现行公司法，但符合旧公司法的规定，或者符合地方性法规、行业规定；
2. 有关主管部门出具合法合规证明，或报告期内未遭受行政处罚的证明；
3. 由会计师事务所或评估公司进行复核或追溯评估，出具复核报告或鉴定报告；
4. 由出资未到位的股东进行货币补足，其他股东出具同意进行补足并不予追究法律责任的股东会决议；
5. 公司或公司的法律顾问就相关问题出具合法合规的法律意见；
6. 公司股东会或股东大会事后通过决议进行确认；
7. 知识产权出资可能产生纠纷的，由股东进行资金置换；或者相应进行减资，然后再用货币资金进行增资；
8. 对于"抽逃"资金问题，通常是不承认抽逃行为，而界定为资金占用或资金拆借，再由股东进行资金补足；
9. 公司的实际控制人出具在出现纠纷的情况下独立承担法律责任的承诺。

五、股东出资合规案例分析

针对上述问题，如何在实务中对有关问题进行有准备的核查并提供合理的解释和解决方案，是挂牌企业也是所有中介机构应着重关注并应努力完成的工作。下面笔者根据多年的实务经验，以实例给大家提供几种解决方案。

（一）股东货币出资未经验资报告验证的瑕疵问题及合规解决方案

1. 项目概况

城市理想（北京）文化投资股份有限公司（837469，以下简称公司）于 2005 年 5 月 16 日取得北京市工商局出具的《企业名称预先核准通知书》，核准公司名称为东方娃（北京）国际投资有限公司；2005 年 6 月 20 日，公司股东北京艺宝投资管理有限公司与解小东签署了《东方娃城市理想（北京）文化投资股份有限公司章程》；2005 年 6 月 23 日，北京艺宝投资管理有限公司和解小东分别向东方娃缴纳出资 920 万元和 80 万元；2005 年 6 月 24 日，东方娃取得了北京市工商局核发的《企业法人营业执照》，公司成立。

2. 关注焦点

公司发起人股东的货币出资未经依法设立的会计师事务所验资并出具《验资报告》，其真实性和合法性需要进一步核查，该发起人股东、股东设立时其他股东及公司亦不能就出资时是否经过会计师事务所验资事宜予以明确确认及说明。

3. 合规解决方案[①]

（1）核查入资凭证。就公司设立时货币资金无验资报告问题，公司提供了股东入资的银行汇款凭证，工商行政管理机关根据入资银行出具的《缴存入资资金凭证》确认投资人缴付了货币出资数额。

（2）进行合规性解释。依据北京市工商局 2004 年 2 月 15 日颁布的《改革市场准入制度优化经济发展环境若干意见》第 13 条规定，投资人以货币形式出资的，应当到设有"注册资本（金）入资专户"的银行开立"企业注册资本（金）专用账户"缴存货币注册资本（金）。

---

① 参见"理想文化"全国中小企业股份转让系统披露的挂牌公告及北京大成律师事务所出具的《法律意见书》。

4.结论意见

公司股东的货币出资未经验资机构验资，但是公司提供的《缴存入资资金凭证》可以证明股东已经缴纳了货币出资，因此符合上述北京工商局规定，上述问题不会对公司挂牌新三板产生实质障碍。

（二）全资子公司的股东货币出资未经验资机构验证的瑕疵问题及合规解决方案

1.项目概况

赢家伟业科技孵化器股份有限公司（839820，以下简称赢家伟业）于2007年4月27日依法设立。北京赢家厚德财务咨询有限公司（以下简称赢家财务）为其控股的全资子公司，该公司于2013年1月由李永清与宁勤波2名自然人发起设立。赢家财务设立时，股东出资情况如下：李永清货币出资9万元，宁勤波货币出资1万元，合计10万元。

2.关注焦点

经中介机构对赢家伟业的子公司赢家财务进行核查发现，赢家财务设立时，有关股东李永清9万元以及宁勤波1万元货币出资没有《验资报告》。李永清及其他股东和公司均不能对公司当时是否对该货币出具进行验资予以明确说明。

3.合规解决方案[①]

（1）核查入资凭证。公司的《公开转让说明书》显示，尽管赢家财务设立时的股东出资没有《验资报告》，但有入资银行2013年1月的进账单和北京市工商行政管理局海淀分局出示的《企业入资信息情况表》，显示了此次出资的具体情况和实缴情况。

（2）请会计师进行复核。2016年4月21日，挂牌企业聘请会计师事务所对公司设立的出资情况进行了复核审验，并出具了《验资复核报告》，设立程序的瑕疵得以消除，货币出资情况得以确认。

[①] 参见"赢家伟业"全国中小企业股份转让系统披露的挂牌公告及通商律师事务所出具的《法律意见书》。

4.结论意见

鉴于股东的出资情况已经得以确认，因此该瑕疵问题不会对新三板挂牌产生影响。

（三）股东实物出资未评估、房产出资未过户的瑕疵问题及合规解决方案

1.项目概况

武汉科迪智能环境股份有限公司（872365，以下简称科迪股份）成立于1998年5月，注册资本10万元，由股东李代仁出资4万元，金炳文出资6万元，其中包括金炳文实物资产0.481万元，实物资产具体为Sim卡、入网初装费及电信服务费；2000年9月，公司增资至200万元。根据《验资报告》记载，在追加投入190万元投资中，包括新加入股东赵青三追加投入的38万元实物出资、新加入股东程三平追加投入的6.498万元实物出资和新加入股东江书静追加投入的12.194万元实物出资；2003年6月，公司增资至1000万元，均为实物增资，包括一套评估值为1362088.50元房屋。中介机构对本次增资出具了《资产评估报告》和《验资报告》。

2.关注焦点

中介机构对科迪股份的历次出资进行核查后发现实物出资瑕疵不符合《公司法》相关规定，具体问题如下：（1）1998年5月及2000年9月的实物出资未进行评估；（2）2000年9月实物出资至今未到位，股东赵青三38万元房产未过户，且已对外出售；（3）2003年出资不到位，房产出资（即标的房产）未过户到科迪股份名下，且本货币置换实物出资股东会决议作出时该房产尚处于抵押状态；（4）2000年9月后，金炳文将股权全部转让，且其已离职，不再是公司股东。

3.合规解决方案[①]

（1）股东会确认由在任股东进行现金补足。科迪股份根据中介

[①] 参见"科迪智能"全国中小企业股份转让系统披露的挂牌公告及北京中伦（武汉）律师事务所出具的《法律意见书》。

机构设计的方案进行了以下调整：全体股东应召开股东会作出《股东会决议》，未经评估的以实物出资的股东应按照约定的出资额以现金予以补足，已经评估但未过户的以房产出资的股东应按照评估值以现金予以补足，填实之前的瑕疵出资，以规范公司出资行为。前述《股东会决议》作出后，标的房产已解除抵押担保且可以完成过户手续，故全体股东再次作出股东会决议，一致同意对前次会议决议中关于标的房产出资以货币置换事项进行调整，房产过户交易所涉及的所有税费按照法律法规由各方各自承担。

（2）控股股东代离职股东进行补足。因金炳文已不再是公司股东，其出资瑕疵整改责任由公司控股股东黄艳林承担，以填实金炳文与自己的瑕疵出资。

（3）全体股东出具承诺。各股东应出具《承诺书》，承诺前述瑕疵出资由相应股东货币置换填实后，各股东之间不再就历史出资瑕疵问题追究相应法律责任。

4.结论意见

科迪股份按照上述方案调整后，已通过合法有效股东会决议形式确认以现金置换、房产过户等形式予以完善，且相应瑕疵出资股东已按前述股东会决议要求完成现金支付及房产过户，规范措施已履行相应程序并合法有效实施，足以弥补出资瑕疵，不会对新三板挂牌产生影响。

（四）无形资产出资比例高出公司法规定且未评估的瑕疵问题及合规解决方案

1.项目概况

上海风格信息技术股份有限公司（430216，以下简称公司）前身为上海风格信息技术有限公司，成立于2004年8月16日。2004年8月6日，公司召开股东会并作出决议，同意股东惠新标以高新技术成果——嵌入式数字电视ASI码流监视设备作价70万元出资，占注册资本的35%。

2004年8月11日，上海申洲会计师事务所有限公司出具《验资报告》（沪申洲〔2004〕验字第552号）验证，截至2004年8月

10日，有限公司以高新技术成果——嵌入式数字电视 ASI 码流监视设备出资的 70 万元已完成转移手续。

2005 年 3 月 18 日，张江高科技园区领导小组办公室评估认定嵌入式数字电视 ASI 码流监测设备评估价值为 210 万元。

2. 关注焦点

公司股东惠新标以高新技术成果出资的比例为 35%，公司设立于 2004 年，当时有效的《公司法》（1999 年修正）第 24 条第 2 款规定，以工业产权、非专利技术作价出资的金额不得超过有限责任公司注册资本的 20%，国家对采用高新技术成果有特别规定的除外。股东惠新标的该项无形资产出资超过当时法律规定，且该项出资未经会计师事务所评估。

3. 合规解决方案[①]

（1）寻求地方性法规或行政法规支持。上海市工商行政管理局 2001 年出台的《关于鼓励软件产业和集成电路产业发展促进高新技术成果转化的若干实施意见》（沪工商注〔2001〕第 97 号）第 2 条规定，科技型企业、软件和集成电路的生产企业可以高新技术成果和人力资本、智力成果等无形资产作价投资入股。第一，以高新技术成果作价投资入股可占注册资本的 35%，全体股东另有约定的，可从其约定；第二，无形资产可经法定评估机构评估，也可经全体股东协商认可并出具协议书同意承担相应连带责任，或经高新技术成果转化办公室鉴证后由验资机构出具验资报告。上海市工商行政管理局《关于印发〈关于张江高科技园区内内资企业设立登记的实施细则〉的通知》（沪工商注〔2001〕第 334 号）同样就高新技术成果作价出资可占到注册资本的 35% 进行了明确规定。

（2）进行追溯评估。2012 年 11 月 9 日，上海众华资产评估有限公司出具《惠新标个人所拥有的部分资产追溯性评估报告》（沪众评报字〔2012〕第 357 号），确认嵌入式数字电视 ASI 码流监视设备于评估基准日 2004 年 8 月 11 日的市场价值为 71.6059 万元。

---

① 参见"风格信息"全国中小企业股份转让系统披露的挂牌公告及北京天睿（上海）律师事务所出具的《法律意见书》。

(3)股东大会追认。2012年11月15日,股份公司召开2012年第三次临时股东大会,通过《关于上海风格信息技术股份有限公司设立时以高新技术成果、人力资源出资的议案》,确认有限公司设立时股东出资真实到位,不存在虚假出资、出资不实等情况,有限公司或股份公司的出资或股权不存在纠纷或潜在纠纷。

4. 结论意见

有限公司设立时以高新技术成果出资的比例和程序虽不符合当时《公司法》的相关规定,但符合国务院《关于印发〈鼓励软件产业和集成电路产业发展的若干政策〉的通知》(国发〔2000〕18号)的精神和上海市工商行政管理局的规定,同时也符合现行《公司法》关于无形资产出资比例的要求。同时,上述高新技术成果出资经追溯评估,其价值并未被高估,并已全部转移至公司。因此,该部分出资真实到位,不存在虚假出资、出资不实等情况。

(五)外资股东延期出资的瑕疵问题及合规解决方案

1. 项目概况

禄美生物科技(上海)有限公司(以下简称禄美生物)是一家港资独资公司。2012年3月,经上海市人民政府批准,取得《中华人民共和国台港澳侨投资企业批准证书》,并于2012年4月取得工商部门颁发的《企业法人营业执照》。公司章程约定,公司投资总额为950.00万美元,注册资本为500.00万美元,其中,注册资本的20%应于签发营业执照之日起3个月内缴付,剩余出资应于营业执照签发之日起2年内缴足。

上海锐阳会计师事务所有限公司出具《验资报告》显示,截至2012年8月6日,禄美生物已收到股东South Victor缴纳的注册资本100.00万美元,出资方式为美元现汇。禄美生物的实收资本为100.00万美元,占已登记注册资本总额的20.00%。

2. 关注问题

禄美生物缴纳注册资本20.00%的实际日期为2012年8月6日,超过了《禄美生物科技(上海)有限公司章程》和《关于同意设立禄美生物科技(上海)有限公司的批复》规定的期限,即营业执照签发之日起3个月内即2012年7月10日。

根据届时有效的《中华人民共和国外资企业法实施细则》(2001年修订)第30条,外国投资者未能在前款规定的期限内缴付第一期出资的,外资企业批准证书即自动失效。外资企业应当向工商行政管理机关办理注销登记手续,缴销营业执照。

3. 合规解决方案 ①

（1）释明延期出资原因并采取补救措施。经中介机构核查,禄美生物因未能及时办理银行开户事宜造成境外投资款不能按时到账,为此,禄美生物向工商部门作出营业执照有效期变更申请,上海市工商行政管理局浦东新区分局向禄美生物核发了有效期自2012年7月6日至2012年8月10日的营业执照,使得禄美生物缴纳注册资本20.00%的日期仍在营业执照的有效期内。

（2）寻求延期出资的法律依据,进行合规解释。届时有效的《中华人民共和国外资企业法实施细则》(2001年修订)第31条规定,外国投资者有正当理由要求延期出资的,应当经审批机关同意,并报工商行政管理机关备案。修订后的《中华人民共和国外资企业法实施细则》(2014年修订),已经取消了"第一期出资不得少于外国投资者认缴出资额的15%,并应当在外资企业营业执照签发之日起90天内缴清。外国投资者未能在前款规定的期限内缴付第一期出资的,外资企业批准证书即自动失效"的规定。因此,禄美生物不会因外资股东延期出资问题而导致外资批准证书失效。

4. 结论意见

鉴于工商部门已经核准禄美生物延期缴纳注册资本,且修订后的《中华人民共和国外资企业法实施细则》已经取消首期出资期限的规定,因此中介机构认为,该次延期出资不在报告期内,其延期出资已在工商行政管理机关备案并在换发的营业执照的有效期内完成,延期出资期间,禄美生物经营运行正常,未受到行政处罚,未有债权人因股东延期出资向禄美生物主张权利的情形,因此,该延

---

① 参见"雷霆科技"全国中小企业股份转让系统披露的挂牌公告及锦天城律师事务所出具的《法律意见书》。

期出资不会对禄美生物本次挂牌构成实质性障碍。

(六)股东涉嫌抽逃注册资金的瑕疵问题及合规解决方案

1. 项目概况

广东铂亚信息技术股份有限公司(430708,以下简称公司)成立于2011年12月,其前身为广州市铂亚计算机有限公司(以下简称铂亚有限)注册资金为人民币1000万元,根据公司提供的资料,该注册资金已经到位。公司成立后,2012年开展实际运营。顾亚红、陈敬隆为公司实际控制人。

2. 关注焦点

公司2011年12月成立时注册资本为1000万元,在公司2012年未开展业务的情况下,2012年底货币资金为13.61万元,而同期公司对实际控制人和实际控制人控制的其他企业应收款达727.25万元,这种资金占用是否属于抽逃注册资金的行为,需及时核实并披露其有关情况、界定其法律属性,以免日后成为影响公司挂牌的因素。

3. 合规解决方案[①]

(1)对资金占用行为进行法律界定。经核查,公司实际控制人与公司发生资金往来时为有限责任公司,当时的内部治理制度不够规范,根据《审计报告》、公司的付款凭证以及公司的确认,报告期内,因临时资金周转需要,公司实际控制人顾亚红及陈敬隆向公司拆借过资金,存在占用公司资金的情形。

(2)占用股东归还拆借资金。根据公司的确认并核查,实际控制人顾亚红、陈敬隆已在铂亚有限整体变更为股份公司之前将所占用资金全部偿清。

(3)公司及实际控制人确认。根据公司及顾亚红、陈敬隆的确认,上述资金占用是顾亚红、陈敬隆与铂亚有限之间的真实意思表示,均已收取资金占用费或利息,并且已清偿完毕,顾亚红、陈敬隆与铂亚有限之间就上述资金往来之形成和偿还无任何现时或潜在

---

① 参见"铂亚信息"全国中小企业股份转让系统披露的挂牌公告及北京市君合(广州)律师事务所出具的《法律意见书》。

的争议或纠纷。

（4）找到法律依据，进行合规解释。根据最高人民法院《关于如何确认公民与企业之间借贷行为效力问题的批复》（法释〔1999〕3号）的规定，公民与非金融企业之间的借贷属于民间借贷，只要双方当事人意思表示真实即可认定有效。因此，铂亚有限与顾亚红、陈敬隆之间的资金往来并未违反相关法律法规的禁止性规定，且顾亚红和陈敬隆已在申请本次挂牌前将上述所占用资金全部归还，是合法民间借贷行为。

4. 结论意见

上述行为符合《全国中小企业股份转让系统股票挂牌条件适用基本标准指引（试行）》第3条第3款中"应在申请挂牌前予以归还或规范"的要求，不会对新三板挂牌业务产生障碍。

5. 合规建议

抽逃出资在新三板的民营企业并不少见，但是该行为是要承担民事责任或者刑事责任的，是新三板挂牌的红线，因此准确界定其占用性质尤为关键。鉴于抽逃出资实质是股东把钱投入公司后通过各种手段又把钱转回去了，解决的思路通常是进一步核查资金去向、转出依据，界定为出资不实，将其确认为资金占用或者股东借款，并在股改之前要求股东归还公司或依法补足。除此之外，中介机构要如实进行披露，并帮助公司制定规范控股股东资金占用管理制度，完善公司内控制度。

（七）增资的定价依据、纳税核查等合规性分析

1. 项目概况

南通赛晖科技发展股份有限公司（873499，以下简称公司）前身为赛晖科技发展有限公司（以下简称赛晖有限）成立于2006年2月23日，2018年1月30日公司整体改制为股份公司。

2015年7月30日，赛晖有限作出股东决定，公司注册资本由30万美元增加至129万美元，新增注册资本99万美元。

2016年4月15日，赛晖有限作出董事会决议，同意公司股东NT SAI HUI将其持有的赛晖有限67.54%的股权以人民币1042万元

转让给姚桂兰。同日，赛晖有限通过股东会补充决议，赛晖有限在进行股权转让及变更公司性质的同时，将注册资本由原来的191万美元变更为1466万元，并决定将赛晖有限200万元资本公积转增注册资本，赛晖有限的注册资本变更为1266万元。

2. 关注焦点

上述股权转让及增资及整体变更时，涉及资本公积、盈余公积金和税后利润转增股本的情形。公司提交挂牌文件后，全国股转公司反馈要求补充说明并披露：（1）历次增资的价格、定价依据及其合理性；（2）补充说明公司历次增资相关股东是否需要缴纳个人所得税，如是，请披露缴纳情况；（3）历次增资后留存的法定公积金比例是否符合《公司法》等相关法律法规的规定。

3. 合规解决方案[①]

（1）核查增资具体情况，确认合规性及合理性。经核查，公司于2015年增资时的出资方式为盈余公积金和税后利润转增资本。本次增资中，NT SAI HUI 依法缴纳了企业所得税。本次增资前，公司法定盈余公积金为4807931.22元，其中法定盈余公积金404972元用于转增资本，其他以未分配利润转增。转增后公司法定盈余公积金余额为4402959.22元，转增前公司注册资本为30万美元，符合"法定公积金转为资本时，所留存的该项公积金不得少于转增前公司注册资本的百分之二十五"的规定。公司2016年按照注册资本面值每股1元的价格进行增资，用于转增注册资本的资本公积来源于资本溢价，将股东收益进行再投资，符合公司发展规划，有其存在的合理性。

（2）检索合规文件，确认合规性。根据国家税务总局《关于股份制企业转增股本和派发红股征免个人所得税的通知》（国税发〔1997〕198号）、国家税务总局《关于进一步加强高收入者个人所得税征收管理的通知》（国税发〔2010〕54号）等规定，本次增资无须缴纳个人所得税。本次增资以资本公积或者未分配利润转增，不存在法定公积金（又称法定盈余公积金）转增的情形。

[①] 参见"赛晖科技"全国中小企业股份转让系统披露的挂牌公告及北京大成（南通）律师事务所出具的《法律意见书》。

4. 结论意见

上述两次增资定价依据合理、不违反税法和公司法相关规定，不会对本次新三板挂牌产生实质影响。

（八）以债转股出资瑕疵及合规解决方案

1. 项目概况

营口华峰动力发展股份有限公司（873320，以下简称公司）成立于2008年。2015年1月11日，张勤勇、张立峰、林玉兰、张泰华与公司签署《债权转股权协议》。

2015年2月10日，公司召开临时股东会会议，会议决议如下：同意将张立峰的360万元债权转换为股权；将股东张泰华的470万元债权转换为股权；林玉兰的224万元债权转换为股权；张勤勇的546万元债权转为股权。

2015年2月5日，北京中金浩资产评估有限责任公司出具《资产评估报告》，确认公司申报的纳入本次债转股范围的应付张勤勇、张立峰、林玉兰及张泰华的债务账面值为1600万元，评估值为1600万元，无增减值。

2015年2月10日，北京中福华会计师事务所有限责任公司出具《验资报告》，确认公司已收到股东张勤勇、张立峰、林玉兰、张泰华缴纳的新增注册资本合计为人民币1600万元，出资方式为债权转股权出资。

本次债转股完成后，公司注册资本金总额为2600万元，其中股东张立峰持股比例为30%，股东张泰华持股比例为30%，股东林玉兰持股比例为19%，股东张勤勇持股比例为21%。

2. 关注问题

因上述债转股出资未履行审计程序，存在程序瑕疵。

3. 合规解决方案[①]

（1）现金实缴出资置换债权出资。2018年11月26日，公司召

[①] 参见"华峰动力"全国中小企业股份转让系统披露的挂牌公告及北京市盈科律师事务所所出具的《法律意见书》。

开股东会，会议决议如下：同意股东张立峰、张泰华、林玉兰和张勤勇在公司因债转股形成的相应股权以货币向公司实缴。会计师事务所出具《验资报告》载明，截至 2018 年 11 月 26 日，公司已收到股东张立峰、张泰华、林玉兰、张勤勇缴纳的货币出资 1600 万元，出资方式为货币，用于置换原债权转增实收资本 1600 万元。

（2）股东放弃被置换债权。为进一步保障公司资本充足性，股东张勤勇、张立峰、张泰华、林玉兰承诺放弃要求公司返还上述被置换出的债权的所有权利，同意将置换出的债权计入公司资本公积。同时，资本公积因债权转入形成部分，不再进行转增股本，如后期清算涉及上述相关债权事项，4 人承诺会进行相应补偿。如违反上述承诺，4 人自愿承担相应损失。

（3）公司出具补正增资款说明。2018 年 11 月 30 日，公司出具《原股东补正增资款情况说明》，上述补正出资对公司 2018 年以前的利润不产生实质影响。

4. 结论意见

本次债转股事宜虽然未经审计，但鉴于公司已经对用以转股的债权进行了评估和验资，且公司原出资股东已经用货币将债权进行置换，并同时放弃了被置换债权，因此，本次出资瑕疵不会对本次新三板挂牌产生影响。

第四节 股权转让核查常见问题及合规方案

股权转让是公司在经营过程中经常会发生的行为，股权的正常流转，有助于企业主及股东对公司进行积极有效的管理，发挥企业平台的作用。股权转让是指公司股东将自己持有的公司股权有偿转让给第三人的行为，这里的第三人包括公司的其他股东，也包括股东以外的第三人，受让对象不同，转让的流程也不尽相同，但签订股权转让协议是股权转让的必要程序。在转让股权过程中，凡涉及国有资产的,为防止国有资产流失,根据国务院发布的《国有资产评估办法》第 3 条的规定,如对国有资产拍卖、转让、企业兼并、出售等,都应进行资产评估。股权转让的价格一般不能低于该股权所含净资产的价值。对于中外合资或中外合作的有限公司股权转让的,根据《中外合资企业法》《中外合作企业法》的规定,要经中方股东的上级主管部门同意,并报原审批机关审批同意以后方可办理转让手续。在新三板挂牌业务中,根据股转公司股权明晰的要求,中介机构需要审核股权转让的真实性、合法性以及有无潜在股权纠纷。在实践中,中介机构主要应就股权转让是否履行法定程序、是否通过权力部门或上级主管单位批准、股权转让对价是否公允、受让方是否支付合理对价,转让方是否依法纳税等进行全面核查并出具意见。

一、股权转让合法合规的核查要点

1.股权转让的程序,如是否提前通知股东、通知形式是否合法、是否经股东会决议等是否符合法律规定,以确认转让程序是否具有法律瑕疵;

2.国有股权、集体性质的股权转让是否履行国有资产交易程序,是否经过内部权力机关及其上级主管部门审批,受让方是否付款,以及在具有瑕疵的情况下股权转让的效力;

3.股权转让是否侵犯其他股东的优先购买权以及侵犯其他股东优先购买的转让协议的效力;

4.股权转让的价格是否公允,受让方是否支付价款,以确认股权是否清晰,是否存在潜在纠纷;

5.股权转让是否经过备案,工商部门备案、股权交易所备案与实际变更情况是否一致,如果不一致应核查形成原因并确认转让效力;

6.股权转让是否真实,是否存在股权代持或股权转让是否是在股权代持情况下的股权回转,以及代持形成的原因和对合同效力的影响;

7.股权转让价格为零或价格极低时,应核查原因及其合理性,以确认权利真实性和合法性，最大限度地避免潜在的法律纠纷。

二、股权转让过程中对股权结构的核查过程和依据

（一）核查过程

1. 通过查阅公司股东名册、工商变更登记材料、股权变动时的批准文件；
2. 通过查阅验资报告、股东股权凭证、入资凭证、付款凭证、股权转让协议等相关文件，调查股东取得股权的依据、取得股权的真实性和合法性；
3. 访谈公司管理人员，调查公司最近二年股权变动的合法合规性以及股本总额和股权结构的发生变化情况；
4. 访谈股东或法定代表人，调查公司股份是否存在转让限制的情形，取得公司股东或股东的法定代表人的股份是否存在质押等转让限制情形、是否存在股权纠纷或潜在纠纷的书面声明。

（二）核查依据

1. 股权变动时的批准文件、《验资报告》、股东股权凭证、股权转让协议等相关文件；
2. 公司股东名册、工商变更登记资料；
3. 主办券商对公司历次股权架构的整理；
4. 股东缴纳个人所得税的凭证或承诺函；
5. 对公司股份是否存在转让限制的核查记录；
6. 公司股东中关于涉及私募基金管理人备案的说明；
7. 股东股份是否存在质押等转让限制情形及股权纠纷或潜在纠纷以及不存在代持等情况的声明。

三、股权转让核查的常见问题

1. 股权转让价格不公允，过高或过低，且公司不能予以合理解释；

2. 股权转让不真实，比如为规避法律规定进行的虚假转让，受让方仅为名义持有人，不具有实际股东身份；

3. 股权转让事宜通过口头、公告等形式通知其他股东，未经书面通知，可能涉及侵犯其他股东的优先购买权；

4. 股权转让后未在合理时间到工商部门办理变更登记，股权实际持有人和工商备案的股东不一致；

5. 股权转让协议存在不同版本，且股权转让价格及相关权益差别较大；

6. 公司在地方交易所挂牌期间的股份转让与工商登记的股东名录不一致；

7. 在股权转让业务中，有关纳税人未依法纳税，工商备案的股东情况与税务部门备案的股东不一致。

四、股权转让常见问题的合规方案

1. 核查股权转让真实情况及形成原因，说明转让的必要性，并进行合规解释；

2. 对股权转让协议的双方当事人及公司高管及实际控制人进行访谈，确认股权定价的依据，以及股权转让的真实性；

3. 由挂牌公司的主管工商行政部门出具公司合法合规的证明；

4. 转让方及受让方出具股权转让真实、付款真实的相关凭证；

5. 对股权受让方支付价款过高或过低进行核查，揭示背景和原因，并进行合法合规性解释；

6. 对股权转让纳税义务人和扣缴义务人进行分析，解释纳税瑕疵未对挂牌业务产生影响，由税务主管部门出具未受税务处罚证明；

7. 由控制股东、实际控制人出具保证合法合规承诺，并保证在出现行政处罚、出现纠纷时可以承担相应的法律责任。

五、股权转让合规案例分析

就股权转让常见瑕疵问题，包括如何在挂牌业务中核查股权交易的真实性和合法性、股权转让价格的公允性,并在实务中给公司提供解决方案,这是挂牌企业,也是中介机构需要关注并应努力完成的工作。下面笔者根据多年新三板业务的实务经验,以实例给大家提供几种解决方案。

(一)股权转让合法合规性审查要点及合规解决方案

1. 项目概况

东莞市锦星钮扣有限公司(以下简称公司)成立于2004年9月27日。公司设立时注册资金为50万元,其中杨永志出资45万元,冯其出资5万元。

2006年11月,杨永志将其持有的公司80%的股权以40万元的价格转让给冯娇,冯其将其持有的公司10%的股权以5万元的价格转让给冯娇。

2008年7月,经股权转让各方签订合同并召开股东会决议,冯娇将其持有的公司90%的股权以45万元的价格转让给杨永志。

2010年6月,经股权转让各方签订合同并召开股东会决议,杨永志将其持有的公司50%的股权以25万元的价格转让给冯娇。本次股权转让完成后,杨永志、冯娇各出资25万元,分别持有公司50%股权。

2017年2月,经股权转让各方签订合同并召开股东会决议,杨永志将其持有的公司10%的股权以100万元的价格转让给东莞市聚锦实业投资有限公司,杨永志将其持有的公司5%的股权以50万元的价格转让给东莞市熹佳实业投资合伙企业(有限合伙),冯娇将其持有的公司15%的股权以150万元的价格转让给东莞市熹佳实业投资合伙企业(有限合伙)。

2. 关注焦点

(1)公司历次股权转让的价格定价依据、转让价款支付情况以及股权转让涉及税收的缴纳情况,是中介机构应予以关注的重要问题,也是全国股转公司予以关注的问题。

(2)中介机构应对历次股权转让交易的真实性、是否存在股权代持进行核查并发表明确意见。

3. 合规解决方案 ①

（1）转让情况核查。经中介机构进一步核查、公司出具相关说明，对历次股权转让事宜确认如下：公司发生的前三次股权转让，因冯娇与杨永志系夫妻关系，其股权转让系夫妻共同财产的分配行为，均未实际支付；冯娇与冯其系姐弟关系，其股权转让价格按照原始出资价格每股1元确定，定价采用市场定价原则，冯娇已支付。就公司2017年发生的第四次股权转让，价格按照原始出资价格每股1元确定，定价采用市场定价原则，由双方协商确定，转让价款已经支付，冯娇、杨永志已缴纳个人所得税。

（2）纳税情况及付款真实性核查。经核查银行转账记录、收据，并由转让双方当事人对于转让行为的声明，对历次股权转让的真实性予以确认。在纳税方面除第四次股权转让已纳税外，前三次转让均未纳税。

（3）纳税主体出具纳税兜底承诺。针对公司历史上存在的未纳税的问题，相应股权转让所涉纳税主体杨永志、冯娇、冯其均已出具《关于未缴纳个人所得税的承诺》，如税务机关向其征缴公司历次股权转让所涉个人所得税，其将以自有资金自行申报缴纳，缴纳事项与公司无涉，并愿意承担因违反上述承诺而给公司造成的全部损失。

（4）全体股东出具承诺。根据公司全体股东出具的《关于股份是否存在质押等转让限制情形、是否存在股权纠纷或潜在纠纷的书面声明》，公司股东所持有的公司均为其本人所有，不存在委托他人出资、持有或管理股份，不存在代他人出资、持有或管理股份等情形。

4. 结论意见

公司历次转让中，除杨永志、冯娇由于夫妻关系未实际支付股权转让价款外，其他转让均已实际支付，交易真实，不存在股权代持的情形。

---

① 参见"锦星股份"全国中小企业股份转让系统披露的挂牌公告及广东德德律师事务所出具的《法律意见书》。

（二）股权转让价格过低时应关注的问题及合规解决方案

1. 项目概况

上海厚藤文化传播股份有限公司（836150，以下简称公司）初始设立于2009年3月12日，设立时公司名称为上海昕锐信息科技有限公司（以下简称昕锐科技）。由高艳、于建明共同出资设立，其中高艳货币出资9万元，于建明货币出资1万元。

2009年5月15日，公司召开股东会并作出决议，同意股东高艳将所持有的昕锐科技全部股权分别转让给虞培祥、顾歆豪、韦飚和戎笑；同意股东于建明将所持有的昕锐科技全部转让给戎笑。

2009年6月1日，高艳分别与韦飚、顾歆豪、虞培祥、戎笑签订《股权转让协议》，高艳将其持有昕锐科技的全部90%股权转让给韦飚20%、转让给顾歆豪20%、转让给虞培祥40%、转让给戎笑10%，股权转让价格均为2000元。同日，于建明与戎笑签订《股权转让协议》，同意将其持有昕锐科技10%股权转让给戎笑，股权转让价格为2000元。

2. 关注焦点

中介机构根据公司提供的材料在核查昕锐科技股权转让情况时，发现原股东高艳、于建明、虞培祥、戎笑、韦飚在转让股权过程中，股权转让的价格过低，且不能提供支付转让的付款凭证。

3. 合规解决方案[①]

（1）转让价格合理性解释。根据主办券商出具的意见书显示，公司在有限公司阶段经营管理不是特别规范，公司无法提供股权交割日的股权转让款支付凭证及当时的公司资产状况。经核查，高艳、虞培祥此次股权转出原因是将从公司离职；戎笑、韦飚股权转出原因是将从公司退出。

（2）股权转让已经完成工商登记。此次股权转让系双方真实意思表示，不存在代持情形，且此次股权转让经公司股东会审议通过

---

① 参见"厚藤文化"全国中小企业股份转让系统披露的挂牌公告及北京大成（上海）律师事务所出具的《法律意见书》。

并依法办理了工商变更登记。

（3）双方出具承诺。为了避免因股权转让而可能引起的纠纷，此次股权转让的出让方及受让方均出具了《承诺函》，承诺双方的股权转让价款已经结清，不存在任何形式的股权转让纠纷或潜在纠纷。

（4）公司的控股股东、实际控制人出具《承诺函》。《承诺函》主要内容如下："本人/本公司承诺，关于上述股权转让事项，如因国家法律、法规或有权部门的要求，相关部门要求上述各方补缴相应税款或承担其他费用、损失，本人/本公司将以连带责任方式，无条件全额承担应补缴的税款及因此所产生的所有相关费用，以避免给厚藤公司及其股东造成损失或影响。"

4. 结论意见

本次股权转让已经履行了必要的内部决策程序，并履行了工商变更登记手续，不存在现实的及潜在的法律纠纷，不构成公司本次挂牌的重大法律障碍。

（三）受让方未支付股权转让对价审查要点及合规解决方案

1. 项目概况

北京中外名人文化传媒股份有限公司（830798，以下简称公司）前身北京中外名人影视广告公司系于1993年11月20日由中国中外名人研究会以150万元人民币出资设立的集体所有制公司。1999年2月2日公司改制为有限责任公司。

2004年11月29日，公司股东北京中外名人文化传媒发展有限公司（以下简称文化传媒公司）和北京奔达投资有限公司（以下简称奔达投资）分别与北京国际信托有限公司（以下简称信托公司）签订《股权转让协议》，约定信托公司受让上述两股东合计持有公司合80%股权。同日，公司召开股东会，同意上述股权转让，转让对价分别为500万元、1100万元，其他股东放弃优先购买权。

2007年11月28日，信托公司与文化传媒公司和奔达投资分别签订《股东股权转让协议书》，信托公司将其持有公司80%的股权（对应出资额1100万元）又转让给文化传媒公司和奔达投资。

2. 关注焦点

2004年及2007年发生在文化传媒公司与信托公司之间的两次股权转让，受让方均未向转让方支付对价。公司挂牌文件上报之后，全国股转公司对此出具的反馈意见：要求中介机构对两次转让的原因以及合法合规性进行补充核查，并出具补充意见。

3. 合规解决方案①

（1）核查并分析股权转让实质。2004年公司为获取中央电视台《星光大道》栏目的独家总代理权发生融资需求，于2004年11月19日与信托公司签订《信托融资框架协议》，融资款项将由信托公司通过发行资金信托计划向社会公众募集。公司及其股东同意，在公司清偿信托贷款期间，将股东自己合法持有的公司80%的股权以0元价格转让给信托公司。有关股权将由信托公司在公司完全履行完毕信托贷款合同清偿义务后无偿转让归还原股东。因此，本次股权转出和转入，是基于信托融资方的风险控制，用股权转让方式实现对股权质押内容，在信托贷款清偿完毕后归还原股东，不存在实际的股权转让。

（2）公司出具股权转让实质为质押担保的说明。另据公司提供的《说明》，因公司自有资金不足，由信托公司提供融资，拟以控股股东持有其公司股权设立股权质押，因当时办理该项业务时工商局不受理股权质押内容，为规避信托公司的资金风险，办理了股权转让，后该项目结束后，信托公司退还该股权。

（3）两次股权转让依法办理工商登记。奔达投资和文化传媒公司的工商资料显示，此次股权转让和受让的两股东均履行了公司内部股东会决议，并签订了股权转让合同，北京中外名人广告有限公司的其他股东均出具了放弃优先购买权的承诺，本次股权转让行为履行了相应的内部决策程序，转让程序合法、有效。

4. 结论意见

上述股权转让实质为公司融资担保而进行，鉴于股权已经归

---

① 参见"中外名人"全国中小企业股份转让系统披露的挂牌公告及北京市中银律师事务所出具的《法律意见书》。

还，且两次转让均履行了合法程序并办理了工商变更登记，因此，受让方未支付价款的行为不会对本次挂牌产生影响。

（四）转让子公司股权以公告方式通知其他股东是否涉嫌侵犯其他股东的优先购买权

1. 项目概况

武汉道森媒体股份有限公司（838397，以下简称道森公司）于2009年7月30日设立。武汉友服道森传媒有限公司（以下简称友服道森）、武汉市安信行物业管理有限公司（以下简称安信行公司）为道森公司的关联公司。道森公司持有友服道森50%的股权。安信行公司为道森公司实际控制人叶黎的弟弟叶蓁投资的公司。

2015年9月11日，道森公司在《湖北日报》上刊登友服道森召开股东会的通知。2015年10月26日，道森公司与安信行公司签订《股权转让协议》，协议约定道森公司将持有的友服道森50%的股权无偿转让给安信行公司。2015年11月16日，友服道森召开股东会会议，决议同意道森公司将其持有的友服道森50%的股权无偿转让给安信行公司。

2. 关注焦点

转让方道森公司将其持有的目标公司即友福道森的股权转让给安信行公司过程中，友服道森的另一股东友服传媒公司未收到召开股东会的书面通知或口头通知，也未参加该次股东会，转让方道森公司以公告方式召开股东会是否合法？是否侵犯了友服传媒公司享有的优先购买权？

3. 合规解决方案[①]

（1）核查公告通知的原因和背景。经核查，友服道森自成立以来未实际经营，处于亏损状态，没有合适的自然人或公司愿意接手友服道森。为避免道森公司本次投资失败给公司带来的更大损失，同时避免友服道森与道森公司在主营业务上存在同业竞争，因此道

[①] 参见"道森媒体"全国中小企业股份转让系统披露的挂牌公告及北京市尚公律师事务所出具的《法律意见书》。

森公司当时仅能将该股权无偿转让给自身的关联公司安信行公司。就道森公司转让股权事宜，道森公司已经通过电话、短信和邮政专递等多种方式联系友服道森的股东友服传媒公司，但均没有收到友服传媒公司的回复。道森公司在无法联系友服传媒公司的情况下，于2015年9月11日在《湖北日报》上刊登友服道森召开股东会的公告（公告期为66天），公告期间未收到友服传媒公司的回复或异议。

（2）论证公告通知具有通知效力，未侵犯其他股东优先购买权。道森公司在无法联系友服传媒公司迫不得已的情况下，对本次股权转让召开股东会事宜进行了登报公告，事实上已经达到了通知友服传媒公司欲进行股权转让并参会的效果，不存在侵犯其股东优先购买权的情况。友服道森在2015年11月16日召开的股东会会议符合《公司法》及相关法律、法规的规定。

（3）道森公司的实际控制人出具兜底承诺。公司实际控制人出具承诺，承诺愿意承担因友服传媒公司就股权转让事宜提起诉讼而可能产生的任何损失。

4.结论意见

公告通知未侵犯其他股东优先购买权，本次股权转让合规。

（五）国有股权未经评估采取协议转让且受让方未支付股权转让款的合法合规性及合规解决方案

1.项目概况

山东兖矿国拓科技工程股份有限公司（872810，以下简称国拓科技）设立于2010年7月7日，初设时公司名称为山东兖矿国拓科技工程有限公司（以下简称国拓有限）。2015年4月16日，国拓有限召开股东会，全体股东一致同意股东兖矿集团将其持有的700万元出资以700万元人民币的价格转让给其全资子公司中心公司。2015年4月20日，兖矿集团与中心公司签署了《山东兖矿国拓科技工程有限公司股权转让协议》，协议约定兖矿集团将所持有的国拓有限70.00%的股权（实缴出资额700万元）以700万元的价格转让给中心公司。

2. 关注焦点

2015年4月股权转让的转让方兖矿集团及受让方中心公司均为国有企业，受让方为转让方的全资子公司，问题：

（1）本国有股权采取协议转让是否合法合规？

（2）公司进行本次股权转让时最近一期经审计的净资产值为4500万元（每出资额对应的净资产值为4.5元），而公司本次国有股权转让的价格为1元/出资额，公司本次国有股权转让并未依据评估报告确定的评估值或最近一期审计报告确认的净资产值为基准确定转让价格，且截至反馈回复出具日，本次国有股权转让的价款尚未支付，存在瑕疵。是否对挂牌造成影响？

3. 合规解决方案①

（1）关于国有股权协议转让合法合规性问题。中介机构经核查认为，根据国务院国资委、财政部共同于2006年发布的《关于企业国有产权转让有关事项的通知》的规定，允许协议转让的范围包括，在所出资企业内部的资产重组中，拟直接采取协议方式转让国有产权的，转让方和受让方应为所出资企业或其全资、绝对控股企业。山东省国资委于2014年下发的《关于取消和下放一批审批、核准、备案事项的通知》（鲁国资办〔2014〕3号，2015年1月1日起执行）的规定：省管企业根据国家有关规定在本集团内部实施资产重组时的协议转让事项，该审批权限下放集团公司批准或决定。本次国资股权转让的转让方为兖矿集团，受让方为中心公司，系兖矿集团的全资子公司，该股权转让属于兖矿集团内部资产流转，鉴于本次转让已经由兖矿集团审批，因此，本次国有股权转让采取协议方式转让符合国务院国有资产监督管理委员会、财政部《关于企业国有产权转让有关事项的通知》，《中华人民共和国企业国有资产法》的规定；本次国有股权转让由兖矿集团决定符合山东省国资委《关于取消和下放一批审批、核准、备案事项的通知》的规定。2017年7月，山东省国资委在《关于山东兖矿国拓科技工程有限公司整体变更设立

---

① 参见"国拓科技"全国中小企业股份转让系统披露的挂牌公告及山东博睿律师事务所出具的《法律意见书》。

股份有限公司并在全国中小企业股份转让系统挂牌的批复》中对公司改制的股东及股权结构亦进行了确认。综上，中介机构认为本次股权转让采用协议转让方式、经兖矿集团决定合法有效。

（2）本次股权转让价格存在瑕疵。就该问题，中介机构认为本次股权转让瑕疵不会对公司经营和股权明晰造成不良影响，理由如下：第一，本次股权转让完成后，国有持股比例未发生变动，且公司实际控制人仍为山东省国资委，未发生变更，属于兖矿集团内部资产流转，未造成国有资产流失，且已经办理工商登记；第二，2017年7月14日，有限公司收到山东省国资委《关于山东兖矿国拓科技工程有限公司整体变更设立股份有限公司并在全国中小企业股份转让系统挂牌的批复》（鲁国资收益字〔2017〕41号），同意股改方案，同时确认股改后股份公司总股本5000万股，其中中心公司和中国天辰分别持有3500万股和500万股，持股比例分别为70%和10%，对股权转让的结果进行了确认；第三，此次股权转让系由于集团的整体规划，且截至反馈出具之日，未产生股权纠纷。综上，根据实质重于形式的原则，此次股权转让价格瑕疵，未产生股权纠纷，未造成国有资产流失，不构成实质性障碍。

4. 结论意见

本项目主办券商和律师认为：本次国有控股股东之间的转让，未能履行评估手续，价款未支付，存在瑕疵，但未产生股权纠纷，未造成国有资产流失，不构成实质性障碍。

（六）四板[①]挂牌期间发生股份转让与工商备案不一致的瑕疵问题及合规解决方案

1. 项目概况

天津易通电子商务股份有限公司（012009）成立于2012年5月

[①] 四板是区域性股权交易市场的俗称。2012年，国家为促进中小企业发展，解决中小企业多、融资难，社会资金多、投资难问题，允许各地设立区域性股权交易市场。四板是由地方政府管理的、非公开发行证券的场所，是资本市场服务中小微企业的新的组织形式和业态，是我国多层次资本市场体系的组成部分。

17日，2013年5月14日公司整体改制为天津尚食电子商务股份有限公司（以下简称尚食股份），2013年6月7日，尚食股份在天津股权交易所（以下简称天交所）挂牌交易，2015年9月1日终止在天交所挂牌。在天交所挂牌期间，公司发生数次股份转让，根据天交所股东名册信息，尚食股份（公司在天交所挂牌期间名称）在天交所挂牌时，公司股东千合盛创持有35万股。2013年6月千合盛创向陈鹏转让7万股，后续在天交所有过零星买进卖出，至2014年7月22日持有28万股；2014年7月29日、8月12日千合盛创向姚煦各转让1万股共计2万股，2014年7月23日、8月13日向祝强各转让1万股共计2万股。截至2014年8月13日千合盛创公司持有24万股，2015年6月其将24万股转让给陈鹏。

2015年12月14日，天交所出具《关于天津尚食电子商务股份有限公司挂牌期间股权转让情况的证明》："尚食股份在本所挂牌期间，股东通过天津股权交易所交易系统进行的股权交易真实有效，股权结构清晰，不存在股东人数累计超过200人的情形。"

2. 关注焦点

经核查，尚食股份工商档案存有2014年9月30日同意千合盛创向陈鹏转让2.5%股权即35万股的股东大会决议，以及反映该次转让后股本结构的章程修正案，这与天交所记录并不一致。

3. 合规解决方案[①]

（1）核查具体情况，确认天交所股份转让效力。对于上述不一致情况，应以天交所股份交易合法性认定为前提，2014年9月30日千合盛创只能向陈鹏转让其有权处分的24万股，加上之前2013年6月已向陈鹏转让的7万股，双方在天交所交易数量累计为31万股，而不是35万股。公司工商档案所存股东大会决议所载千合盛创向陈鹏转让35万股，包括其已转让给姚煦、祝强的4万股，前述转让4万股的行为构成无权处分。

（2）分析未进行工商登记对股份转让效力的影响。根据《中华

---

① 参见"易通电子"全国中小企业股份转让系统披露的挂牌公告及北京市宝盈律师事务所出具的《法律意见书》。

人民共和国公司登记管理条例》，股份有限公司变更股东的，无须申请工商变更登记，天交所股份交易的效力不以工商变更登记或备案为要件。姚煦、祝强在天交所从千合盛创买入4万股的交易合法有效，尚食股份工商档案中备案的股东大会决议不具有否定该交易的法律效力，千合盛创则不能再处分已不拥有所有权的该4万股股份。

（3）访谈并取得受让人确认。2015年12月10日，该无权处分行为的受让方陈鹏确认从千合盛创受让股份数量以天交所记录即31万股为准。经对姚煦、祝强进行访谈，二人确认上述股份转让以及与千合盛创之间均不存在纠纷。

4. 结论意见

据此，中介机构认为，千合盛创股份转让的工商记录与天交所记录不一致可能产生的不确定性，在实体和程序上均已消除，不影响易通股份的股权明晰，不构成本次挂牌的法律障碍。

（七）股权转让所得为零情况下的税务核查要点及税务合规意见

1. 项目概况

青岛博宁福田通道设备股份有限公司（835077，以下简称公司）于1996年6月12日依法设立。2012年5月15日，公司召开董事会并作出决议，同意外资股东德国GUG公司将其持有的公司40%的股权以人民币640万元的价格转让给德国BFG公司。同日，转让双方签订了《股权转让合同书》。

2016年6月19日，公司收到青岛市崂山区商务局对此次外资股东股权转让作出批复，"同意公司股东德国GUG公司将持有的公司40%的股权以相当于人民币640万元的欧元的价格转让给德国BFG公司"。

2016年6月26日公司股东夏继禹、夏继华、阮莉共同签署了《放弃优先权购买声明》，放弃对德国GUG公司转让公司40%股权的优先购买权。博宁公司在本次股权转让后办理了工商变更登记手续。

2. 关注焦点

上述外资股东于2012年发生的股权转让，转让过程中公司、转让方和受让方均未申报纳税。在挂牌过程中,中介机构应核查、关注股权转让过程的纳税主体、计税依据及税费缴纳情况是否符合税收的相关法律规定,以及在纳税存在瑕疵的情况下公司是否应承担纳税义务或代扣代缴义务,并发表法律意见。

3. 合规解决方案[①]

(1) 准确界定纳税义务人和扣缴义务人。根据《企业所得税法》第3条第3款,非居民企业在中国境内未设立机构、场所的,或者虽设立机构、场所但取得的所得与其所设机构、场所没有实际联系的,应当就其来源于中国境内的所得缴纳企业所得税。根据《企业所得税法》第37条,对非居民企业取得本法第3条第3款规定的所得应缴纳的所得税,实行源泉扣缴,以支付人为扣缴义务人。税款由扣缴义务人在每次支付或者到期应支付时,从支付或者到期应支付的款项中扣缴。据此,就本次股权转让,转让方德国GUG公司为纳税义务人,受让方德国BFG公司为扣缴义务人。

(2) 确定股权转让的计税依据。经核查,德国GUG公司取得公司的股权系分别于2007年10月及2009年9月两次受让于公司股东夏继禹、夏继华和阮莉取得,股权受让价格系根据会计师事务所评估的每股净资产确定,受让股权对价共计人民币640万元。2012年6月,德国GUG公司转让给德国BFG公司的股权转让价格亦为人民币640万元,因此,德国GUG公司2012年转让给德国BFG公司的股权价格等同于其取得公司的股权原值,其股权转让所得为零,即本次股权转让的计税依据为零。据此,德国GUG公司在本次股权转让后未有所得的情况下未申报纳税不违反税收相关的法律规定。

(3) 法律分析意见。根据国家税务总局《关于印发〈非居民企业所得税源泉扣缴管理〈暂行办法〉的通知》(国税发〔2009〕3号)第3条,扣缴义务人应当自合同签订之日起30日内,向其主管税务机关申报办理扣缴税款登记。就本次股权转让而言,受让方德国BFG公司为扣缴义务人,其应在股权转让合同签订30内申报办理

[①] 参见"博宁福田"全国中小企业股份转让系统披露的挂牌公告及山东文康律师事务所出具的《法律意见书》。

扣缴税款登记，其未申报办理扣缴税款登记，程序上不符合法律的规定。

4. 结论意见

就本次股权转让事宜，公司既不是纳税义务人也不是扣缴义务人，公司未申报纳税不违反税收相关的法律规定，无须承担责任，因此，本次股权转让税务瑕疵不构成对本次挂牌的障碍。

第五节　股权结构核查常见问题及合规方案

股权明晰，是指公司的股权结构清晰，权属分明，真实确定，合法合规，公司的股东不存在国家法律、法规、规章及规范性文件规定不适宜担任股东的情形。股东特别是控股股东、实际控制人及其关联股东或实际支配的股东持有公司的股份不存在权属争议或潜在纠纷。

股权明晰是资本市场的基本要求，也是挂牌新三板的必要条件之一，无论是《全国中小企业股份转让系统股票挂牌条件适用基本标准指引（试行）》还是2020年2月28日全国股转公司颁行的《全国中小企业股份转让系统股票挂牌条件适用基本标准指引》均对此进行了明确规定。从新旧对比来看，2020年新颁布的《全国中小企业股份转让系统股票挂牌条件适用基本标准指引》基本没有改变《全国中小企业股份转让系统股票挂牌条件适用基本标准指引（试行）》的内容，是在既有规定的基础上根据"可把控、可举证、可识别"的原则，对《全国中小企业股份转让系统业务规则（试行）》规定的六项挂牌条件进行细化而进行的修订。

2023年2月17日，全国股转公司为配合全面注册制的实施，颁行《全国中小企业股份转让系统股票挂牌规则》，全面规定了挂牌条件，该规则明确规定，股权明晰，股票发行和转让行为合法合规是挂牌必须具备的条件。《全国中小企业股份转让系统股票挂牌规则》实施后,《全国中小企业股份转让系统股票挂牌条件适用基本标准指引》已经被废止,但其规定的股权明晰原则被新的挂牌规则沿袭下来了。鉴于此,股权结构和权属是否明晰是挂牌新三板的重大审查指标,明确清晰的股权权属有利于股东对企业行使有效的管理,建立科学有效的法人治理,及时有效地作出决策,做大做强企业的业务,提高业绩。同时可以将企业利润安全有效地分配至股东,避免企业产生权属纠纷。

一、股权结构合法合规的核查要点

1. 历次股权转让协议及增减资协议的真实性、合法性以及协议履行情况,以确认转让的效力并进一步确认受让方的权利;
2. 股东简历、学历证明及其他证件,确认股东身份的合法性;
3. 股东的信用报告、涉诉情况、是否被列入失信名单或被限制高消费,以确认股东的个人债权或涉诉案件对持有公司股权可能产生的影响;
4. 股东无刑事犯罪记录的证明或股东承诺,以确认其股东身份和地位的有效性;
5. 股权的质押、查封冻结情况,包括股权受限的份额及期限;
6. 股东主体身份合法合规意见,包括但不限于存续状况、审批状况和备案情况;
7. 股东出资的来源及证明其出资到位的凭证。

二、股权结构合法合规的核查过程和依据

(一)核查过程

1. 通过查阅历次股权变动涉及股权转让协议或增减资协议、转让价格、资产评估报告等文件,调查公司历次股权变动的情况及转让变更后的公司章程以及董事会的变化情况;
2. 通过查阅审计报告、资产评估报告、验资报告等相关文件并询问公司法律顾问,判断公司相应资产的评估定价、出资原因等;

3. 查阅公司章程、股权结构图，通过查阅股东名册、核心技术人员名单等文件，访谈管理人员，调查公司管理层及核心技术人员的持股情况和所持股份的锁定情况；

4. 访谈股权转让人、受让人，了解转让股权的原因，是否存在代持，核实转让股权的对价是否已经全部支付；

5. 查阅公司工商档案、有关国资主管部门的批复或备案文件，国有股权管理设置批复文件，调查公司是否存在国有资产、集体资产流失情况，国有资产管理是否合规。

（二）核查依据

1. 验资报告、资产评估报告、产权变更资料及其访谈记录；

2. 公司历次工商变更登记资料（含母公司、子公司、分公司，包括但不限于报告期内已注销、已转让的主体）；

3. 公司股东关系情况（股权结构图、股东名册、自然人股东身份证明、法人股东营业执照等）、前十大股东关联关系说明；

4. 国有资产审批文件、集体资产转让决策文件等；

5. 重要会议决议、会议记录；

6. 公司管理层及核心技术人员持股情况及所持股份的锁定情况。

三、股权结构核查的常见问题

1. 在册股东系名义股东，股权权属不明晰；

2. 股东因身份问题或其他原因，委托他人代为持股，致使股权结果不明晰；

3. 挂牌公司因历史原因保留职工持股会，股权还原不彻底，还原程序存在瑕疵；

4. 作为合伙企业的股东为员工持股平台或者私募基金，股权结构需要进一步穿透核查其权属；

5. 股权存在质押或冻结，存在可能被抵债、拍卖致使股权不确定的情形；

6. 股权受让方没有支付约定的价款，股权可能存在纠纷；

7. 股权受让方支付的价款明显偏低、价格不公允，股权可能存在争议或纠纷；

8. 股权转让事宜没办依法纳税，可能存在税务行政处罚，进而影响股权变动情况。

四、股权结构常见问题的合规方案

1. 对因历史原因形成的股权代持，应予以解释代持形成背景和原因，能够还原的应将股权再回转给实际持有人；不能还原的，由名义持有人按照实际持有人的指示转让给其他第三方；

2. 对其他原因形成的股权代持，但不违反相关法律法规的，一般应进行股权回转；

3. 对规避法律规定形成的股权代持，应将股权转让给符合法律规定的受让方；

4. 高校教师作为公司股东的，应区分具体情况，结合法律法规、规范性文件和部门规章进行合理性解释。对股东身份不符合全国股转公司规定的，应将股权对外转让；

5. 对历史原因形成的职工持股会，要进行股权还原，核查确认真实股东的身份和股权回转程序的合法性，以使股权结构明晰；

6. 对合伙企业股东，应确认其是否为私募基金，并核查基金管理人的登记情况和基金的备案情况，确认其主体合法性，明确权利归属；

7. 对员工持股平台，应穿透核查股东身份和权利归属，做到股权结构明晰。

五、股权结构合规案例分析

针对上述问题，如何在实务中给客户提供完美的解决方案，是挂牌企业也是每一家中介机构关注并应努力完成的工作。下面笔者根据多年的实务经验，以在新三板挂牌的实例给大家提供几种解决方案。

（一）股权代持的核查方法、关注问题及合规解决方案

1. 项目概况

山东嘉源检测技术有限公司（以下简称公司）成立于 2013 年 12 月，由吴曰全等 3 名自然人股东投资设立。公司成立后，历经数次股权转让和增资，截至 2016 年 11 月，吴曰全对公司出资额达 826.80 万元，占注册资本的 52%。2019 年 5 月，经公司股东会同意，吴曰全将其持有的全部股权转让给冯志红。

在尽职调查过程，中介机构核查了公司的工商档案、访谈了公司股东。根据公司提供的代持协议，并进一步访谈发现，公司控股股东及总经理吴曰全持有的全部股权均系代冯志红所有，为明晰股权结构，中介机构指导公司将吴曰全持有的全部股权还原至冯志红所有。

2. 关注焦点

挂牌资料申报后，全国股转公司反馈要求主办券商和律师事务所结合相关股东代持股权的原因、代持协议、解除代持协议的主要内容、代持股权的出资来源对股权代持形成及解除的真实性和合法合规性、是否存在规避相关法律法规强制性规定的情况、是否存在被代持人不适合担任公司股东的其他情况、是否存在股权争议、公司股权是否清晰进行补充核查并发表明确意见。

3. 合规解决方案[①]

（1）代持股权的原因及背景核查。经股权代持双方出具说明并查验冯志红、吴曰全身份证件，代持股权原因为：嘉源有限设立地址为山东省济宁市，冯志红系吉林省和龙市人，吴曰全系山东省泗水县人，在当地拥有一定的客户资源，熟悉山东风俗人情和企业文化，公司设立之初，冯志红从公司经营、业务发展的长远角度出发，为了便于公司业务开展，开发山东省各地客户，维系客户关系，因而委托吴曰全代为持有嘉源有限的股权，并签订《委托持股

---

① 参见"嘉源检测"全国中小企业股份转让系统披露的挂牌公告及北京德和衡律师事务所出具的《法律意见书》。

协议》。

（2）代持协议、解除代持协议的内容合法合规问题。2013年12月15日，冯志红与吴曰全签订《委托持股协议》，约定吴曰全以自己的名义代冯志红持有其在公司的指定股权，并在股东名册和工商局进行备案登记。2019年5月24日，公司召开股东会，同意吴曰全将其持有的公司826.80万元出资额以0元价格转让给冯志红，同日，吴曰全与冯志红签订《股权转让协议》并出具《股权代持协议解除声明》，确认本次股权转让是对双方代持股份进行还原。股权转让履行了内部决策程序和工商变更登记手续，股权代持关系形成及其解除合法合规。

（3）代持股权的出资来源合法。根据吴曰全出资账户资金流水，并经访谈冯志红及吴曰全确认，股权代持期间，吴曰全在公司增资及股权转让中所支出资金来源于冯志红，其本人并未实际承担出资或付款义务，冯志红用于公司增资及股权对价支付的资金为自有资金。

（4）股权代持不存在规避相关法律法规强制性规定的情况，不存在被代持人不适合担任公司股东的其他情况。根据股权代持双方确认并经核查，冯志红及吴曰全均为具有民事权利能力和完全民事行为能力的中国公民，且不属于国家公务员、现役军人、中央企业各级领导人员或各级党委机关和国家权力机关、行政机关、审批机关、检察机关以及隶属这些机关编制序列的事业单位人员，或省（部）、地（厅）级领导干部的配偶、子女，不存在规避相关法律法规强制性规定或违法违纪行为以及不适合担任公司股东的其他情况。

（5）股份纠纷进一步核查。经查阅公司工商档案，查询国家企业信用信息公示系统、中国裁判文书网、中国执行信息公开网，并由公司确认，截至本补充法律意见书出具之日，公司股东之间、股东与第三方之间就公司股权不存在法律纠纷，公司股权权属明确，不存在信托、委托持股或其他类似的安排，也不存在质押或被司法查封、冻结或其他权利受到限制的情形。

（6）代持股权事宜进行访谈。根据律师事务所对吴曰全、冯志红的访谈，吴曰全与冯志红之间的股权代持关系已经通过股权转让解除，双方就股权转让还原事宜不存在争议或潜在纠纷，亦不存在委托他人代持持股的情形，未有他人与其发生过股权争议或纠纷。吴曰全在代持股份期间的所有股东行为均系根据冯志红的意思表示作出，各方不存在任何未决争议和纠纷，股权代持关系解除是双方真实意愿的表达，不存在欺诈、胁迫及损害国家、社会公共利益或者第三人利益的情形，也不存在任何非法目的，吴曰全不会因该等股权代持或股权代持还原事宜对公司或其他股东主张任何权利。

4. 结论意见

代持双方不存在规避相关法律法规强制性规定的情况，不存在被代持人不适合担任公司股东的其他情况，亦不存在股权争议，公司股权清晰。

（二）名义股东代为转让股权的合规审查及合规解决方案

1. 项目概况

洛阳龙门医药股份有限公司（873356，以下简称龙门医药）于1996年依法设立，设立时的公司名称为偃师乳酸有限公司。公司设立时的股权结构为：二里头村民委员会出资100万元，占80%股权；刘选民出资25万元，占20%股权。

1999年4月20日，刘选民与王俊卿签订《出资转让协议》，刘选民将持有龙门医药的20%股权转让给王俊卿。

2004年6月20日，二里头村民委员会分别和王俊卿、王治坤签订《股权转让协议》，约定二里头村民委员会将其在龙门医药100万元出资中的38万元、62万元分别转让给王俊卿和王治坤，转让价款分别为38万元和62万元。

2013年8月，王俊卿、王治坤二人将持有龙门公司的125万元出资额全部转让给自然人杨红涛，股权转让款共计375万元。

2018年4月11日，股东杨红涛决定，将持有龙门公司股权中的5%转让给配偶金丽敏，并办理了工商变更。变更后的公司股权结构为：杨洪涛占有龙门医药95%的股权，金丽敏占有龙门医药

5%的股权。

2. 关注焦点

龙门公司历次的股权转让涉及名义股东代村委会集体股权转让，对此全国股转公司要求中介机构对以下问题进一步核查并出具意见：(1) 上述股权转让过程中涉及将集体资产转让，需经过村民代表大会决议，无相关决议文件，受让方王俊卿、王治坤转让各方均未能提供转让价款实际支付的凭证，要求中介机构对上述两次股权转让的真实性、完整性及集体股定价的公允性进行补充核查，并出具补充意见；(2) 龙门公司历史上存在多次股权代持情况是否彻底解决，对本次挂牌是否构成影响。

3. 合规解决方案①

(1) 核查转让原因及过程。经核查后，王俊卿、王治坤以及发起人股东刘选民3人所持有龙门医药的股权实际上均为二里头村民委员会代持股，转让过程如下：

第一，公司成立时所有资产均由本村村委会以价值125万元的实物资产出资，登记在册的发起人股东刘选民的25万元出资额为代村委会持有。公司设立后，由刘选民承包经营，其每年向村委会缴纳5万元承包费；

第二，1999年4月以及2004年6月两次股权转让实际均是转让方代村委会向其他名义持有人转让，转让后股权实际持有人仍为村委会。受让人代村委会持有股权的同时对公司进行承包经营，且缴纳了承包费。本次转让是村委会为保证村集体财产不流失、促进公司更好发展，综合评估后对股权代持人进行更换。

第三，2013年8月，本村村委会将实际持有的125万元出资额全部转让给自然人杨红涛，股权转让款共计375万元。其中300万元为现金支付，剩余75万元则用机器设备等资产抵偿。村委会已收到相关款项及机器设备，股权转让款支付完毕。

(2) 村委会出具确认函。2018年8月21日，翟镇二里头村村

---

① 参见"龙门医药"全国中小企业股份转让系统披露的挂牌公告及河南君友律师事务所出具的《法律意见书》。

民委员会出具《河南省偃师市翟镇镇二里头村村委会关于转让偃师乳酸有限公司股权等事项的确认》，确认：第一，村委会与各代持人之间存在股份代持、承包情况，相关事项已通过村民代表大会代表表决通过；第二，王俊卿、王治坤因股权代持，故没有实际支付股权转让价款。

（3）注册资金已经补交到位。股东杨红涛以补缴出资的方式将公司注册资本全部实缴到位。

（4）股东出具承诺。公司现股东杨红涛、金丽敏于2019年3月7日出具《洛阳龙门医药股份有限公司股东关于不存在股权代持的承诺书》，承诺全体股东不存在股份代持或被代持的情况。若日后出现与股份代持或被代持相关的法律纠纷，由股东个人承担相关法律责任。

4. 结论意见

公司现任股东股权清晰，不存在关于股权转让的现实纠纷及潜在纠纷，不影响公司的本次挂牌。

（三）股权质押对股权稳定性和股权结构明晰的影响

1. 项目概况

浙江红点影视制作有限公司设立于2010年，2018年10月31日，公司完成股份制改造，公司名称为浙江红点影视股份有限公司（873299，以下简称公司），注册资本为5000万元。截至中介机构出具新三板挂牌法律意见书之日，公司股东施雄广、丁善军为一致行动人，两人合计持有并控制（包括直接及间接）公司51%的股份，为公司实际控制人。

2. 关注焦点

经中介机构核查，公司2011年至2012年向徐文荣借入3550万元，公司实际控制人以股权质押的方式为上述借款提供连带担保，担保期间至2018年10月30日。其中施雄广将其持有的公司300万元股权质押给徐文荣，实际控制人丁善军将其持有的公司200万元股权质押给徐文荣，且没有经过必要的决策程序。

施雄广、丁善军作为公司的实际控制人将其持有的公司股权质押，在发生公司不能履行债务的情况下，可能代公司承担责任并可能影响到其持股情况的稳定性，一旦发生实际控制人变更，对公司的稳定性将产生重大影响。

3. 合规解决方案[①]

（1）解除股权质押。鉴于实际控制人股权质押可能对实际控制人的持股比例造成影响，并影响公司的稳定性，中介机构建议公司履行还款义务、解除股东的股权质押，并配合公司拟定了相关法律文件。截至2018年10月30日，上述借款已全部归还，股权出质已注销，已于2018年10月30日办妥股权出质注销登记手续。

（2）制度合规建设。为进一步规范关联交易、避免关联方资金占用，股份公司制定了《防范控股股东及关联方资金占用管理制度》，明确规定：公司与控股股东及关联方发生的经营性资金往来中，应当严格限制占用公司资金。公司不得以垫支工资、福利、保险、广告等期间费用，预付投资款等方式将资金、资产和资源直接或间接地提供给控股股东及其关联方使用，也不得互相代为承担成本和其他支出。公司不得有偿或无偿地拆借公司的资金给控股股东及关联方使用；公司严格防止控股股东及关联方的非经营性资金占用行为的发生，做好防止控股股东非经营性占用资金长效机制的建设工作。

4. 结论意见

鉴于公司已经整改，股权质押已经注销，且已经建立完善的关联交易制度，本次股权质押的风险已经解决，不会对新三板挂牌产生障碍。

（四）合伙制员工持股平台股东身份及股权结构明晰关注要点和合规解决方案

1. 项目概况

北京市国路安信息技术有限公司（以下简称国路安）成立于

[①] 参见"红点影视"全国中小企业股份转让系统披露的挂牌公告及上海汉盛律师事务所出具的《法律意见书》。

2009年。2014年10月15日，公司股东国环兴业与北京市国路安汇投资管理中心（有限合伙）（以下简称国路安汇）签署《出资转让协议书》，国环兴业将持有国路安出资的135万元人民币转让给国路安汇。2014年10月17日，国路安召开股东会，全体股东一致同意：国环兴业将持有国路安的上述出资转让给国路安汇；同意由孙绍钢、吕辉军、李晏祥、国路安汇组成新的股东会；同意修改公司章程。

2. 关注焦点

公司股东国路安汇作为员工持股平台受到全国股转公司关注，要求主办券商、律师补充核查以下事项并发表明确意见：第一，职工持股会的合法性，有无代持情形，是否存在争议纠纷和潜在的争议纠纷；第二，职工持股会出资形成、演变及最终清算过程，每一次变更程序的合法合规性；第三，职工持股会清理是否彻底、有无争议或潜在纠纷；第四，请同时回复该合伙企业是否属于私募投资基金管理人或私募投资基金；第五，公司是否符合"股权明晰、股份发行转让合法合规"的挂牌条件。

3. 合规解决方案[①]

（1）公司不存在职工会持股的情况。国路安汇是公司主要为激励高管团队和核心员工设立的持股平台，于2014年9月28日成立，出资金额为140万元，其中135.2941万元用于认购国路安股份。其普通合伙人李晏祥为国路安董事、副总经理。公司合法注册，经营范围：投资管理；资产管理。

（2）国路安汇设立后，先后共发生了3次变更。国路安汇全套工商底档、历次出资转让凭证，并对合伙人进行访谈确认，主办券商认为国路安会不存在代持情形，亦不存在争议纠纷和潜在的争议纠纷。

（3）公司不存在职工持股会清理的情况。

（4）经核查，公司股东国路安汇没有对员工进行激励而设立的

[①] 参见"国路安"全国中小企业股份转让系统披露的挂牌公告及北京市鑫兴律师事务所出具的《法律意见书》。

持股平台，除了对国路安进行股权投资外，国路安汇未进行其他任何投资活动，不属于私募基金。

（5）经核查国路安汇工商档案、国路安汇的合伙协议，并根据国路安汇出具的书面承诺，国路安汇为合法存续的企业，不存在根据法律法规、规范性文件或者合伙协议规定应当终止的情形。同时国路安汇不存在国家法律、法规、规章、规范性文件或公司章程规定不适宜担任股东的情形。

4. 结论意见

公司的股权结构清晰，权属分明，真实确定，合法合规，公司股东所持有的公司股份不存在任何权属争议或潜在纠纷。公司符合"股权明晰、股票发行和转让行为合法合规"的挂牌条件。

（五）职工持股会持股合法合规性及股权结构明晰的核查要点和合规解决方案

1. 项目概况

陕西宝塔山油漆股份有限公司（871887，以下简称公司）前身为兴平宝塔山油漆有限责任公司，成立于1997年。1997年12月5日，经宝塔山股份筹委会申请，陕西省、咸阳市、兴平市三级体制改革委员会批准，职工持股会取得《社团登记证》，职工持股会成立。持股会类别为基金类，主管部门为兴平市体改办；业务范围为从事认购本公司股份的管理，代表持股职工行使股东权利。

1997年12月6日，职工持股会会议通过了《陕西宝塔山油漆股份有限公司职工持股会章程》，规定职工持股会代表公司内部职工持有公司发起人股份，专门从事认购本公司股份的管理，并代表持股职工行使股东权利。职工持股会持有的公司股份包括"以自身名义登记的股份"及"以120名自然人名义登记的股份"两部分。

就职工持股会以自己名义登记的股份，1997年12月30日，公司成立时，职工持股会作为发起人，认购公司股份1337万股，占公司设立时注册资本的38.20%。历经公司配股、送股、受让股权、公司减资、转让股权等阶段，至2014年11月职工持股会将其持有的公司股份转让给自然人刘宪文，职工持股会不再持有公司股份。

就职工持股会以120名自然人名义持有的股份,1997年12月30日,宝塔山股份成立时,其持股为974万股,占公司设立时注册资本的27.87%。历经公司配股、送股、认购配股、转让股权等阶段,至2011年4月,职工持股会将其持有"以120名自然人名义登记的股份"1789万股转让给李松财等11名自然人,完成了该部分股份的清理工作。

2. 关注焦点

(1)公司在设立时,职工持股会与120名自然人发起人未签署关于借用其名义进行登记的相关协议,未对借用其名义进行登记并实际持有公司部分股权等相关事项予以明确约定。2011年,因职工持股会不再具有法人资格,公司为规范股东结构启动的职工持股会清退工作,未对清退过程开展一对一的现场录像确认身份的工作。

(2)持股会的成员中,存在公司员工、离退休人员以外人员认购职工股的情形。该情形与陕西省人民政府《陕西省公司职工持股会试行办法》、职工持股会设立办法、持股会章程的规定不符,属于超范围认购的情形。公司职工持股会实际持股比例超过20%,不符合《股份有限公司规范意见》第24条"职工股比例不得超过总股本的20%"的规定,属于超比例认购的情形,且职工持股会转让股份未履行法定程序。

3. 合规解决方案[①]

(1)就清退职工身份确认问题,中介机构采取了以下查验措施对职工持股会实际权益人演变的问题进行核实:第一,查验公司留存的历年分红名册(包含持股会会员在内);第二,查验职工股过户登记资料;第三,查验《职工股份清退协议》及其履行的过程性文件(包括被清退员工身份证复印件、分红款及清退价款支付收据及清退会员明细表);第四,在已清退会员中抽取30人进行访谈。通过以上查验措施,对职工持股会实际权益人的演变、股权清退过程的合法有效性及可能产生的潜在纠纷等问题进行了核实。

---

① 参见"宝塔山漆"全国中小企业股份转让系统披露的挂牌公告及北京国枫律师事务所出具的《法律意见书》。

（2）职工持股会关于超范围、超比例持股，且转让股份未履行法定程序问题。上述问题尽管存在瑕疵，经咸阳市人民政府对公司职工持股会试点过程中的不规范行为审查后，确认公司历史沿革清晰，股份转让合法合规，股权权属明确；公司增资、120名自然人发起人股东和职工持股会的股份转让与受让，以及规范清退过程中均履行了相关程序，经主管部门批准，符合国家法律法规和政策规定。

（3）公司实际控制人出具承诺。实际控制人李松财出具《承诺》，承诺：如因职工持股会登记事宜和职工持股会在设立、演变、清退等过程中引发法律纠纷或行政处罚，将使用其本人持有的公司股份对公司或相关方予以全额赔偿，确保公司及其公众股东不因此受到损失。2017年3月李松财出具《关于股份锁定及职工持股会有关事宜的承诺》，承诺其本人愿对其持有的公司股份采取限售措施。如因公司职工持股会未被清退会员要求将清退股份退还或者要求进行赔偿的，本人将使用该50万股股份中的部分股份向其进行转让或使用该50万股股份中的部分股份转让所得对其进行赔偿。

4. 结论意见

鉴于此，中介机构认为，公司符合《业务规则》第二章第2.1条第4项"股权明晰，股票发行和转让行为合法合规"的挂牌条件。

（六）私募基金持股情况下股权明晰的核查要点及合规解决方案

1. 项目概况

广西辽大饲料有限公司是由中国籍自然人赵景玲、南宁展丰、沈铁营运于2000年10月25日共同出资设立的有限责任公司，2016年4月29日整体变更设立为股份公司，公司名称为广西辽大农业科技集团股份有限公司（873293，以下简称辽大股份）。

西创厚普与辽大股份于2016年7月11日签订了《关于广西辽大农业科技集团股份有限公司的股权投资协议书》及其补充协议。2016年7月27日，辽大股份召开股东大会并形成决议，审议通过《关于增资扩股的议案》《关于修改〈公司章程〉的议案》等议案，一致同意公司注册资本由7000万元增至8245.0297万元,公司股份总数变更为8245.0297万股,认购价格为3.99元。其中,公司向广西西创厚普投资管理中心(有限合伙)(以下简称西创厚普)增发股份7518797股,其认购价款为3000元。

2016年8月8日,辽大股份完成相应的工商变更手续。截至2016年8月9日,辽大股份已收到西创厚普出资款。

2. 关注焦点

(1)西创厚普作为以合伙企业存续的主体,应关注其为普通的合伙企业或是私募基金,如果为私募基金,是否依法备案,及其股东身份的合法合规性。

(2)如果西创厚普为私募基金,是否应穿透核查其投资人的身份,这是中介机构在业务过程中必须给予重点关注的问题,也是股转系统公司关注的问题。

3. 合规解决方案[①]

(1)核查主体工商信息。经核查,西创厚普是一家在工商局注册的有限合伙企业,依法存续,不存在被责令吊销和注销的情形。

(2)核查私募基金备案。经核查,西创厚普也是一只私募股权投资基金,于2016年4月1日成立,于2017年1月4日在中国证券投资基金业协会备案,基金编号为SN9030;西创厚普的私募基金管理人为广西西江创新资本管理有限公司,已于2016年9月12日在中国证券投资基金业协会登记,登记编号为P1033720。

4. 结论意见

鉴于西创厚普并非员工持股平台,无须对其投资人进行穿透核查,其作为私募基金已经依法备案,可以作为股东投资新三板。

---

① 参见"辽大股份"全国中小企业股份转让系统披露的挂牌公告及上海正策律师事务所出具的《法律意见书》。

第六节　董监高核查常见问题及合规方案

高级管理人员是新三板业务核查的重要对象,现行《中华人民共和国公司法》第216条第1项规定,高级管理人员,是指公司的经理、副经理、财务负责人,上市公司董事会秘书和公司章程规定的其他人员。我国现行《公司法》规定,关联关系是指公司控股股东、实际控制人、董事、监事、高级管理人员与其直接或者间接控制的企业之间的关系,以及可能导致公司利益转移的其他关系。鉴于董事、监事相较于其他员工的特殊地位,为更好核查关联关系和董事、监事对公司影响,在新三板挂牌业务中,经常将董事、监事和高级管理人员一并进行核查,并对其任职资格、兼职情况、诚信情况和关联公司等发表意见。

《全国中小企业股份转让系统挂牌公司信息披露规则》(股转系统公告〔2021〕1007号)第68条第4项规定,高级管理人员,是指公司经理、副经理、董事会秘书(如有)、财务负责人及公司章程规定的其他人员,本条对高级管理人员的界定与现行公司法完全保持一致。

一、董监高合法合规的核查要点

1. 根据董监高及核心技术人员的简历、学历证明、荣誉证书,了解其曾经就职的单位和担任的职务,判断是否兼职;

2. 核查董监高及核心技术人员其近亲属持股情况及对外投资情况,判断是否存在同业竞争和兼职;

3. 核查董监高的人员的信用报告,了解是否存在重大债务;

4. 核查董监高人员的涉诉、仲裁、行政处罚,是否列入限制消费或失信名单;

5. 董监高的近亲属持有公司股权，应重点核查是否存在关联交易及同业竞争；

6. 核查公司财务人员兼任情况，并确认该兼职行为是否违反全国股转公司的规定；

7. 对于特殊身份的董监高，如退休公务员、高校教师等，应核查其主体适格性；

8. 对于公司财务负责人，应重点核查是否具有会计师以上专业技术职务资格，或者具有会计专业背景并从事会计工作3年以上。

二、董监高合法合规的核查过程和依据

（一）核查过程

1. 通过访谈公司管理层人员，并查阅工商底档及相关证明文件，了解并核实董监高和核心技术人员的个人简历，主要包括：姓名、国籍及境外居留权、性别、年龄、学历、职称、职业经历、曾经担任的重要职务及任期，现任职务及任期等；

2. 通过访谈和查阅资料，了解公司董监高、核心技术人员及其近亲属持有公司股份的情况；是否存在对外投资与公司存在利益冲突的情况，并获取到董监高及核心技术人员就该事项的声明文件；

3. 通过中国裁判文书网、失信被执行人网了解其涉诉等情况；

4. 通过其个人征信报告，了解其个人征信情况。

（二）核查依据

1. 公司工商档案文件，公司章程；

2. 中国裁判文书网、全国法院被执行人信息查询网、全国失信被执行人名单、网络核查报告；

3. 公司董事、监事、高级管理人员及核心技术人员身份证明、学历证明、荣誉证书及其他相关证件以及任职资格的声明；

4. 公司董事、监事、高级管理人员及核心技术人员简历、简历真实性的承诺、亲属关系情况说明及其近亲属持股情况说明；

5. 董事、监事、高级管理人员兼职情况及兼职企业基本情况；

6. 董事、高级管理人员避免同业竞争的承诺、避免关联交易的承诺；

7. 公司董事、监事、高级管理人员及核心技术人员签署的劳动合同、保密协议、竞业禁止协议及竞业禁止承诺。

三、董监高核查的常见问题

1. 董监高在挂牌公司担任多个职务，存在一人兼数职的情况；
2. 董监高在其他公司担任高级管理人员或财务负责人，存在全国股转公司禁止的兼职问题；
3. 公司董监高存在重大债务，其个人财产被查封、冻结，其本人被列入失信名单或被限制高消费；
4. 公司董监高的近亲属持有公司股权，并在其他公司兼职，可能产生关联交易或发生同业竞争；
5. 公司财务人员兼任公司其他职务，或在其他公司兼职，违反全国股转公司的规定；
6. 公司董监高具有特殊身份如退休公务员、高校教师等，可能存在不适格；
7. 公司董监高自己开办个人独资企业，或实际控制其他公司，可能发生损害公司利益的行为。

四、董监高核查常见问题的合规方案

1. 登录国家企业信用信息公示系统，核查董监高的任职资格和兼职情况，对其任职合法合规予以确认；
2. 登录中国裁判文书网、中国执行信息公开网，核查董监高涉诉、涉执行案件情况，出具合法合规意见；
3. 登录信用中国，核查董监高行政处罚、被列入重点关注名单、黑名单或负面信息的情形，出具合法合规意见；
4. 董监高个人出具不存在涉诉、执行，未受重大行政处罚的承诺；

5. 公司控股股东、实际控制人出具董监高成员合法合规的承诺；

6. 核查涉诉、涉执行案件的具体情况，出具不构成重大案件，不影响新三板挂牌的法律意见。

五、董监高合规案例分析

针对上述问题，如何在实务中给客户提供完美的解决方案，是挂牌企业也是每一家中介机构关注并应努力完成的工作。下面笔者根据多年的实务经验，以在新三板挂牌的实例给大家提供几种解决方案。

（一）公司财务人员兼任公司人事工作的瑕疵问题及合规解决方案

1. 项目概况

商安信（上海）企业管理发展股份有限公司（832754，以下简称公司）于2008年9月23日依法设立，陈晓东任公司的董事长。公司的人事工作是由财务人员兼职担任。

2. 关注焦点

公司财务人员兼职负责人事工作，企业的财务制度是否健全，内控支付是否合规，是否对新三板挂牌产生实质影响。

3. 合规解决方案 [①]

（1）形成原因。经主办券商的核查，在有限公司阶段，由于公司的规模较小、未单独设立人事部门，有限公司阶段用手工方式做账，做账方式较为简单，未严格执行企业内部控制规范的要求。

（2）公司运营及财务制度规范。公司虽未按照财政部的《企业内部控制基本规范》的要求形成成文的关于五大循环的内部控制制度，但已形成一套基本的公司财务执行制度。公司成立的各个职能部门各司其职、各负其责、相互配合，且各部门之间能够互相监

---

① 参见"商安信"全国中小企业股份转让系统披露的挂牌公告及北京炜衡（上海）律师事务所出具的《法律意见书》。

督、互相制约。公司就日常报销制定了相关的规章制度。我们通过执行较大比重的实质性测试程序对其报告期内的财务制度和会计核算是否规范进行查验：对公司提供的财务报表，相关的合同、发票、银行账单等进行了查验，履行了相应的审计程序。审计过程中，公司提供了完整的会计档案，包括会计凭证、会计账套及相关的合同、发票等内外部资料。公司的会计档案装订完整并且保管得当，财务处理不规范的方面均按照会计准则进行了相应的调整。经审计后，财务报表在所有重大方面可以公允地反映公司的资产状况、经营成果和现金流量。股份公司阶段，公司建立了"三会"议事规则，治理机制和内控制度不断完善，公司以现有的内部管理制度支撑着公司的正常经营。

4. 结论意见

项目主办券商认为，报告期内公司财务管理制度健全、会计核算规范，对本次公司挂牌不构成影响。

（二）财务负责人配偶参股企业同业竞争界定依据及合规解决方案

1. 项目概况

上海极扬文化传媒股份有限公司（873375，以下简称公司）于2010年1月26日依法设立，许泽玮任公司董事长。北京红人颜容商贸有限公司系公司业务关联方，公司高级管理人员即财务负责人陈书丽的配偶参股北京红人颜容商贸有限公司。

2. 关注焦点

鉴于财务负责人工作性质的重要性和特殊地位，中介机构在操作新三板挂牌业务时应对其配偶参股的企业的主营业务是否与公司存在同业竞争予以核查并发表意见。

3. 合规解决方案[①]

经主办券商核查，包括控股股东、实际控制人许泽玮在内，持

[①] 参见"极扬文化"全国中小企业股份转让系统披露的挂牌公告及开源证券出具的《公开转让说明书》。

有公司 5% 以上股份的股东已分别出具了《关于避免同业竞争及关联交易的承诺函》，承诺如下："截至本承诺函出具之日，本人及本人控制的公司（挂牌公司除外，下同）均未直接或间接从事任何与挂牌公司构成竞争或可能构成竞争的产品生产或类似业务；自本承诺函出具之日起，本人及本人控制的公司将不会直接或间接以任何方式（包括但不限于独资、合资、合作和联营）参与或进行任何与挂牌公司构成竞争或可能构成竞争的产品生产或类似业务；自本承诺函出具之日起，本人及将来成立之本人控制的公司将不会直接或间接以任何方式（包括但不限于独资、合资、合作和联营）参与或进行任何与挂牌公司构成竞争或可能构成竞争的产品生产或类似业务；自本承诺函出具之日起，本人及本人控制的公司从任何第三者获得的任何商业机会与挂牌公司之业务构成或可能构成实质性竞争的，本人将立即通知挂牌公司，并尽力将该等商业机会让予挂牌公司；本人及本人控制的公司承诺将不向其业务与挂牌公司之业务构成竞争的其他公司、企业、组织或个人提供技术信息、工艺流程、销售渠道等商业秘密；不利用公司的关系进行损害公司及公司其他股东利益的活动；保证本人直系亲属遵守本承诺；如上述承诺被证明为不真实或未被遵守，本人将向挂牌公司赔偿一切直接和间接损失。"

4. 结论意见

综上，主办券商认为，虽北京红人颜容商贸有限公司系公司财务的配偶投资的企业，但与公司并不存在同业竞争。

（三）董事会秘书投资的企业与公司经营范围存在竞合的合规解决方案

1. 项目概况

许泽玮任上海极扬文化传媒股份有限公司（873375，以下简称极扬文化）董事长，浦镭任董事会秘书。中介机构在核查公司的同业竞争问题时发现，北京路得电子数据系统工程有限公司（以下简称路得电子）系作为公司的高级管理人员董事会秘书浦镭投资的企业，两家企业的营业执照均记载有"软件开发"这一项目。

2. 关注焦点

董事会秘书投资的企业与任职公司的经营范围中均存在"软件开发",应重点关注是否存在同业竞争,以及公司为避免同业竞争采取了哪些措施。

3. 合规解决方案[1]

(1) 核查实际经营范围。经中介机构核查,极扬文化的主营业务:为客户提供互联网营销、宣传内容设计制作与维护、宣传活动策划、视频制作等服务。路得电子的主营业务:销售电子、通信设备、仪器仪表等产品。中介机构认为:虽然两公司的营业执照上都有"软件开发"这一项,但是两个公司的日常的主营业务不存在相同或近似的情形,两公司并不构成同业竞争关系。

(2) 出具避免同业竞争的承诺。极扬文化的控股股东、实际控制人、股东、董事、监事和高级管理人员为了避免今后出现同业竞争情形出具了《避免同业竞争的承诺函》,并承诺:本人/本企业目前未从事或参与公司存在同业竞争的行为,本人/本企业将不在中国境内外,直接或间接从事或参与任何在商业上对公司构成竞争的业务或活动;该承诺为有效承诺。

4. 结论意见

鉴于两关联公司实际经营的业务不构成竞争关系,且极扬文化控股股东、实际控制人等出具避免关联交易的承诺,因此,上述事项不会对本次新三板挂牌产生障碍。

5. 合规建议

本项目挂牌时间较早,当时的审核尺度相对较松。北交所成立后,新三板挂牌审核尺度有所调整,特别针对那些经营业绩和成长性好且具有北交所上市潜质的企业,全国股转公司的审核尺度相对严格。就本项目而言,在关联公司的经营范围竞合的情况下,建议加大核查力度,取得董事会秘书的配合,采取对关联企业的负责人进行访谈的形式了解其具体经营方向和主营业务,并取得《访谈记

---

[1] 参见"极扬文化"全国中小企业股份转让系统披露的挂牌公告及北京德和衡律师事务所出具的《法律意见书》。

录》，完善工作底稿。

（四）公司董事为高校在职教师的合规性以及是否涉及竞业禁止的合规解决方案

1. 项目概况

广州润锋科技股份有限公司（873212，以下简称公司）系广州润锋科技有限公司于2018年经改制设立的股份公司，公司主营业务为材料科学研究、技术开发、新材料技术开发服务；新材料技术推广服务等，公司董事林志丹现任暨南大学先进耐磨蚀及功能材料研究院教授、研究中心主任、技术服务部主任，同时公司受让取得暨南大学的6项发明专利，林志丹均为主要发明人。

2. 关注焦点

上述事项涉及两个焦点问题：（1）林志丹担任公司董事的任职资格及合法合规性；（2）林志丹担任公司董事是否涉及竞业禁止，是否存在侵犯暨南大学知识产权、商业秘密等纠纷或潜在纠纷。

3. 合规解决方案 ①

（1）查阅公司法董监高资格禁止规定。《公司法》第146条规定，下列人员不得担任董事、监事、高级管理人员：第一，无民事行为能力或者限制民事行为能力；第二，因贪污、贿赂、侵占财产、挪用财产或者破坏社会主义市场经济秩序，被判处刑罚，执行期满未逾5年，或者因犯罪被剥夺政治权利，执行期满未逾5年；第三，担任破产清算的公司、企业的董事或者厂长、经理，对该公司、企业的破产负有个人责任的，自该公司、企业破产清算完结之日起未逾3年；第四，担任因违法被吊销营业执照、责令关闭的公司、企业的法定代表人，并负有个人责任的，自该公司、企业被吊销营业执照之日起未逾3年；第五，个人所负数额较大的债务到期未清偿。

（2）查阅高校教师兼职的其他规定。《高等学校教师职业道德

---

① 参见"润锋科技"全国中小企业股份转让系统披露的挂牌公告及上海锦天城（广州）律师事务所出具的《法律意见书》。

规范》第 3 条规定，教师不得从事影响教育教学工作的兼职。《关于积极发展、规范管理高校科技产业的指导意见》（教技发〔2005〕2号）规定，各高校要鼓励科研人员和教职工积极参与科技成果转化和产业化工作，要在学校和产业之间建立开放的人员流动机制，实行双向流动。今后高校可根据实际需要向企业委派技术骨干和主要管理人员，这部分人员仍可保留学校事业编制。

根据《关于加强高等学校反腐倡廉建设的意见》（教监〔2008〕15 号）规定，学校党政领导班子成员应集中精力做好本职工作，除因工作需要、经批准在学校设立的高校资产管理公司兼职外，一律不得在校内外其他经济实体中兼职。

中共教育部党组《关于进一步加强直属高校党员领导干部兼职管理的通知》（教党〔2011〕22 号）规定，直属高校校级党员领导干部原则上不得在经济实体中兼职，确因工作需要在本校设立的资产管理公司兼职的，须经学校党委（常委）会研究决定，并按干部管理权限报教育部审批和驻教育部纪检组监察局备案。

根据 2016 年 8 月中共教育部党组发布的《高等学校深化落实中央八项规定精神的若干规定》（教党〔2016〕39 号）第 2 条规定，学校党员领导干部未经批准不得在社会团体、基金会、企业化管理事业单位、民办非企业单位和企业兼职；经批准兼职的校级领导人员不得在兼职单位领取薪酬；经批准兼职的院系及内设机构领导人员在兼职单位获得的报酬，应当全额上缴学校，由学校根据实际情况制定有关奖励办法，给予适当奖励。

（3）本人出具说明。林志丹及其任职单位暨南大学先进耐磨蚀及功能材料研究院已于 2018 年 6 月 21 日出具《情况说明》，确认已知晓林志丹出任润锋科技董事之情况，并确认其不持有任何润锋科技股份，不从润锋科技收取任何利益。

（4）所在高校出具说明。暨南大学先进耐磨蚀及功能材料研究院于 2018 年 7 月 20 日出具《兼职情况说明》，确认准许其担任公司董事，不存在违反党纪党规及其任职单位的有关规定的问题。林志丹担任暨南大学先进耐磨蚀及功能材料研究院教授、研究中心主任、技术服务部主任，未担任党委领导干部职务，属于事业编制，该职务并未纳入国家行政编制，是由国家财政负担工资福利的工作人员，不是公务员，目前法律法规暂无关于其不得同时兼任公司董事的禁止性规定。同时确认："林志丹目前在贵公司兼任董事职务不涉及其在我校的职务发明、技术，不存在侵犯我校知识产权的情形，我校与其不存在任何因知识产权问题引起的争议或纠纷。林志丹与我校之间不存在尚处于有效期内的可能影响其在贵公司正常任职的保密协议、竞业禁止协议或其他相关条款。"

4. 结论意见

林志丹担任公司董事不违反相关规定，不涉及竞业禁止，不存在侵犯暨南大学知识产权、商业秘密等纠纷或潜在纠纷。

（五）公司多名高管均从同一家单位离职对公司业务影响及同业竞争的合规解决方案

1. 项目概况

大连优联智能装备股份有限公司（873402，以下简称公司）是由大连地拓海洋工程有限公司改制而成的股份公司，公司初设于2011年10月8日。公司的主营业务：工业及汽车自动化装备的研发、制造、安装、调试、销售及相关的技术咨询、技术服务。公司的资产主要包括19项与公司业务相关联的实用新型专利，均为原始取得。

根据公司董监高和核心技术人员简历，公司董事长李琳、董事刘罡、董事兼核心技术人员安瑞桢、董事会秘书王爽均曾长期在公司第一大客户大连奥托股份有限公司（以下简称奥托股份）任职。

2. 关注焦点

（1）结合业务获取方式、交易持续性、交易价格公允性等方面核查，并说明上述人员尤其是实际控制人、董事长李琳从奥托股份离职对公司持续经营能力及业务独立性的影响。

（2）核查上述人员是否存在违反竞业禁止的法律规定或与奥托股份约定的情形，是否存在有关上述竞业禁止事项的纠纷或潜在纠纷，若存在请核查具体解决措施、对公司经营的影响；上述人员是否存在与奥托股份单位知识产权、商业秘密方面的侵权纠纷或潜在纠纷，若存在，请核查纠纷情况、解决措施、对公司经营的影响。

3. 合规解决方案①

（1）进一步深入核查简历。经进一步核查，奥托股份为国内龙头企业，刘罡、李琳、安瑞桢、王爽分别于2012年5月、2014年2月、2015年11月、2017年9月自该公司离职。自2014年2月后李琳、刘罡分别以不同形式加入到公司，因李琳、刘罡与奥托股份人员比较熟悉，奥托股份人员对其工作能力比较认可，双方自2015年11月开始合作。公司获取该客户主要通过客户拜访方式。公司按照成本加利润的方式进行报价，报告期内公司与奥托股份总体项目毛利率差异不大，双方交易价格公允。上述人员自奥托股份离职未对公司持续经营能力及业务独立性产生不利影响。

（2）对有关人员进行访谈。经访谈李琳、刘罡、安瑞桢、王爽，上述人员未与奥托股份签订竞业禁止条款合同及保密合同，不存在竞业禁止、知识产权、商业秘密方面的纠纷或者潜在纠纷。

（3）出具承诺书。上述人员均已出具《关于竞业禁止、知识产权和商业秘密的承诺书》，"本人不存在违反关于竞业禁止的法律规定或与原单位约定的情形，不存在有关上述竞业禁止事项的纠纷或潜在纠纷；本人不存在与原任职单位知识产权、商业秘密方面的侵权纠纷或潜在纠纷"。

（4）开展外部尽职调查。查询中国裁判文书网，上述人员不存在关于竞业禁止、知识产权、商业秘密方面的法律诉讼。

4. 结论意见

上述人员离职不会对公司持续经营能力产生影响，不存在违反竞业禁止的法律规定或与奥托股份约定的情形，不存在有关竞业禁止、知识产权、商业秘密事项的纠纷或潜在纠纷。

---

① 参见"优联智能"全国中小企业股份转让系统披露的挂牌公告及北京市京师（深圳）律师事务所出具的《法律意见书》。

第七节　控股股东、实际控制人核查常见问题及合规方案

控股股东和实际控制人是新三板挂牌业务关注的重点，是新三板核查的重中之重，准确地界定控股股东和实际控制人有利于分析其对于挂牌公司生产经营、人事任免和企业发展战略的影响。控股股东和实际控制人界定决定了公司同业竞争和关联交易等板块的方向和内容。

根据《中华人民共和国公司法》第216条之规定，控股股东，是指其出资额占有限责任公司资本总额50%以上或者其持有的股份占股份有限公司股本总额50%以上的股东；出资额或者持有股份的比例虽然不足50%，但依其出资额或者持有的股份所享有的表决权已足以对股东会、股东大会的决议产生重大影响的股东。实际控制人，是指虽不是公司的股东，但通过投资关系、协议或者其他安排，能够实际支配公司行为的人。

根据《全国中小企业股份转让系统挂牌公司信息披露规则》（股转系统公告〔2021〕1007号）第68条规定，控股股东指其持有的股份占公司股本总额50%以上的股东；或者持有股份的比例虽然不足50%，但依其持有的股份所享有的表决权已足以对股东大会的决议产生重大影响的股东。实际控制人指通过投资关系、协议或者其他安排，能够支配、实际支配公司行为的自然人、法人或者其他组织。所谓控制指有权决定一个公司的财务和经营政策，并能据以从该公司的经营活动中获取利益。有下列情形之一的，为拥有挂牌公司控制权（有确凿证据表明其不能主导公司相关活动的除外）：（1）为挂牌公司持股50%以上的控股股东；（2）可以实际支配挂牌公司股份表决权超过30%；（3）通过实际支配挂牌公司股份表决权能够决定公司董事会半数以上成员选任；（4）依其可实际支配的挂

牌公司股份表决权足以对公司股东大会的决议产生重大影响；（5）中国证监会或全国股转公司认定的其他情形。

一、控股股东、实际控制人合法合规的核查要点

在实践中，对控股股东及实际控制人应重点关注并核查以下几个方面：

1. 股东的股权权属是否明晰，是否存在股权代持；

2. 股东之间、股东与其近亲属或者其他人之间是否存在一致行动、表决权或经营管理权等是否全权委托；

3. 控股股东、实际控制人对公司经营管理未来发展方向的控制程度；

4. 控股股东、实际控制人占董事会席位以及其对公司董事会及股东大会决策的影响和控制程度；

5. 实际控制人的界定的法律依据是否充分合法，这里所说的法律依据包括法律法规和股转公司发布的行业规则；

6. 核查报告期内以及整个申报审查期间，公司是否存在控股股东、实际控制人及其关联方占用公司资金的情形，若存在，需要披露资金占用情况，包括且不限于占用主体、发生的时间与次数、金额、清理时间、决策程序的完备性、资金占用费的支付情况、是否违反相应承诺及规范情况；

7. 核查控股股东、实际控制人是否与公司存在同业竞争，以及同业竞争的整改措施或避免同业竞争的措施；

8. 核查法定代表人、控股股东及实际控制人的诚信状况。

二、控股股东、实际控制人合法合规的核查过程及依据

控股股东及实际控制人的核查作为新三板挂牌业务核查的重点，首先需要对控股股东和实际控制人进行准确界定，并在准确界定控股股东和实际控制人的基础上，核查其是否存在资产占用、同

业竞争及诚信情况,核查过程和核查依据具体如下:

(一)控股股东及实际控制人界定的核查过程和依据

1. 核查过程

(1)调取企业工商档案、设立登记文件、历次变更文件和《公司章程》;

(2)对企业控股股东及高管进行访谈;

(3)核查公司及控股股东和实际控制人之间签署的有关文件(如有);

(4)核查公司股东、董监高之间其他近亲属在公司持股及任职情况;

(5)核查股东及董监高是否存在一致行动或其他控制协议;

(6)核查公司重大人事、贷款及资产购置的审批文件及流程,确定最终签字人。

2. 核查依据

(1)工商档案、企业变更登记文件;

(2)控股股东、高管的访谈笔录;

(3)股东之间签订的《一致行动人协议书》;

(4)股东、高管、实际控制人等人员相互之间或前述人员与公司之间签订的《控制协议》等文件;

(5)《公司法》第216条、《全国中小企业股份转让系统挂牌公司信息披露细则》第55条;

(6)公司重大人事变动、贷款及资产购置的审批文件及审批流程。

(二)控股股东及实际控制人资金占用的核查过程及依据

1. 核查过程

(1)复核《审计报告》中资金占用情况,并就公司是否存在资金被占用情况对公司财务人员进行了访谈;

(2)结合《公司章程》及公司内部规章制度中防范关联方占用资源(资金)的相关规定,核查具体执行情况;

(3)访谈公司管理层,核查控股股东、管理层出具的对未来严格执行规范关联交易的承诺及报告期内不存在相关方占用公司资金的说明；

（4）核查报告期至审查期间银行对账单、现金及银行存款日记账，确认是否存在关联资金占用情况。

2. 核查依据

（1）控制股东及实际控制人访谈记录、关于减少和避免关联交易的承诺函；

（2）《公司法》《公司章程》《关联交易管理办法》《董事会议事规则》《股东大会议事规则》《防范控股股东及关联方占用公司资金管理制度》《对外担保管理制度》及三会文件；

（3）银行对账单、现金及银行存款日记账；

（4）企业信用报告、个人信用报告；

（5）公司工商、国税、地税、社保、公积金等监管部门出具的《证明》；

（6）控制股东及实际控制人银行流水；

（7）其他应收款明细账簿；

（8）公司《审计报告》及对财务人员访谈记录。

（三）控股股东及实际控制人诚信状况的核查过程及依据

1. 核查过程

（1）核查控股股东及实际控制人的信用报告；

（2）核查控股股东和实际控制人诚信声明文件、无犯罪记录证明；

（3）查询国家企业信用信息公示系统；

（4）查询全国法院执行信息公开网、全国法院失信被执行人名单信息公布与查询、信用中国、中国裁判文书网等；

（5）查询证券期货市场失信记录、信用中国网站平台等网站系统等。

2. 核查依据

（1）企业信用报告、个人信用报告；

（2）市场监督管理部门、国税、地税、社保、公积金等监管部门查询记录截屏及开具的《证明》；

（3）全国法院执行信息公开网、全国法院失信被执行人名单信息公布与查询、信用中国、中国裁判文书网查询截屏；

（4）证券期货市场失信记录查询、信用中国网站等网站系统查询截屏；

（5）控股股东及实际控制人出具的《诚信声明》及《承诺》。

三、控股股东、实际控制人核查的常见问题

1. 持股比例达不到相对控股或绝对控股，公司无控股股东；

2. 公司的股东较多，股权结构非常分散，不存在控股股东和实际控制人，最大股东的持股比例很低，也没有股东能够通过公司治理结构的安排对股东会、董事会的决议造成实质性重大影响，无实际控制人；

3. 公司的股权结构并不分散，但单一股东并不能控制公司的股东大会、董事会或对公司的重大决议造成影响，无实际控制人；

4. 夫妻均持有公司股份，但持股比例不一致时，如何认定控股股东和实际控制人；

5. 股权分散，单一股东无法实际控制公司，部分股东通过《一致行动协议》行使对公司的管理和控制；

6. 控股股东长期占用公司资金，实践中，占用公司资金一般体现在财务报表的其他应收款、预付账款中，因此，长期应收款和预付账款是中介机构应重点关注的问题；

7. 报告期内，控股股东、实际控制人发生变更；

8. 股东、实际控制人与公司存在同业竞争；

9. 控股股东、实际控制人在报告期内存在诚信问题。

四、控股股东、实际控制人核查常见问题的合规方案

多数情况下，公司存在单一的实际控制人，或者为控股股东自身，或者为控股股东的股东。实际控制人的类型有自然人、国有资产管理部门和其他最终控制人三种。这里的其他最终控制人是指各

级人民政府（部门）、其他部委、职工持股会（工会）、村民委员会、集体企业等特殊组织，并不包括国有独资企（事）业单位、有限责任公司和股份有限公司、信托公司等中间控制人。实际控制人为外资的，也应参照追溯至外资个人、外资基金会、外国政府等最终控制人，而不能简单地披露某外国企业。

控股股东、实际控制人的认定需要从公司的实际控制权入手。实际控制权是能够对股东大会的决议产生重大影响或者能够实际支配公司行为的权力，其渊源包括对公司的直接或间接的股权投资关系，协议控制或委托授权。

1. 综合核查持股比例，包括直接持股和间接持股，并结合股权在董事会或股东会的席位和控制权，对实际控制人进行界定；

2. 公司股权分散，单一股东不能控制挂牌公司时，部分股东可以签署《一致行动协议》共同控制公司，成为公司的共同的实际控制人；

3. 公司股权分散，单一股东达不到控股时，个别股东可以将表决权委托其他股东全权代为行使，以使得被委托的股东达到控股比例，成为控股股东；

4. 夫妻均持有公司股份，应将夫妻作为一个整体进行核查，并确定夫妻是否为共同实际控制人；

5. 实际控制人变更的情况下，解释实际控制人变更对企业的生产经营没有影响；

6. 关于资金占用，应重点核查其他应收款和预付账款的明细，关注资金去向和用途，发现控股股东或实际控制人资金占用的，应要求其归还企业。

五、控股股东、实际控制人合规案例分析

针对上述问题，如何在实务中给客户提供完美的解决方案，是挂牌企业也是每一家中介机构关注并应努力完成的工作。下面笔者根据多年的实务经验，以实例给大家提供几种解决方案。

（一）股权分散情况下实际控制人的界定标准及合规解决方案

1. 项目概况

郑州大方软件股份有限公司（430548，以下简称公司）成立于1998年7月1日，公司股东为1名法人股东和3名自然人股东，分别为河南颐和众方科技有限公司（以下简称颐和众方）、曹建凯、徐卫、孙希。在公司股东中，曹建凯、徐卫、孙希三人分别持有公司16.61%、33.22%和16.61%股权，法人股东颐和众方持有公司33.56%股权。

2. 关注焦点

公司股权相对分散，任何单一股东均没有达到控股程度，在此情况下，应重点关注控股股东及实际控制人的界定标准和依据，以及实际控制人持股比例核算方案。

3. 合规解决方案[①]

（1）核查股东关系及间接持股情况。经进一步核查确认，公司股东曹建凯与孙希系夫妻关系，除前述关系外，公司股东之间不存在其他关联关系。另，公司股东徐卫、曹建凯和孙希同时担任颐和众方的股东，3人合计持有颐和众方83.61%的股权，并通过颐和众方间接持有公司33.56%的股权。

（2）核查一致行动相关协议。经核查，公司股东曹建凯、徐卫与孙希签订《一致行动协议》，3人自有限公司成立即为股东共同决策公司事务，为公司一致行动人。

（3）确定股东持有/控制的股权份额，确定实际控制人。鉴于曹建凯、徐卫和孙希因《一致行动协议书》共同控制公司，因此3人直接控制的股份为采取一致行动的股东所持有股份之和，即66.44%（16.61%+16.61%+33.22%）。另外，曹建凯、徐卫、孙希合计持有颐和众方83.61%的股份，对颐和众方共同控制，颐

[①] 参见"大方软件"全国中小企业股份转让系统披露的挂牌公告及北京君嘉律师事务所出具的《法律意见书》。

和众方直接持有公司33.56%的股份,即3人通过颐和众方间接持有公司33.56%的股份。因此,曹建凯、徐卫、孙希3人所持有的公司的股份为直接控股比例与间接控股比例之和,即100%(66.44%+33.56%),为公司的实际控制人。

4. 结论意见

经综合判定,中介机构认为,曹建凯、徐卫和孙希为公司的实际控制人。

5. 合规建议

对于挂牌公司股权结构较为分散的情形,应准确核查各股东的实际持股比例。实务中对于实际控制人控股比例的界定,采用"加法"计算是常见的方案之一,即实际控制人在控制链条上通过自身的控股(子)公司控股,则实际控制人的控股比例等于各个控制链条上控股(子)公司的控股比例之和。

另外,通过一致控制人协议、授权委托协议实施实际控制的,实际控制人的控股比例等于所有一致行动人的控股比例之和。建议中介机构在确定实际控制人时,应透过表面现象进行核查,采取实质重于形式原则,不仅核查直接持股,还要核查通过其他持股平台间接持股情况,特别需要核查股东之间以及股东与董监高或其近亲属之间有无一致行动协议、控制协议等特殊利益安排协议,准确界定实际控制人。

(二)公司无实际控制人的界定依据及合规解决方案

1. 项目概况

昆山鹿城村镇银行股份有限公司(832792,以下简称公司)成立于2009年12月2日,公司发起人、第一大股东南京银行股份有限公司(以下简称南京银行)直接持有公司12852万股股份,占公司注册资本的49.58%,其他股东持股比例均低于南京银行,且股东持股比例较为分散。

2. 关注焦点

公司第一大股东持股比例未达到绝对控股,且无实际控制人,应重点关注界定控股股东和实际控制人的理由和法律依据,以及认定理由和依据是否充分、合法。

3. 合规解决方案[①]

（1）确定界定控股股东和实际控制人的法律依据。《公司法》第216条之规定，控股股东，是指其出资额占有限责任公司资本总额50%以上或者其持有的股份占股份有限公司股本总额50%以上的股东；出资额或者持有股份的比例虽然不足50%，但依其出资额或者持有的股份所享有的表决权已足以对股东会、股东大会的决议产生重大影响的股东。实际控制人，是指虽不是公司的股东，但通过投资关系、协议或者其他安排，能够实际支配公司行为的人。

（2）核查工商档案、三会文件。根据公司的说明，并经核查公司《章程》、工商登记资料、股东大会及董事会会议等三会文件，目前，南京银行直接持有公司12852万股股权，占公司注册资本的49.58%。

（3）核查股东所占董事会席位。经核查，南京银行虽然在公司持股不足50%，但其为公司的第一大股东，所持表决权已接近表决权总数的半数且远高于其他股东所持表决权；并且，公司共有董事5名，其中董事管征、董事杨懋劼为南京银行委派的董事，其中杨懋劼董事还担任公司董事长兼行长。

（4）核查一致行动或授权文件，确认控股股东。南京银行与公司股东杨懋劼（董事长）签署了《一致行动人协议》，并且49名职工股东将其合计持有2.79%的股份表决权委托给杨懋劼行使，以使南京银行间接拥有2.79%的股份表决权。从而，南京银行实际支配公司股份表决权合计达到52.37%，实现对公司的绝对控股地位，因此南京银行为公司的控股股东。

（5）核查控股股东南京银行的实际控股人。经核查，南京银行的最大单一股东持股比例不超过30.00%，且公司股份较为分散，南京银行的单一股东无法决定董事会多数席位且重大经营方针及重大事项的决策均由股东大会讨论决定，无任何单一方能够决定

[①] 参见"鹿城银行"全国中小企业股份转让系统披露的挂牌公告及江苏世纪同仁律师事务所出具的《法律意见书》。

或做出实质性影响。因此，认定南京银行无控股股东，公司无实际控制人。

4. 结论意见

认定南京银行为公司控股股东具有法律依据，但由于南京银行无实际控制人，故认定公司无实际控制人。

5. 合规建议

实务中，认定公司无实际控制人应本着谨慎的原则，认定理由合理充分。除非特殊情形，实际控制人一般为自然人。但实践中确有挂牌公司将法人控股股东界定为实际控制人的案例。如翰林汇（股票代码：835281），其挂牌文件披露：公司控股股东为TCL集团（国内上市公司），持股比例为73.69%，作为上市公司的TCL集团没有实际控制人，因此公司的实际控制人即为TCL集团。该企业挂牌文件上报之后，全国股转公司并没有对此做出反馈，企业顺利挂牌。从企业顺利挂牌的角度而言，笔者一般不建议将法人控股股东认定为实际控制人，将法人股东认定为实际控制人应慎之又慎。

（三）夫妻共同持股情况下实际控制人及控股股东界定依据及合规解决方案

1. 项目概况

洛阳德平机械设备有限公司成立于2005年3月14日，于2014年9月20日整体变更为股份公司，公司名称为洛阳德平科技股份有限公司（832146，以下简称公司）。截至公司申请新三板挂牌时，公司股东包括7名自然人，公司持股前三的股东名录如下：王光临持有1790万股，占公司股份比例的89.5%；万钧持有80万股，占公司股份比例的4%；朱品持有40万股，占公司股份比例的2%。其中，王光临与万钧系夫妻，其他股东之间无关联关系。

2. 关注焦点

就本项目而言，公司股东持股明晰，第一大股东王光临持股比例高达89.5%，绝对控股，正常情况下，将王光临界定为公司的控股股东及实际控制人应该并无争议。但该公司挂牌文件申报之后，全国股转公司就王光临的实际控制人身份进行了4次反馈，直至中介机构将实际控制人调整为王光临和万钧夫妻二人为止。因此，夫妻均为公司股东的情况下，如何界定实际控制人应是中介机构在开展新三板挂牌项目时必须给予关注的重要问题。

3. 合规解决方案①

（1）核查工商档案并访谈股东，确认持股比例。经过查阅工商档案、三会决议、访谈公司管理层及核查公司历史沿革，王光临为公司创始人，自2005年公司成立以来，王光临本人或通过其弟王光耀、其子王建仁以及李雯、李参军持有公司80%以上的股权，现持有公司1790万股，占公司股本比例为89.5%，一直绝对控股公司。其妻万钧并非公司的创始股东，其于公司股改前增资80万元成为公司股东，截至本挂牌文件申报之日，万钧持有公司的股权比例为4%。夫妻二人合计持有93.5%股权。

（2）分析夫妻财产制及夫妻股东持股性质。经进一步核查，万钧2007年2月与王光临结婚，二人无财产特别约定。二人持有的公司份额中其中50万元为王光临婚前出资，其余1820万元出资系二人于婚姻关系存续期间取得。根据《中华人民共和国婚姻法》的相关规定，夫妻未约定财产为分别所有的情况下，二人婚前取得的财产分别归夫或妻个人所有，二人婚后取得的财产视为共同所有，夫妇二人对婚后取得的财产拥有平等的处分权。因此，王光临婚前投资的50万元出资为其本人单独所有，占公司股份的2.5%，婚后二人共同拥有公司1820万股股份，合计占公司股份的91%。

（3）核查夫妻股东王光临和万钧对公司生产经营管理的影响。王光临从公司设立至今一直担任核心领导职务，同时也是公司的核心技术研发人员。万钧与王光临结婚后，于2008年6月加入公司，先后担任外贸部经理一职，自2014年7月兼任公司监事，2014年9月公司股改后任公司董事。夫妻二人在公司历次董事会、股东大会有关公司的人事任免、经营决策时表决意见完全一致。

（4）核查一致行动协议。2015年2月10日，王光临、万钧夫妇

---

① 参见"德平科技"全国中小企业股份转让系统披露的挂牌公告及北京德恒律师事务所出具的《法律意见书》。

签订《一致行动协议》，约定二人在公司经营发展的重大事项、董事会决议、作为公司股东代表行使提案权或在股东大会行使股东表决权时，均保持一致，因此，王光临、万钧夫妻二人为一致行动人。

4. 结论意见

根据《公司法》规定的控股股东和实际控制人的涵义，同时根据《婚姻法》关于夫妻财产的约定，认定王光临为公司的控股股东，王光临和万钧二人为公司的实际控制人。

5. 合规建议

夫妻均为公司股东时，实际控制人的认定比较特殊。公司持股/控股份额及分红权不仅受公司法、证券法等商事法律约束，同时受我国《民法典》和原《婚姻法》的约束，在夫妻没有采取财产约定制的情况下，股东婚后用于出资的出资款均视为夫妻共同财产。因此，建议中介机构对夫妻股东的持股/控股份额应考虑其出资时间、夫妻财产制，并核查有无一致行动协议等情况进行综合核查，作出合理认定。

（四）公司第二大股东认定为控股股东及实际控制人的合规依据及合规解决方案

1. 项目概况

成都朋万科技有限公司于 2011 年 7 月 20 日由 7 名自然人股东出资设立。2015 年 7 月公司改制为股份公司，名称为成都朋万科技股份有限公司（836011，以下简称公司）。截至公司申报新三板挂牌文件时，公司股东 9 人，其中第一大股东孟书奇持有公司 282.16 万股，持股比例为 35.27%，第二大股东刘刚持有公司 234 万股，持股比例为 29.25%，第三大股东西藏泰富文化传媒有限公司持有公司 20 万股，持股比例为 10%。

2. 关注焦点

公司在挂牌新三板的过程中，中介机构突破持股比例的限制，根据股东对公司经营管理参与程度和实际控制情况，将公司第二大股东刘刚界定为公司的控股股东和实际控制人。挂牌文件申报之后，全国股转公司对该问题进行了两次反馈，最终确定第二大股东为控股股东和实际控制人。就此项目而言，我们应重点关注股东对公司的实际控制的界定依据和标准及其合法性。

3. 合规依据及分析①

（1）核查表决权委托。2013年11月20日，孟书奇与刘刚签订《表决权委托协议》，孟书奇将其持有的公司35.27%的股份除分红权、涉及委托人所持股权的处分事宜之外的其他权利委托给刘刚行使，本委托不可撤销。据此，刘刚享有孟书奇名下35.27%股份的表决权。

（2）核查一致行动人协议。2014年6月17日，公司股东孙超、张勇、肖毅、孙欣鑫、李毅与刘刚签订了《一致行动人协议》，约定各股东在公司的提案表决中共同表决，意见不一致时，以刘刚的意见为准，一致行动期限截至2024年6月。根据该协议，孙超等创始人股东在表决时应以刘刚的意见为准，即刘刚能够实际控制孙超等人总计15.75%股份对应的表决权。

（3）核查创始股东签订的《投资协议》并进行访谈。经核查《投资协议》并对协议的签署各方进行访谈时，孟书奇只是作为战略投资者，自入股公司以来，未参加公司任何经营管理活动，未在公司担任任何职务，实际上不具有控制公司的能力。因而公司第一大股东孟书奇并非公司实际控制人。

（4）刘刚能够影响公司经营策略的制定和执行。刘刚系有限公司的创始人和股份公司的发起人，且自公司成立至2014年6月一直为公司第一大股东，2014年6月至今一直为公司的第二大股东，并自2011年7月公司成立之日起历任公司执行董事、董事长、总经理，负责制定与执行公司的经营策略，是公司经营管理层的领导核心。

（5）刘刚能够决定董事会成员的任免并对股东大会产生一定的影响。根据公司章程的规定，股东大会作出普通决议，应当由出席股东大会的股东（包括代理人）所持表决的半数以上通过，作出特别决议，当由出席股东大会股东所持表决权的2/3通过。公司章程

---

① 参见"朋万科技"全国中小企业股份转让系统披露的挂牌公告及北京大成（武汉）律师事务所出具的《法律意见书》。

同时规定公司董事会和监事会成员的任免由股东大会以普通决议通过。鉴于刘刚已经实际合计持有80.27%股份的表决权，其已经能对董事会成员的任免产生影响。经核查，报告期内的公司历次股东会会议、董事会会议，公司其他股东、董事的表决意见均与刘刚相一致。

4. 结论意见

根据公司法对控股股东和实际控制人的界定，以及全国股转公司颁行的《全国中小企业股份转让系统信息披露细则》中关于实际控制人的规定，刘刚是公司的实际控制人。

（五）实际控制人变更对公司业务和新三板挂牌的影响及合规解决方案

1. 项目概况

宁波德桥贸易有限公司（以下简称德桥有限）成立于2015年4月，注册资本为280万元，公司设立之初，章途亮认缴出资224万元，持股比例为80%；张弛认缴出资56万元，持股比例为20%。张弛为公司股东及实际控制人。

2018年4月25日，德桥有限召开股东会，全体股东一致同意股东章途亮将持有公司80%的股权以224万元的价格转让给咸宁德方咨询有限公司，同意张弛将持有公司19%和1%的股权分别以53.2万元、2.8万元的价格转让给咸宁德方咨询有限公司、张骞；同日，章途亮、张弛分别与咸宁德方咨询有限公司签订了《股权转让协议书》，张弛与张骞签订了《股权转让协议书》。本次股权转让完成后，咸宁德方咨询有限公司变更为公司的股东。

2. 关注焦点

因公司控股股东的变更，导致公司在报告期内控股股东及实际控制人发生变更，其中控股股东由章途亮变更为咸宁德方咨询有限公司，实际控制人由章途亮变更为陈玲丽。

3. 合规解决方案 [①]

（1）核查并认定实际控制人。经合理查验，陈玲丽为德桥新材（有限公司股改后名称，即挂牌主体）的董事长兼总经理，且持有控股股东95%的股份，间接控制公司99%的股权，对公司的经营决策、经营管理等方面能产生重大影响，故陈玲丽为公司的实际控制人。

（2）分析实际控制人变化对公司的影响。报告期内，公司的控股股东和实际控制人虽发生变化，但公司的主营业务未发生变化；从管理团队来看，公司的管理团队人员有所变化和增加，有利于公司发展；从营业收入和净利润来看，2017年、2018年和2019年1—6月公司营业收入比较稳定，公司的净利润大幅度上升；从公司治理情况来看，公司控股股东和实际控制人变更后公司进行了股份制改造，建立健全治理机制，按照《公司法》制定了《公司章程》、"三会"《议事规则》和《总经理工作细则》等相关管理公司制度，公司治理更加完善。因此，公司控股股东和实际控制人变更对公司业务经营、公司治理、持续经营能力等方面未产生重大不利影响。

（3）实际控制人签署承诺书。公司现控股股东及实际控制人陈玲丽出具《承诺书》，承诺不存在如下情形：第一，受到刑事处罚；第二，受到与公司规范经营相关的行政处罚，且情节严重；第三，涉嫌犯罪被司法机关立案侦查，尚未有明确结论意见，且不存在尚未了结的或可预见的重大诉讼、仲裁及行政处罚案件；第四，被列入失信被执行人名单、被执行联合惩戒的情形。

（4）外部核查。通过检索全国被执行人信息查询网、全国法院失信被执行人名单信息公布与查询系统网站，查阅中国人民银行征信中心出具的信用报告，自2016年1月1日至本法律意见书签署之日，实际控制人陈玲丽不存在被列入失信被执行人名单、被执行联合惩戒的情形。

---

① 参见"德桥股份"全国中小企业股份转让系统披露的挂牌公告及湖南昌言律师事务所出具的《法律意见书》。

4. 结论意见

鉴于以上分析，认定陈玲丽为实际控制人的依据充分、合法，实际控制人合法合规，公司实际控制的变更不会对公司挂牌产生影响。

（六）公司原实际控制人报告期内资金占用的法律瑕疵及合规解决方案

1. 项目概况

江苏鸿基水源科技股份有限公司（872363，以下简称公司）前身系江苏鸿基岩土工程有限公司（以下简称鸿基有限），成立于1995年4月22日。2015年至2017年2月，江苏省工程勘测研究院有限责任公司（以下简称工勘院）为鸿基有限的控股股东。2017年2月，鸿基有限新增注册资本2491.85715万元，其中东源投资认缴2040万元，工勘院认缴451.857155万元，本次增资后东源投资持有鸿基有限51%股权，为鸿基有限的控股股东，江苏省人民政府通过江苏水源持有东源投资100%股权，间接持有鸿基有限51%股权，为鸿基有限的实际控制人。

2. 关注焦点

全国股转公司反馈，要求中介机构核查在控股股东、实际控制人数次变化过程中，控股股东、实际控制人及其关联方是否占用公司资金的情形，若存在，应说明资金占用情况，包括且不限于占用主体、发生的时间与次数、金额、决策程序的完备性、资金占用费的支付情况、是否违反相应承诺、规范情况，以及上述情况是否符合挂牌条件。

3. 合规解决方案[①]

（1）如实披露资金占用信息。2015年之前，公司原控股股东工勘院拆借公司资金600万元，未签订相关协议，未约定相关利息和还款时间。由于资金拆借发生在有限公司阶段，当时公司尚未建立完善的公司治理机制，故该事项未履行相关的内部审批程序。

---

① 参见"鸿基科技"全国中小企业股份转让系统披露的挂牌公告及北京竞天公诚律师事务所上海分所所出具的《法律意见书》。

（2）归还占用资金。2015年5月工勘院归还公司500万元，2016年6月归还100万元，至此，上述占用的资金已经于2016年6月清理完毕。

（3）控股股东承诺。2017年3月31日至本补充法律意见书出具之日，公司控股股东履行了规避资金占用的承诺，公司现不存在控股股东资金占用的情形。

（4）规范资金往来制度。股份公司成立后公司建立了完善的关联交易或资金往来的规范制度，资金占用的问题得到了进一步的规范。

4. 结论意见

原控股股东及实际控制人已经将占用资金归还公司，且其已经退出公司经营，该事项已经得到整改，不对挂牌产生实质性影响，公司符合挂牌的相关条件。

（七）一致行动人未被认定为共同实际控制人的合规依据及合规解决方案

1. 项目概况

唐山市贺祥智能科技股份有限公司设立于1999年1月，股本总额5340万元，首批国家专精特新"小巨人"企业，主要从事卫生陶瓷机械成套设备的研发设计、生产制造、销售推广、安装调试和售后服务。截至2022年5月10日，公司股东36名，赵祥启为公司董事长，持有35210300股，占公司股份总数的65.94%，赵祥来担任公司董事、总经理，持有11268400股，占公司股份总数的21.10%，两人系同胞兄弟。

2. 关注焦点

全国股转公司反馈：赵祥来持有公司21.10%的股份，并担任公司董事兼总经理。请公司说明赵祥来是否为赵祥启的一致行动人，是否构成共同实际控制人。

3. 合规解决方案 ①

（1）核查内部决策文件并进行访谈。经核查，报告期内，公司董事长赵祥启持有公司 65.94% 的股份，公司董事、总经理赵祥来持有公司 21.10% 的股份，赵祥启与赵祥来为兄弟关系。虽然赵祥来参与公司日常经营管理工作，但公司重大事项均由赵祥启决定。二人共同出具的声明确认自公司设立以来，赵祥启和赵祥来均未签署过任何与共同控制公司相关的章程、协议或者其他安排，赵祥启为公司实际控制人。鉴于公司重要经营决策均由实际控制人赵祥启决定，因此，两人不构成共同实际控制人。

（2）取得一致行动协议，将兄弟二人认定为一致行动人。2022年 6 月 2 日，为确保公司经营决策的高效和治理结构的稳定，赵祥启与赵祥来签署了《一致行动协议》，约定为：双方就股东大会、董事会作出决议的事项时均应采取一致行动，但根据关联交易管理制度需回避者除外；在董事会和/或股东大会召开前，一致行动人内部先对待审议的议案进行充分沟通和磋商，达成一致意见；出现意见不一致时，在不违反法律法规、监管机构的规定和《公司章程》《一致行动协议》规定的前提下，以赵祥启的意见为准；协议自双方签署之日起生效，至公司股票在全国股转系统挂牌之日起满 36 个月时终止；协议有效期满，各方如无异议自动延期 3 年，期满后经双方协商，可以通过签订补充协议的方式延长有效期。

（3）取得赵祥来签订的不谋求公司实际控制权的承诺。2022年 6 月 2 日，赵祥来出具了《不谋求公司实际控制权的承诺》，承诺："1. 本人确认赵祥启为公司的实际控制人，其能够单独对公司形成实际控制。本人与赵祥启不构成对公司的共同控制。2. 本人与公司其他股东各自独立，除本人与赵祥启签署的《一致行动协议》外，本人与公司的其他股东之间不存在关联关系，股权（出资）代持关系或其他类似关系或安排。3. 本人承诺：在本承诺有效期内，本人不会向赵祥启之外的第三方转让所持公司股份，亦不会通过受让其他

---

① 参见"贺祥智能"全国中小企业股份转让系统披露的挂牌公告及北京市京师律师事务所出具的《补充法律意见书（一）》。

股东所持股份、增资、与赵祥启之外的其他任何第三方签订一致行动协议或类似安排等途径，谋求公司的直接或间接控股地位及实际控制人地位；亦不会从事或实施任何可能损害公司实际控制权及生产经营持续性、稳定性的行为。本承诺有效期自签署之日起至公司股票在全国中小企业股份转让系统挂牌转让满三十六个月之日止，不得变更或撤销。"

（4）披露一致行动人不必然构成实际共同控制人的法律依据。根据《全国中小企业股份转让系统股票挂牌审查业务规则适用指引第1号》规定，申请挂牌公司股东之间存在法定或约定形成的一致行动关系并不必然导致多人共同拥有公司控制权的情况。

4. 结论意见

综上所述，公司律师认为，赵祥启与赵祥来虽已签署《一致行动协议》，但是协议明确约定了赵祥启对重大事项的决策权，赵祥启通过持有股份及一致行动安排合计控制了公司87.04%股份的对应表决权，能够对股东大会决议产生决定性影响，能够对公司进行控制，为公司实际控制人，赵祥来未在公司经营决策中发挥重要作用，公司未认定赵祥启、赵祥来为共同实际控制人具有法律依据，理由充分、合理。

5. 合规建议

实际控制人的界定依据除了公司法及全国股转公司颁行的制度外，还应依据证监会及北交所、上交所和深交所出具的业务规则进行综合分析。根据《非上市公众公司收购管理办法》和《上市公司收购管理办法》（中国证券监督管理委员会令第35号）第83条之规定：在无相反证据的情况下，投资人在上市公司任职的董事、监事、高级管理人员及其配偶和兄弟姐妹同时持有公司股份的，应当认定存在一致行动关系。因此，该项目实际根据上述文件认定赵祥启、赵祥来存在法定一致行动关系，也可以根据核查及访谈结果和有关一致行动协议认定存在一致行动关系。实务中，建议中介机构根据实际情况，对公司会议文件、审批流程文件、特殊安排协议及访谈情况进行综合判断，合理认定。

第八节 公司业务核查常见问题及合规方案

公司业务是公司的生命线,对任何公司而言,具有明确持续且可维持公司运营的业务是公司运营的应有之义。对新三板挂牌公司而言,业务明确,具有持续经营能力是考核其是否具备挂牌条件的基本条件。业务明确是指公司能够明确、具体地阐述其经营的业务、产品或服务、用途及其商业模式等信息。具有持续经营能力是指公司在可预见的将来,有能力按照既定目标持续经营下去。

中介机构对挂牌公司业务核查应掌握的唯一标准就是,业务明确,具有持续经营能力,这是核查公司业务的出发点更是落脚点。确定挂牌公司是否具有持续经营能力,除核查其业务在国民经济中的地位、业务规模、盈利模式是否足以支撑企业持续发展外,其经营模式、原材料采购、销售模式的合法性也是支持其持续经营的必要条件。

一、公司业务合法合规的核查要点

1. 公司业务在国民经济的整体地位,行业竞争程度、行业壁垒,上下游企业关系;

2. 公司主要产品或服务的种类、功能及消费群体,公司产品或服务的优势;

3. 公司的经营范围、是否存在超范围经营的业务,是否因此遭受过行政处罚;

4. 公司开展经营所需要的资质及有效期,公司拥有核心技术和产品,是否存在超过资质范围开展业务的情形,是否遭受行政处罚;

5. 公司开展业务的经营模式和盈利模式,经营模式和盈利模式

的合法合规性以及可持续性;

6.公司的主要业务合同,分析主要客户的特点、判断公司客户是否过度集中,公司对客户是否过分依赖;

7.公司的主要债务,分析债权人的特点,债权金额、判断债务是否可能涉诉,是否对公司业务产生影响;

8.对涉及网络平台借款、大数据等业务的公司,根据相关法律法规和行业规范,重点关注公司业务的合法合规性。

二、公司业务合法合规的核查过程和依据

(一)核查过程

1.通过查询相关行业研究报告资料,了解并分析公司所处行业、上下游关系和所处行业的竞争程度和行业壁垒;

2.通过访谈公司管理层及查阅相关材料,了解公司产品或服务的种类、功能和用途以及消费群体;

3.通过访谈公司管理层并查阅相关资料,了解公司独特的、可持续的技术优势,主要产品或服务的核心技术、研发能力和技术储备;

4.通过查阅公司主要知识产品文件及审计报告,了解公司商标、专利、非专利技术等无形资产的情况,使用期限或保护期、潜在纠纷情况以及对公司业务的影响;

5.通过访谈公司管理层并查阅相关资料,了解企业取得的业务许可资格或资质情况;了解企业特许经营权(如有)的取得、期限、费用标准;

6.通过访谈公司管理层,并到生产现场实地考察,了解公司提供产品或服务时所使用主要设备和固定资产的情况;

7.通过访谈管理层及核心技术/业务人员,查阅报告期内人员花名册、工资表及其他相关材料,了解公司管理层及核心技术/业务人员的薪酬,持股情况和激励政策评价管理层及核心技术人员的稳定性;

8.通过访谈公司管理层,并结合经营各环节的调查分析,了解

产业链分工情况以及公司的经营模式和盈利模式,评判运营模式的合法合规性;

9.通过查阅审计报告及相关财务资料,访谈管理层,了解成本构成和收入构成和现金流情况,产品或服务的毛利率及其变动趋势和变动原因。

(二)核查依据

1.行业研究报告、行业主管部门制定的发展规划、法律法规及规范文件;

2.公司关于产品或服务的介绍,包括但不限于产品质量、售后服务、产品或服务的规模和需求现状、销售收入、上下游关系、行业竞争等资料;

3.公司新产品或服务的开发计划、营销、销售、售后相关的管理制度;

4.公司研发能力及技术储备说明(研发机构和研发人员情况等);

5.公司无形资产的基本情况,包括商标、专利、非专利技术等无形资产的数量、取得情况、实际使用情况、使用期限或保护期、潜在纠纷;

6.公司资质、取得的特许经营权、认证及其证明文件及网络查询记录;

7.公司主要设备和固定资产、业务流程的情况说明;

8.公司采购、研发、生产、销售、投资相关的制度;

9.报告期内前五(十)大客户及供应商情况表(包括但不限于客户名称、销售额及其占当期主营业务收入的比例);

10.主营业务收入及主营业务成本情况,主营业务占营业收入的比例;

11.公司关键业务合同;

12.《审计报告》及其附注;

13.报告期内公司主要产品收入、成本明细、现金流和毛利率情况;

14.控股股东和实际控制人、核心技术人员、销售人员的访谈;

15. 公司主要的政府补助文件和税收优惠文件。

三、公司业务核查的常见问题

1. 公司超过经营范围开展业务经营、异地办公未予备案;
2. 公司未获得相关行业资质,或超过资质登记的范围进行经营;
3. 公司的经营模式涉及会员制、加盟店、连锁店等形式,需要客户先行缴纳一定会费/加盟费或保证金,可能涉及非法集资等,需要进一步分析其合法合规性;
4. 公司或公司的子公司包含互联网金融、网络获客、私募基金等业务,该部分业务的可能存在违规行为;
5. 公司存在利用实际控制人等其他个人账户代收客户款项或向供应商支付款项的行为;
6. 公司业务涉及特殊行业,公司原材料采购及销售业务存在瑕疵;
7. 申请挂牌公司存在客户集中度较高情形的,如向单一大客户销售收入或毛利占比达到或超过50%;
8. 公司存在境外销售情况。

四、公司业务核查常见问题的合规方案

针对上述问题,如何在实务中对公司业务进行合法合理的解释,对业务合规性予以确认并出具解决方案,是挂牌企业也是每一家中介机构关注并应努力完成的工作。下面笔者根据多年的实务经验,提供几种解决方案。

1. 将公司超范围经营的业务纳入经营范围,相应修改公司章程并备案;
2. 异地办公、外地分支机构进行整改,使其符合市场监管管理部门的要求;
3. 具体分析加盟、连锁等商业模式和资金流向,分析并论证其业务的合法合规性;
4. 对于利用个人账户走账的行为,应当在报告期内清理规范,

包括收回资金、结束不当行为等;个人账户原则上应当在报告期内销户;报告期后不再发生个人账户代收代付结算行为,公司应当严格按照《企业内部控制应用指引》等要求健全完善内部控制制度;

5. 对于网络获客及私募基金的合规性进行深入尽职调查,有瑕疵的需要在报告期内进行整改,或者进行关停,以达到合规要求;

6. 对于客户集中度较高的公司,中介机构应当与同行业可比公众公司进行比较,披露客户集中度较高是否符合行业特性、公司与客户的历史合作情况、公司获取订单方式、相关业务的稳定性及可持续性,并充分揭示客户集中度较高可能带来的风险;

7. 对于存在境外销售的公司,经对其相关资质、外汇管理、税收等进行核查,并出具合法合规的法律意见;

8. 对于特殊行业的原料采购及销售瑕疵,应着重分析形成原因、背景、是否符合行业特点,以及在公司业务中所占比例,出具合规意见。

五、公司业务合规案例分析

(一)公司超越经营资质开展业务是否符合挂牌要求及合规解决方案

1. 项目概况

武汉园外园绿化景观股份有限公司(873428,以下简称公司)于2015年5月8日成立,经营范围为园林景观工程设计、施工、咨询,花卉租赁服务。主营业务为从事园林工程施工,现阶段业务领域聚焦于地产园林。

2015年11月24日取得了武汉市园林和林业局颁发的《城市园林绿化企业资质证书》(三级),有效期为3年。2016年5月30日公司与武汉鼎吉建筑工程有限责任公司签订了金额为14112031.35元的《中城上品项目景观绿化工程施工合同》。

2. 关注焦点

根据《城市园林绿化企业资质标准》(建城〔2009〕157号)规定,公司取得的《城市园林绿化企业资质证书》三级资质可承揽工程造价在500万元以下的园林绿化工程。公司在2016年与武汉鼎吉建筑工程有限责任公司签订的《中城上品项目景观绿化工程施工合同》的合同金额已经超过500万元，超过了资质经营范围。

上述公司超过资质经营范围的情形尚未受到相关主管机关的行政处罚，但若由此产生行政处罚，是否属于重大违法行为？如果引发安全事故、质量问题或经济纠纷，可能对公司业务产生何种不利影响？

3. 合规解决方案 ①

（1）如实披露可能受到的行政处罚。根据《中华人民共和国建筑法》第26条、第65条，《建设工程质量管理条例》第60条规定以及《住房和城乡建设部工程建设行政处罚裁量基准》等相关规定，承包建筑工程的单位应当持有依法取得的资质证书，并在其资质等级许可的业务范围内承揽工程。超越本单位资质等级承揽工程的，责令停止违法行为，处以罚款，可以责令停业整顿，降低资质等级；情节严重的，吊销资质证书；有违法所得的，予以没收。综上，公司存在超资质获取合同开展业务的情形，可能受到以下行政处罚：责令停止违法行为，处工程合同价款2%以上4%以下的罚款；有违法所得的，予以没收。

（2）资质已经取消，违法行为已过追诉期，不存在行政处罚的事实和法律依据。目前超资质经营的业务合同所涉项目已完工验收，不存在发生质量安全事故的情况，基于园林绿化工程业务性质未来造成质量安全事故的可能性亦较小，且在2017年4月城市园林绿化企业资质取消后公司不再存在超越资质承接业务的可能性。根据《中华人民共和国行政处罚法》第29条"违法行为在二年内未被发现的，不再给予行政处罚。法律另有规定的除外"，城市园林绿化企业资质许可已于2017年4月取消，即公司超越资质承接业务的违法行为已超过两年，行政机关基于公司2016年至2017年超越资质行为处以行政处罚已没有事实基础与法律依据。

---

① 参见"国外园"全国中小企业股份转让系统披露的挂牌公告及湖北众勤律师事务所所出具的《法律意见书》。

（3）主管部门出具合规证明。经中介机构通过公司客户访谈确认，不存在发生质量安全事故及纠纷情况。武汉市园林和林业局、武汉市园林绿化建设管理站等相关主管机关已出具证明或情况说明，确认公司不存在重大违规行为。另外，报告期内公司并未因该超资质获取合同开展业务的行为被行政处罚，根据城市园林绿化企业资质许可已取消的客观情况与《行政处罚法》的规定，未来被行政机关追溯行政处罚的可能性亦较小。

4. 结论意见

公司超资质开展业务的行为不会对公司的生产经营产生不利影响，不构成本次新三板挂牌的法律障碍。

（二）实际控制人利用个人账户代收款项行为的合规解决方案

1. 项目概况

厦门创匠信息科技股份有限公司（873399，以下简称公司）于2016年2月由陈熙熙、孙迪、唐宾、锡博（厦门）信息科技有限公司、厦门创匠投资管理合伙企业（有限合伙）5名发起人发起设立。公司注册资本为500万元，股份总数500万股，每股金额为1元，发起人认缴的注册资本分期于2025年12月31日前缴足。

公司的经营范围包括：软件开发；信息系统集成服务；信息技术咨询服务；数据处理和存储服务；数字内容服务；集成电路设计；会议及展览服务；包装服务；图书批发；电子出版物批发；音像制品批发；电影和影视节目制作；电影和影视节目发行。

2. 关注焦点

（1）报告期内，公司存在实际控制人代收货款的情形，主要系客户为方便结算，将货款支付到公司实际控制人蒋洪波的支付宝账户。

（2）公司存在注册资本未实缴，且持续时间较长，全国股转公司反馈要求中介机构核查公司未实缴出资的原因，注册资本缴纳是否符合公司法要求和公司章程约定；并核查公司注册资本未实缴期间，营运资金来源情况及其合法合规性。

3. 合规解决方案[①]

（1）关于个人账户代收款。

第一，解释形成原因。由于公司的客户均为小型企业，客户日常交易习惯以及对公账户相较于个人账户存在汇款手续复杂、节假日不可用等诸多不便，故客户更愿意选择将款项直接支付给个人。考虑到公司正处于快速占领市场时期，为成功获取客户，故将实际控制人蒋洪波的个人支付宝账户、个人银行卡作为客户支付的备选账户，由此造成报告期内公司存在个人代收款的情形。

第二，合规措施。根据中国建设银行股份有限公司出具的《个人客户账户信息证明》，蒋洪波已将该个人账户注销，将上述代收款全部归还给公司，并承诺未来不会再出现开立或使用个人银行卡或以其他任何形式代收、代付公司资金的行为，否则将赔偿公司因此造成的全部经济损失。且公司拟自 2019 年 4 月支付宝账户开通启用后，全部销售、采购通过公司银行账户、支付宝账户结算，不再存在通过个人卡结算的情形。另外，公司严格按照《企业内部控制应用指引》等相关内控制度要求，已进一步健全完善《财务管理制度》《资金管理制度》等内部控制管理制度。

第三，行为定性及结论。公司通过个人卡结算的行为违反了《公司法》第 171 条、《现金管理暂行条例》第 2 条、《商业银行法》第 48 条的规定，存在被相关主管部门处罚的潜在风险。鉴于本所律师认为，公司通过个人卡结算的情形已经得以规范。报告期内，公司相关经营数据真实、准确、完整，不存在资金体外循环的情形。

（2）认缴出资未到位期间，公司资金来源的合法性。

第一，出资未到位解释。根据公司工商档案、三会材料、历次验资报告及《公司章程》，公司为发起设立的股份公司，不属于《公司法》第 80 条规定的募集设立的股份公司；公司的主营业务为知识付费软件的开发、销售及技术服务，亦不属于《公司法》第 80 条规定的法律、行政法规以及国务院决定对股份有限公司注册资本

[①] 参见"创匠信息"全国中小企业股份转让系统披露的挂牌公告及福建闽佑律师事务所出具的《法律意见书》。

实缴、注册资本有最低限额的股份公司,公司仅需在《公司章程》规定的缴付期限内缴足认缴注册资本即可,因此,公司注册资本缴纳符合公司法要求和公司章程约定。

第二,资金来源解释。根据《审计报告》,公司注册资本未实缴期间,运营资金主要来源于关联方的资金拆入。本所律师认为,平等主体之间的借贷行为,并不违反相关法律强制性规定,公司注册资本未实缴期间,营运资金来源合法合规。

4. 结论意见

鉴于个人卡代收货款行为没有对公司产生影响,且已得到整改,公司认缴注册资本未到位期间的资金来源于关联方资金拆借、不违反法律规定,因此,公司的上述行为不会对本次新三板挂牌产生不利影响。

(三)加盟模式业务合法合规性界定及合规解决方案

1. 项目概况

厦门快乐番薯股份有限公司(872940,以下简称公司)于2015年11月30日在厦门市思明区市场监管局注册成立,主营业务为加盟商提供总部管理、品牌营销策划和优质健康的休闲食品原料,为消费者提供绿色、健康的休闲食品。公司现持有市场监管局颁发的《食品经营许可证》和《食品生产许可证》、出入境检验检疫局备案的《出入境检验检疫报检企业备案表》、对外贸易经营者备案登记机关备案的《对外贸易经营者备案登记表》以及厦门海关于2017年3月7日核发的《中华人民共和国海关报关单位注册登记证书》,且上述证书仍处于有效期内,有效期届满后续期不存在特殊的准入条件。

公司直营店和加盟店对外销售的主要为番薯类的食品和饮品,专注为消费者提供绿色、健康、美味的休闲食品。加盟服务是公司的主要业务,即公司通过向加盟商提供规范化、标准化、精细化的服务,包括提供店址位置评估、开业辅导、人员培训、采购管理、营运监督等服务,并向加盟商收取加盟费、品牌使用费等相关费用。

2. 关注焦点

加盟服务的内容即加盟是否具有实质内容是中介机构及全国股转公司应重点关注的问题，因此对公司加盟经营业务过程的合法合规性以及是否涉及通过加盟方式进行非法集资应重点予以核查并出具意见。

3. 合规解决方案 ①

根据公司提供加盟店管理制度和《特许经营合同》等资料，经访谈公司实际控制人、管理层，中介机构采取了以下核查方法，并发表了核查意见，具体如下：

（1）核查有关合同和公司资质，分析业务模式。经核查公司提供的加盟店管理制度和《特许经营合同》等资料，公司从事特许经营活动拥有成熟的经营模式，加盟商拥有对加盟店的所有权、经营权和收益权，实行独立核算，自负盈亏，公司并不在加盟店中占有任何权益，也不存在对加盟店日常经营的管理，以及负责加盟店盈亏。公司从事特许经营活动，已经向商务主管部门进行备案，公司特许经营的产品或者服务，也依法取得相关经营资质。公司具有开展特许经营的资质，与加盟商签订有《特许经营合同》，不存在要求被特许人在订立特许经营合同前支付费用的情形，不存在向被特许人收取推广、宣传费用的情形，因此，公司从事特许经营活动拥有成熟的经营模式，并具备为被特许人持续提供经营指导、技术支持和业务培训等服务的能力，符合《商业特许经营管理条例》第二章"特许经营活动"之第7条的相关规定。

（2）核查公司台账及银行流水、访谈实际控制人。根据公司提供的与加盟商签订的特许经营合同台账、子公司与加盟商签订的销售合同台账、银行流水等资料，并经访谈公司实际控制人、财务负责人及其他经营层，经查验，公司的加盟商均与公司签订了《特许经营合同》，和天辅星食品签订了《销售合同》，该等合同覆盖了公司与加盟商从加盟、供货到日常督导方面的内容，明确了各方的权

---

① 参见"快乐番薯"全国中小企业股份转让系统披露的挂牌公告及福建天衡联合（福州）律师事务所出具的《法律意见书》。

利和义务。加盟商拥有对加盟店的所有权、经营权和收益权,实行独立核算,自负盈亏。公司并不在加盟店中占有任何权益,也不存在对加盟店日常经营的管理,以及负责加盟店盈亏。

(3)核查公司的叫货系统和加盟商业务往来情况。经查询公司的叫货系统,核查公司和加盟商业务往来情况,查阅公司和加盟商的银行流水情况,表明,公司和加盟商的业务往来正常,符合公司的实际经营情况,不存在异常情况。公司财务数据已经具有证券期货业务资格的会计师进行审计并出具无保留意见的审计报告。

(4)公司实际控制人和董监高出具合规承诺。公司、实际控制人、控股股东、董事、监事和高级管理人员分别出具声明承诺,声明其不存在未依照法定程序经有关部门批准以发行股票、债券、彩票、投资基金证券或者其他债权凭证的方式向社会公众筹集资金,并承诺在一定期限内以货币、实物以及其他方式向出资人还本付息或给予回报的行为;不存在以商品销售与返租、回购与转让、发展会员、商家加盟与"快速积分法"等方式进行非法集资的行为;公司除了和加盟商签订《特许经营合同》,子公司天辅星与加盟商签订《销售合同》并按照合同约定收取费用外,不存在基于非合理商业往来收取其他额外费用,不存在进行高息借款、返现、股权投资等违法行为;公司不存在通过加盟方式进行非法集资的行为。

4.结论意见

经核查,中介机构认为,公司加盟商业模式合法合规,不构成新三板挂牌的实质障碍。

(四)利用互联网平台开展业务从而进行大数据采集行为的合规解决方案

1.项目概况

山东齐鲁云商数字科技有限公司(以下简称公司)成立于2010年10月25日,公司初设名称为山东鲁中煤炭交易市场有限公司,经营范围为煤炭市场开办,煤炭信息咨询,物业管理。报告期内,公司主营业务收入分为五类,主要由交易平台、物流平台以及软件开发创收。云仓煤掌柜系统处于推广阶段,尚未产生业务收入。交易平台、物流平台、云仓煤掌柜提供的服务及功能、对各平台注册用户及业务真实性规范。

2.关注焦点

公司提供交易平台是否使用大数据技术开展业务，若是，请关注公司是否存在收集、使用信息的行为，大数据业务是否合法合规，并发表意见。

3.合规解决方案[①]

（1）核查数据采集方式。根据中介机构查阅相关法规并经公司说明，公司交易平台是整合商家信息资源，进行大数据分析，通过交易向物流转化、交易向金融转化、交易向仓储转化、会员费模式完成交易，通过物流与金融业务的融合，实现服务增值。从信息来源及信息量上来说，大数据处理技术是针对数量巨大、来源分散、格式多样的数据进行处理加工的一类技术，而公司交易平台是利用注册商家自行发布的信息进行整合分析。

（2）核查数据采集信息来源。从信息收集、使用上来看，公司交易平台信息来源于注册会员，不存在公开收集信息的行为，交易平台收集的注册会员提供的信息，仅用于为注册会员提供增值服务。

4.结论意见

公司不涉及使用大数据技术开展业务，不会因此对公司业务的合规性产生影响。

（五）公司采用招投标获取订单占公司业务的比重及合规解决方案

1.项目概况

青岛美莱轨道股份有限公司（873336，以下简称公司）于2010年5月经青岛市工商行政管理局核准注册成立。公司主营业务为餐车设备、行李架、火车内饰件、卧铺座椅套销售、检修加工贴膜

---

① 参见"齐鲁云商"全国中小企业股份转让系统披露的挂牌公告及北京京师（青岛）律师事务所出具的《法律意见书》。

等。主要产品包括座椅、座椅套、卧铺、餐厅设备、行李架等，主要服务包括相关产品的加工、检修服务与贴膜服务，公司是集产品研发设计、生产、销售为一体的专业服务商。公司业务通常由销售人员采用直销方式或竞标等方式进行销售，通过实地洽谈、参加公开招标、竞争性谈判等多种方式来取得业务合同。

2. 关注焦点

就公司的销售模式，应重点关注公司开展业务过程中采取的招标的具体方式以及是否存在商业贿赂，公司通过招投标获取订单的数量和占比，是否存在围标等违法违规现象，是否对公司持续经营存在不利影响。

3. 合规解决方案[①]

（1）核查并确认招标方式和招标获单数量。招标方式分为公开招标、邀请招标、协议招标（以下简称议标）。议标，称为非竞争性招标或指定性招标，由业主邀请一家最多不超过两家知名的单位直接协商、谈判，这实际上是一种合同谈判形式。根据招投标方式的不同，公司涉及的是邀请招标和商务谈判的情况。报告期内，公司通过招投标获得主要订单的数量为13个，招投标收入占2018年收入和2017年收入的比重分别为40.92%和41.72%。

（2）核查业务合同和招标文件并对高管进行访谈。通过对公司高管进行访谈并核查业务合同和招投标文件，公司在商务谈判中不存在给付或收受现金、红包、礼金、有价证券、实物、虚假借款、回扣等其他任何形态的贿赂行为。

（3）公司制定合规制度。为了避免公司员工在业务开展过程中出现商业贿赂情况，加强企业内控机制，公司制定了《反商业贿赂责任管理制度》和《项目招投标管理制度》，规定了公司反商业贿赂的适用范围、管理程序及奖惩措施，公司参加招投标的方式、程序和人员，同时采取了系列的反商业贿赂措施，严格禁止商业贿赂和围标行为。

---

① 参见"美莱股份"全国中小企业股份转让系统披露的挂牌公告及北京大成（青岛）律师事务所出具的《法律意见书》。

(4) 公司出具声明。公司出具了《关于公司不存在商业贿赂的声明》和《关于公司销售渠道合法合规的承诺书》，承诺公司在参加招投标活动中，严格遵守《招投标法》和其他法律法规规定，不存在与其他投标人串通投标或与招标人串通投标的行为；公司在商务谈判时严格遵守《关于禁止商业贿赂行为的暂行规定》等法律法规的规定，不存在给付或收受现金、红包、礼金、实物、回扣等其他任何形态的贿赂行为。

(5) 公司实际控制人出具承诺书。公司实际控制人承诺公司销售模式合法合规，不存在商业贿赂，若违反前述承诺致使公司遭受损失，承担连带赔偿责任。

4. 结论意见

公司的销售方式为招投标方式和商务谈判方式，公司获得销售合同订单方式合法合规，不存在围标等行为，不会对公司持续经营产生不利影响。

(六) 原材料（贵金属）采购、生产和销售合规性解决方案

1. 项目概况

深圳鸳鸯金楼珠宝股份有限公司（870177，以下简称公司）初设于2013年11月22日，其经营范围为从事珠宝首饰设计创意设计、珠宝首饰展示设计；钻石、黄金、铂金、银首饰、珠宝首饰、钟表、翡翠、金属制品的技术开发、技术咨询与购销；珠宝首饰批发及销售。

2. 关注焦点

根据公司的经营范围，鉴于公司的主营业务为珠宝首饰的批发和销售，应结合我国在贵金属加工、流通方面的法律法规，重点关注公司在贵金属采购、生产和销售方面是否合法合规。

3. 合规解决方案[①]

(1) 公司出具《说明》。根据公司出具的《说明》，公司采购

[①] 参见"鸳鸯金楼"全国中小企业股份转让系统披露的挂牌公告及广东广和律师事务所出具的《法律意见书》。

的原材料主要有成品黄金、黄金金料以及镶嵌用钻石和珠宝。

（2）援引《申报审计报告》和《股改审计报告》。会计师事务所就本次挂牌业务出具的审计报告显示公司采购的原材料与公司出具的说明一致。

（3）律师采样抽查。律师事务所抽查了报告期内公司的采购合同，核查了对应的采购入库单、发票及支付采购款的银行流水，并通过上海黄金交易所等公开渠道查询了公司主要原材料的相关信息。由于公司不具有上海黄金交易所会员单位资质，公司采购的原材料主要通过上海黄金交易所综合类会员进行采购，镶嵌用钻石和原材料主要通过供应商进行采购。

4.结论意见

首先，根据国务院《关于取消第二批行政审批项目和改变一批行政审批项目管理方式的决定》（国发〔2003〕5号）、《上海黄金交易所章程》、《上海黄金交易所业务监督管理规则》、《上海黄金交易所会员管理办法》等规定，公司贵金属的采购方面合法合规。其次，在生产方面，公司委托给专业的珠宝首饰加工厂商按照公司的珠宝设计方案进行生产，公司制定了产品质量控制的《企业标准》，对掺进成色、外观、纯度进行逐件检测。且公司所有产品上市之前全部通过国家/地方质量检测机构检测，因此，公司在贵金属生产方面合法合规。最后，在产品的销售方面，公司采用经销商的模式，公司与经销商签订《产品经销合同书》，经销商根据自身需求定期或不定期从公司提货，经销商提货后，通过其"鸳鸯金楼"进入零售终端市场，最终销售给终端消费者，因此，公司在贵金属销售方面合法合规。

（七）公司资质齐备性及业务合规性审查要点及合规解决方案

1.项目概况

广东锦星钮扣科技股份有限公司（872839，以下简称公司）成立于2004年9月27日，根据东莞市工商局于2017年4月27日颁发的《营业执照》，公司的经营范围为研发、产销、网上销售：钮扣制品、五金制品、拉链、服装辅料、服装、服饰、服装面料、穿戴设备、电子产品、工业自动化产品、民用航空器（含无人机）及其发动机；货物进出口。公司主营业务为金属钮扣的研发、生产、销售。

2. 关注焦点

鉴于公司的经营范围包括民用航空器（含无人机）及其发动机的生产，应对公司业务资质的齐备性、相关业务的合法合规性问题予以重点关注，具体包括：

（1）公司是否具有经营业务所需的全部资质、许可、认证，并对公司业务资质的齐备性、相关业务的合法合规性发表意见；

（2）公司是否存在超越资质、超范围经营、使用过期资质的情况，并对其是否构成重大违法行为发表意见。

3. 合规解决方案[①]

（1）核查经营范围并出具意见。通过查阅公司工商档案及章程，公司经营范围为研发、产销、网上销售营业执照登记的产品，全部经营范围均属于"一般经营项目"，公司并不存在"许可经营项目"。

（2）核查公司所处的行业并出具意见。根据《上市公司行业分类指引》（2012年修订），公司所处行业属于大类"C 制造业"中子类的"C41 其他制造业"；根据《国民经济行业分类》国家标准（GB/T 4754—2011），公司所处行业属于"C41 其他制造业"大类下的"C4190 其他未列明制造业"；根据《挂牌公司管理型行业分类指引》，公司所处行业为"C 制造业"中子类"C41 其他制造业"之"C4190 其他未列明制造业"；根据《挂牌公司投资型行业分类指引》，公司所处行业为"13111210 服装与配饰"。公司所属行业不属于相关法律法规禁止和限制投资经营的行业。

（3）核查特许经营系统并发表意见。通过查询中国商务部商业特许经营管理办公室主办的"中国商业特许经营管理系统"，并

---

① 参见"锦星股份"全国中小企业股份转让系统披露的挂牌公告及广东德德律师事务所所出具的《法律意见书》。

以"广东锦星钮扣科技股份有限公司""东莞市锦星钮扣有限公司""锦星钮扣"为关键词进行检索，未检索到相关信息，未发现公司涉及特许经营。

（4）核查强制认证目录并发表意见。根据国家认证认可监督管理委员会组织发布的《强制性产品认证目录产品与2017年HS编码对应参考表》，公司经营范围内的产品不属于需要进行强制性认证的产品，无须进行强制认证；根据国家质量监督检验检疫总局于2012年11月20日公布的《关于公布实行生产许可证制度管理的产品目录的公告》（2012年第181号公告），公司经营范围内的产品不属于《实行生产许可证制度管理的产品目录》内的产品，无须申请取得生产许可证。

（5）公司主管行政部门出具证明。2018年1月，东莞市质量技术监督局、东莞市安全生产监督管理局沙田分局、东莞市工商行政管理局分别出具《证明》，证明公司在申报期内不存在违反质量技术监督法律法规有关规定的情况，无重大安全生产违法违规行为，未受过安全生产方面的行政处罚，不存在违反工商行政管理法律法规的记录。

4. 结论意见

公司的主要业务均在工商备案的经营范围之内，不存在超越资质、经营范围经营，使用过期资质的违法违规的情况，不存在因超越资质、经营范围等违法违规行为而被工商、税务等机构进行行政处罚的情形，不存在违反质量技术监督法律法规及重大安全生产法律法规的行为。

第九节 公司资产核查常见问题及合规方案

公司资产指公司拥有或控制的能以货币计量的经济资源，包括各种财产、债权和其他权利。根据不同的标准，企业的资产有多种不同的分类。如根据流动性，可以将资产分为流动资产和非流动资产。流动资产是指现金以及可以合理地预期将在一年或者超过一年的营业周期内变现、出售或者耗用的资产，主要包括货币资金、短期投资、应收及预付款项、存货、待摊费用等项目。非流动资产又称长期资产，是指企业旨在生产经营中长期使用或者为某种目的而长期持有的资产，包括长期投资（是指不准备在一年内变现的投资，包括长期债权投资、长期股权投资和其他长期投资）、固定资产、无形资产和其他资产（如长期待摊费用）。

根据新三板挂牌业务的特点，笔者主要就挂牌公司的流动资产，特别是流动资产中的固定资产、无形资产及机器设备等的核查及瑕疵问题进行论述，因为这类资产为公司长期持有的资产，该类资产不仅是公司生产经营的基础，也对公司持续经营能力影响较大。

一、公司资产合法合规的核查要点

1. 核查公司资产包括但不限于房产和土地（包括自有产权和租赁）的产权凭证，取得过程、消防验收文件等；

2. 核查商标、专利、域名、软件著作权的权属凭证、实际设计者或创作者与权利所有人的关系、期限等；

3. 核查设备的采购合同、付款凭证、固定资产入账凭证；

4. 核查上述资产是否存在抵押、质押、是否存在权属纠纷，对于存在纠纷或者诉讼情况的，应核查有关纠纷发生及进展情况；

5. 对于通过租赁或产权转让方式取得的资产，应核查租赁合同及产权转移合同；

6. 对于软件著作权、专利、专有技术应核查研发过程，明确有无共同人；并核查作品登记证书、商标登记证或专利证书，确认权利是否转移至公司名下，并由公司实际控制和管理；

7. 对于房产、土地、产房、机器设备及库存商品，除核查产权证书之外，应到公司实际进行考察，并对库存商品进行清点。

二、公司资产合法合规的核查过程和依据

（一）核查过程

1. 通过查阅公司房产、土地使用权权属证明，取得土地和房产的相关合同和取得过程，有无抵押等情况，并实际查验；

2. 核查主要生产经营设备的权属，查验相关合同和付款凭证，了解公司是否具备完整、合法的财产权属凭证，并实际查验；

3. 核查商标、专利、计算机软件著作权等无形资产的权属、权利期限、取得情况及他项权情况；

4. 到房产、土地等部门实地走访，了解权属情况和合规情况；

5. 到商标局、专利局实际走访，了解公司商标、专利的权属情况、权利期限等，调查是否存在权属争议；

6. 咨询公司律师或法律顾问，并进实地查看，了解公司主要财产的合法性和完整性，核查是否存在法律纠纷或潜在纠纷；

7. 查阅裁判文书网、失信被执行人网站，了解企业资产是否存在潜在纠纷；

8. 对实际控制人、控股股东进行访谈，了解有无存在资产抵押、质押及租赁情况。

（二）核查依据

1. 控股股东、实际控制人访谈；

2. 公司房产和土地使用权产权证书、取得房地产的合同、付款凭证、固定资产明细表、固定资产入账凭证等；

3. 商标、专利等无形资产权属证书，商标局和专利局出具的权属证明，权利期限等证明资料；

4. 实地查看记录、走访记录等；

5. 房产、土地、消防等部门出具的相关证明；

6. 主办券商对公司主要资产情况的整理；

7.《审计报告》中记载的公司资产的相关情况；

8. 租赁资产《租赁合同》和权属证明，与资产相关的抵质押合同；

9. 裁判文书网、失信被执行人网等网站查询记录；

10. 公司出具的相关说明或承诺。

三、公司资产核查的常见问题

1. 不动产取得过程中缺少审批文件，尚未取得不动产产权证明；

2. 不动产存在未批先建、超面积建设，或未进行消防验收等情况；

3. 租赁的房地产，产权方无产权证明，房产系违建，或租赁合同已经到期，或者双方签订的租赁合同没有依法备案；

4. 公司使用的机器设备付款比例较小，存在融资租赁，或机器设备尚未加入固定资产账簿等情况；

5. 专利、商标、软件著作权等知识产权类资产可能为职务作品或与第三人合作创作的作品，属于与第三人共有；

6. 知识产权类资产未与创作人签订竞业禁止及保密协议，可能存在潜在的纠纷；

7. 作品、商标未进行登记、专利未取得（或正在申请）专利证书，或商标及专利证书过期。

四、公司资产常见问题的合规方案

1. 对于未取得产权证明的问题，要求公司取得挂牌公司资产所在地有关主管部门补办的证明、资产审批正在办理的证明，以证明资产审批或产权可以在合理的时间内办理完毕；

2. 对于违法建筑，应取得有关主管部门不会对该建筑进行拆除的证明；同时要求实际控制人出具在发生拆除情况下，可以尽快找到生产经营场所，不会影响公司生产经营，并自行承担所有费用的承诺；

3. 未进行消防验收的不动产，经分析未进行的主客观原因，并要求公司聘请第三方进行消防检测，出具有关证明文件；

4. 关于合作作品可能产生的问题，可以要求合作作者放弃著作的证明，或合作作者证明挂牌公司可以自动使用的证明，表明资产权属不存在纠纷；

5.对生产设备付款及融资租赁问题，应核查采购合同对付款进度、所有权转移及违约责任的约定，确认不会发生权属争议；核查融资租赁合同的回购及担保等条款，确认设备权属不存在争议，并根据现有法律法规、部门规章进行解释、出具合规意见；

6.对于租赁的物业，要求产权人签订续租合同；未取证涉及违法建筑则要求产权人出具建筑不存在拆除及产权办理不存在实质障碍的承诺；

7.请求资产登记部门及主管部门出具合规证明，证明公司持有资产期间合规性及未受行政处罚情况的证明；

8.要求实际控制人出具合规证明，并出具在发生纠纷及争议、拆除、行政处罚的情况下，可以自行承担经济及法律责任的承诺。

五、公司资产合规案例分析

针对上述问题，如何在实务中给客户提供完美的解决方案，是挂牌企业也是每一家中介机构关注并应努力完成的工作。下面笔者根据多年的实务经验，以实例给大家提供几种解决方案。

（一）承租商铺未取得产权证、租赁合同未办理登记的审查及合规解决方案

1.项目概况

天水四零七医院有限公司（以下简称四零七有限）成立于2005年4月，其前身为第四机械部第四〇七职工医院。2017年6月，四零七有限与天水市秦州区国有资产经营投资（集团）有限公司签订《租赁合同》，根据合同约定，四零七有限承租了国有资产经营公司位于天水市秦州区锦绣苑6-103、6-104号商铺，租赁面积162.36平方米，期限自2017年6月27日至2018年6月26日，年租金为68191元。

2.关注焦点

经中介机构对租赁合同的核查、实地走访并进行访谈，四零七

有限承租的6-103、6-104号商铺没有办理产权证明，且租赁合同没有办理租赁登记。就上述问题，中介机构应结合具体法律法规、司法解释等对租赁合同的法律效力以及对公司生产经营的影响进行核查并出具意见。

3. 合规解决方案①

（1）检索相关法律法规，论证未取得房屋权属证书不影响合同效力。《中华人民共和国民法典》第153条规定，违反法律、行政法规的强制性规定的民事法律行为无效。

公司就天水市秦州区锦绣苑6-103、6-104号商铺租赁事项与天水市秦州区国有资产经营投资（集团）有限公司签署《房屋租赁协议》。该协议未规定转租禁止性条款，且在协议履行期间，公司依照约定使用租赁房屋并支付房屋租金，不存在违反合同约定的情形。房屋出租方就租赁房屋权属及项目建设手续说明显示：秦州区锦绣苑项目建设手续齐全、租赁房产产权清晰，不存在权利瑕疵；上述租赁商铺，不存在纠纷或潜在纠纷。

结合《中华人民共和国民法典》第153条的规定，租赁合同的效力并不因所涉房产未取得权属证书而导致无效，上述租赁合同合法有效，公司可依据租赁合同使用该租赁房屋。

（2）论证未办理租赁登记手续不影响合同效力。《中华人民共和国城市房地产管理法》第54条规定，房屋租赁，出租人和承租人应当订立书面租赁合同……并向房产管理部门登记备案。《商品房屋租赁管理办法》第14条规定，房屋租赁合同订立后30日内，房屋租赁当事人应当到租赁房屋所在地直辖市、市、县人民政府建设（房地产）主管部门办理房屋租赁登记备案。但根据《中华人民共和国民法典》以及最高人民法院《关于审理城镇房屋租赁合同纠纷案件具体应用法律若干问题的解释》，租赁合同的效力不以登记备案为生效要件，未办理房屋租赁登记备案手续不会影响租赁合同的法律效力，公司可依据租赁合同使用该租赁房屋。

---

① 参见"四零七"全国中小企业股份转让系统披露的挂牌公告及广东华商律师事务所出具的《法律意见书》。

（3）访谈公司负责人，实地走访租赁场所。根据主办券商对公司高级管理人员孙榕的访谈、对民办非企业单位秦州区天水郡街道锦绣花苑社区卫生服务站登记证书的查阅以及对公司经营场所的实地走访，上述租赁房屋系公司举办的民办非企业单位秦州区天水郡街道锦绣花苑社区卫生服务站提供医疗服务的场所，并非公司的经营场所。公司经营场所位于天水市环城西路11号，系自有房产。上述租赁合同瑕疵，不会对公司经营活动造成重大影响。

（4）实际控制人出具兜底承诺。2018年1月17日，公司实际控制人杨友良出具承诺，承诺如公司因上述房产的产权或备案问题无法继续租赁该房产，或因上述情况受到房地产等相关行政管理部门的行政处罚或对公司的经营造成不利影响，其将无条件承担该等搬迁成本、损失，保证公司业务经营不会因上述租赁事项受到不利影响。

4. 结论意见

租赁房产未取得产权证、租赁合同未备案不影响租赁合同效力，租赁场所系非经营场所，不会对公司生产经营产生不利影响。

（二）自有厂房没有办理产权证可能产生的不利影响及合规解决方案

1. 项目概况

广东容大生物股份有限公司（836799，以下简称公司）初设于2001年9月，是一家集饲料添加剂和动物保健品的研发、生产、销售于一体的高新技术企业。公司以新型生物发酵产品与现代中兽药为特色，致力于提供优质先进的饲料添加剂及动物保健品，产品主要用于禽畜的疾病防治、生长促进、肠道健康保护和免疫机制调节。

2. 关注焦点

公司生产用厂房未取得房产权证，中介机构应重点关注无法办理产权证的原因，是否存在完全无法办理的问题，补办事项的进展及是否可行；分析公司存在的风险、相应的风险管理措施及其有效性；并对以上事项是否影响公司的持续经营能力发表意见。

3. 合规解决方案 ①

(1) 开展进一步尽职调查。经进一步核查确认：公司已经取得了位于清远市高新技术产业开发区内工业用地计 35351.6 平方米的使用权，公司现持有上述宗地的国有土地使用证 [证号：清市府国用（2015）第 00251 号]；2002 年 11 月 15 日，广东省清远经济开发试验区管理委员会出具了《关于同意清远容大生物工程有限公司新建厂房的批复》（粤清开管〔2002〕152 号），同意公司建设厂房；2004 年 3 月 22 日，公司取得了《清远容大生物工程有限公司预混剂车间环境保护审批意见》，公司履行了环保、消防等报批手续。

(2) 访谈相关人员，了解未办理产权证的原因。由于 2002 年清远市政府为了加快工业园区建设步伐，鼓励企业本着"早投产早产出"的原则，公司厂房在未按规定办理完成其他建设审批手续、未取得房屋产权证的情况下投入使用。经咨询清远市住房和城乡建设管理局工作人员，了解到工业园区的多家企业均存在同类问题，为支持企业发展，可以补办相关建设审批手续，目前，已有类似企业如金鑫（清远）纸业有限公司办理取得房屋产权证。

(3) 公司出具说明。根据公司出具的说明，公司目前正在办理房屋产权证书，并于 2016 年 1 月 21 日与广东瑞博建筑设计研究有限公司签订的《建设工程设计合同》，由其负责公司用于规划报建的厂区总平面设计和后续服务，完成厂区平面图设计后将提交相关部门审核。

(4) 控股股东及实际控制人出具兜底承诺。公司控股股东及实际控制人杨兴航出具《关于公司自有房产权利瑕疵的承诺函》，承诺在公司存续期间内，若公司办公楼及厂房发生权属争议、整体规划拆除、行政处罚或其他影响公司正常经营的情形，导致公司无法继续正常使用该等房屋或遭受损失，其本人将承担公司相关损失，包括但不限于因进行诉讼或仲裁、停产或停业、寻找替代场所、搬迁或因被处罚所造成的一切直接和间接损失。

---

① 参见"容大生物"全国中小企业股份转让系统披露的挂牌公告及广东合邦律师事务所出具的《法律意见书》。

（5）房管部门出具说明。2016年2月18日，清远市住房和城乡建设管理局出具《关于广东容大生物股份有限公司办理房屋产权情况的说明》，"经我局核查，未发现该公司因违反建设管理、房产管理、城市管理方面的法律、法规以及规范性文件的规定而受到处罚记录，为支持企业上市，我局同意在该公司备齐办理产权证所需的必要材料后为其补办房屋产权证书"。

4. 结论意见

公司只要按规定补办完善相关的建设审批手续，公司办理房屋产权证书不存在实质障碍，公司不存在完全无法办理产权证的问题。公司厂房等建筑物虽然未办理产权证，但从来没有被相关部门认定为违章建筑，且自公司厂房投入使用至今，未发生因房屋安全隐患造成损害的情形，也未因无房屋产权证书被相关部门处罚。如果现有厂房等建筑物被相关部门拆迁，预计将给公司带来经济损失，该等损失将全部由公司控股股东、实际控制人杨兴航承担，公司损失将得到补偿。综上，上述未办理产权证的问题不会对本次新三板挂牌造成影响。

（三）无形资产的核查要点及合规解决方案

1. 项目概况

深圳市维度统计咨询股份有限公司（873181，以下简称公司）设立于2000年6月20日。公司主要为政府部门、企业及其他组织提供统计调查咨询服务。公司的主要技术包括统计数据处理平台技术、统计数据采集平台技术、PDA数据采集技术、CATI电话访问辅助技术、层次分析技术、满意度模型技术、基于互联网的大数据技术、预测模型分析等。

截至新三板挂牌《公开转让说明书》签署之日，公司及子公司的无形资产共拥有38项软件著作权，所形成的技术成果由公司作为权属人注册登记了38项计算机软件著作权。

2. 关注焦点

公司软件著作权等无形资产核查，应重点关注其取得方式、权利瑕疵及有无潜在纠纷。若存在职务发明，应披露是否存在其他单位的职务发明问题、是否侵犯他人知识产权、是否存在竞业禁止问题；若是合作研发取得，应披露合作概况、相关权属和利益分配的约定，有无纠纷或潜在纠纷；若是受让取得应披露受让的原因、受让概况、技术是否存在权属瑕疵。并进一步针对以上情况，中介机构应披露相应技术是否存在纠纷或潜在纠纷，公司的相应应对措施及其有效性。

3. 合规解决方案[①]

（1）外部核查，确认权属及是否存在潜在纠纷。主办券商通过查阅公司的软件著作权属证书、商标权属证书，查询中国版权保护中心（http://www.ccopyright.com.cn/）和国家工商行政管理总局商标局中国商标网（http://sbj.saic.gov.cn/），对公司所持有的软件著作权和商标的权属情况进行了核查，公司所持有的软件著作权系原始取得，不存在其他单位的职务作品情形；所持有的商标系原始取得，不侵犯他人的注册商标；公司前述知识产权不存在侵犯他人知识产权或竞业禁止问题。

（2）高管访谈，确认不存在其他单位的职务发明。经对公司高管进行访谈，公司高管确认，公司38项软件著作权系公司自主研发取得，不存在是其他单位的职务作品的情形。

（3）实际控制人出具确权及兜底承诺。公司实际控制人出具承诺，公司所持有的软件著作权系原始取得，不存在是其他单位的职务作品的情形；所持有的商标系原始取得，不存在侵犯他人的注册商标的情形；公司前述知识产权不存在侵犯他人知识产权或竞业禁止问题。若因软件著作权或商标等问题产生纠纷，导致公司承担法律责任的，实际控制人自愿以自有资金进行赔偿，以使得公司免受损失。

4. 结论意见

公司计算机软件著作权系原始取得，不属于其他单位职务作品，权属不存在潜在纠纷，不会对公司生产经营产生实质性影响。

[①] 参见"维度统计"全国中小企业股份转让系统披露的挂牌公告及国浩律师（深圳）律师事务所出具的《法律意见书》。

（四）无形资产出资可能涉嫌职务发明的瑕疵问题及合规解决方案

1. 项目概况

北京金日创科技股份有限公司（430247，以下简称股份公司）系由金日创有限（以下简称有限公司）采取整体变更方式设立的股份有限公司。2011年11月，公司股东付宏实、李喜钢、李皎峰以其拥有的知识产权——非专利技术"热电厂水处理控制系统"对公司进行增资500万元，其中付宏实出资336.93万元，李喜钢出资128.07万元，李皎峰出资35万元，并以该非专利技术截至评估基准日2011年11月15日的评估价值500万元作为出资金额。股东付宏实担任董事长兼总经理，李喜钢为公司董事，李皎峰为公司董事、副总经理。

2. 关注焦点

用于出资的非专利技术与公司主营业务具有较大相关性，鉴于前述股东用作增资的非专利技术存在可能被认定为职务成果的问题，存在其权属属于公司，造成出资不实的风险。因此，为彻底规范公司的历史出资，维护其他股东的利益，应对上述非专利技术出资进行规范。

3. 合规解决方案[①]

（1）将无形资产出资予以减资。2012年6月8日，有限公司召开股东会，决议将公司注册资本由900万元减少至400万元，共减资500万元，减资部分均为股东的知识产权出资部分，其中减少付宏实知识产权出资336.93万元，减少李喜钢知识产权出资128.07万元，减少李皎峰知识产权出资35万元，并相应修改公司章程。

（2）股东会决议增资，股东以现金补足前述减资金额。2012年6月8日，股东会决议同意前述涉及减资的股东以等额的货币增加注册资本500万元，其中付宏实以货币增资336.93万元，李喜钢以

---

① 参见"金日创"全国中小企业股份转让系统披露的挂牌公告及北京中银律师事务所出具的《法律意见书》。

货币增资 128.07 万元，李皎峰以货币增资 35 万元，同意修改后的公司章程。

（3）会计师出具《验资报告》。2012 年 6 月 8 日，北京百特会计师事务所就前述减资及增资事宜出具了《验资报告》，确认截至 2012 年 6 月 8 日，有限公司已收到付宏实、李喜钢、李皎峰缴纳的新增注册资本 500 万元。

（4）非专利技术出资人出具《确认函》。根据 2013 年 6 月该非专利技术的相关出资人出具的《确认函》，减资完成后，非专利技术的所有权人付宏实、李喜钢和李皎峰均同意将无形资产无偿转让给公司，并由公司享有无形资产的所有权。

（5）减资公告，完成工商变更。2012 年 6 月 13 日，有限公司就此次减资事宜在《北京晨报》上进行了公告。2012 年 6 月 13 日，北京市工商行政管理局就有限公司上述变更事宜换发了《企业法人营业执照》。

4．结论意见

上述股东决定以现金形式对该无形资产出资进行置换补正，在法律程序上采用了先减资后增资的形式，程序合规。经上述整改后，公司非专利技术出资的瑕疵问题已经得以解决，合法合规。

（五）承租生产线和配套资产的核查要点及合规解决方案

1．项目概况

江西银杉白水泥有限公司成立于 2013 年，2018 年 12 月 27 日银杉有限按照经审计的净资产值折股整体变更为江西银杉白水泥股份有限公司（873469，以下简称银杉股份或公司）。2019 年 9 月 5 日，银杉股份 2019 年第三次临时股东大会审议通过《关于江西银杉白水泥股份有限公司申请股票进入全国中小企业股份转让系统挂牌公开转让的议案》《关于江西银杉白水泥股份有限公司股票挂牌时拟采取集合竞价转让方式的议案》等议案，对银杉股份挂牌新三板公开转让做出了批准与授权。

公司主营业务为白水泥生产、销售，公司及子公司乐平赣丰的生产线及配套资产均系向第三方公司租赁取得，公司在原有生产线基础上进行一定的改造和扩建，无自有房产和自建生产线，名下无不动产权。

2.关注焦点

银杉股份作为一家以白水泥生产和销售为主业的公司，应关注其对租赁生产线的依赖程度、租赁生产线是否会对公司的生产经营造成重大不利影响；结合租赁合同有关约定、履行情况以及公司权益保障措施等分析说明租赁合同是否存在无法续租或违约的风险；根据实际情况判断租赁情况是否对公司的持续经营能力产生影响，并披露公司的应对措施及其可执行性。

3.合规解决方案①

（1）进行行业分析。水泥行业属于建材行业，产品市场需求受经济周期性波动影响较大。传统的水泥生产厂商均为大型国有企业，均采用重资产模式。而公司作为白水泥制造细分行业领先的民营企业，资金实力有限，而最大的优势在于生产经营模式新颖，体制先进灵活，能够很快作出战略性调整。同时，公司采取租赁资产经营模式生产能够减少对营运资金的压力，使公司集中资金投入产品研发、产品质量检测及生产线优化上去。因此，公司采取租赁资产经营模式生产具有必要性。

（2）公司业务对租赁生产线的依赖性。公司及子公司分别与江西安福南方水泥有限公司、江西化纤化工有限责任公司签订了《1500吨熟料水泥生产线租赁合同》和《水泥生产线租赁合同》，租赁期限均至2028年9月，因此公司及子公司在较长期限内将会继续租赁使用上述生产线，客观上，公司及子公司仍然存在对租赁方生产线的依赖，存在因租赁方到期后不再续租而被动搬迁的风险。

（3）法律尽职调查和分析。据上可知，公司及子公司可在较长期限内继续合法租赁使用上述生产线，且均享有同等条件下的优先续租权，具有一定的稳定性。根据租赁合同有关约定，出租方单方

---

① 参见"银杉股份"全国中小企业股份转让系统披露的挂牌公告及湖北众勤律师事务所出具的《法律意见书》。

违约成本较高，公司及子公司的租赁合同履行状况良好，不存在可能因公司及子公司违约导致合同解除的情形，故租赁合同因违约或不能续租而不能持续履行的风险较低。因此，公司租赁生产线不会对公司的生产经营造成重大不利影响。

（4）采取规避措施。公司已对搬迁计划作出充分准备，公司搬迁计划具有可执行性，公司后续购建取得自有水泥生产线不会形成障碍，公司持续经营能力不会受到重大影响；公司新三板挂牌成功后启动定向增发流程，募集资金后启动扩建一条2500t/d熟料新型干法旋窑白水泥生产线，符合国家和地方有关法律法规、产业政策以及公司财务状况的要求，该业务模式是可行的。

（5）实际控制人出具兜底承诺。公司实际控制人就租赁事项作出如下承诺："若公司及子公司所租赁的生产线及配套资产因出租方内部程序瑕疵或其他原因导致无法继续租赁该生产线及配套资产等而必须搬迁，本人将积极安排相关人员寻找生产线及配套资产，并无条件承担因此所产生的全部费用，保证公司及子公司的正常运营。如因本人违反本承诺函而给公司造成损失的，本人同意全额赔偿因此遭受的所有损失。"

4. 结论意见

公司租赁生产线模式是可行的，不会对公司持续经营能力产生障碍。

第十节 关联方、关联交易和重大担保核查常见问题及合规方案

我国《公司法》并没有对关联方进行明确界定，但《公司法》第21条规定公司的控股股东、实际控制人、董事、监事、高级管理人员不得利用其关联关系损害公司利益。本条实际是《公司法》对关联方的界定，即我国《公司法》将控股股东、实际控制人、董

事、监事、高级管理人员界定为公司的关联方。

根据《全国中小企业股份转让系统挂牌公司治理规则》，并参照《企业会计准则第36号——关联方披露》的相关规定，下列主体一般被认定为企业的关联方：

（1）该企业的母公司。

（2）该企业的子公司。

（3）与该企业受同一母公司控制的其他企业。

（4）对该企业实施共同控制的投资方。

（5）对该企业施加重大影响的投资方。

（6）该企业的合营企业。

（7）该企业的联营企业。

（8）该企业的主要投资者个人及与其关系密切的家庭成员。主要投资者个人，是指能够控制、共同控制一个企业或者对一个企业施加重大影响的个人投资者。

（9）该企业或其母公司的关键管理人员及与其关系密切的家庭成员。关键管理人员，是指有权力并负责计划、指挥和控制企业活动的人员。与主要投资者个人或关键管理人员关系密切的家庭成员，是指在处理与企业相关的交易时可能影响该个人或受该个人影响的家庭成员。

（10）该企业主要投资者个人、关键管理人员或与其关系密切的家庭成员控制、共同控制或施加重大影响的其他企业。

关联方界定的目的主要在于核查关联交易，避免关联方利用其关联关系损害公司以及中小股东的利益。我国现行法律对于关联交易的限制原因，主要是：第一，公司的控股股东、实际控制人、董事、监事、高级管理人员不得利用其关联关系损害公司利益，若给公司造成损失的，须承担赔偿责任；第二，董事、监事、高级管理人员须对公司负有忠实义务，若有违反，所得收入应该归公司所有；第三，上市公司或公众公司董事与董事会决议所涉及公司存在关联关系的，在行使表决权上受到制约。

一、关联方、关联交易和重大担保合法合规的核查要点

我们在做新三板挂牌业务，应从以下几个方面对关联方、关联交易及重大担保进行核查：

1. 结合交易的决策程序、内容、目的、市场价格或其他可比价格等要素，审核并披露公司关联交易的必要性、持续性，定量分析价格的公允性；

2. 分析关联交易必要性、公允性和合理性，以及避免关联交易的有效措施；

3. 如报告期内存在关联交易显失公允或存在其他利益安排，请量化分析并披露对公司财务状况的影响，披露对关联交易的规范措施，并作重大事项提示；

4. 如报告期内关联交易占比较大，分析是否对关联方存在重大依赖，并披露关联交易对公司业务完整性及持续经营能力的具体影响，并作重大事项提示；

5. 对于在报告期内退出的公司，应关注股东退出或转让股权的规范性、真实性，了解是否存在虚假转让，是否真实付款，是否存在股权代持等情况；

6. 对于重大担保，应分析主债权性质和金额，以及在履行担保责任的情况下对公司业务和持续经营可能产生的影响。

二、关联方、关联交易和重大担保合法合规的核查过程和依据

（一）核查过程

1. 取得公司、实际控制人、控股股东和董监高的信用报告；

2. 访谈企业控股股东、实际控制人和高管人员及其他主要财务人员；

3. 向实际控制人、控股股东和董监高发放调查表，了解其兼职情况、诚信情况以及其近亲属名单及近亲属控股或担任董监高的企业；

4.查阅相关内控制度、会议决议和相关合同，了解公司在对外担保、关联交易等方面的政策、制度建立情况、依据决策合规情况；

5.查阅关联自然人和关联法人的基本情况，调取关联法人工商档案，了解其经营范围和主营业务，确认是否存在同业竞争；

6.对主要的关联方进行访谈，了解关联方的生产经营、上下游客户、主要产品和主营业务；

7.核查控股股东、实际控制人、董监高及其近亲属银行流水；

8.核查重大担保合同、反担保合同，了解其决策依据和担保执行情况。

（二）核查依据

1.公司工商文件、三会会议记录、章程、三会议事规则等文件；

2.公司相关事项的会议决议、记录及合同等资料，对外投资管理办法、关联交易管理制度等文件；

3.公司重大合同、财务报表、审计报告；

4.控股股东、实际控制人、董监高及其近亲属银行流水；

5.关联公司工商变更登记全套资料；

6.公司关联方合同、决策依据和程序、交易情况；

7.公司对外担保合同及执行记录；

8.管理层就对外担保、关联方交易是否符合法律法规和公司章程的规定及其对公司影响的书面声明；

9.公司及子公司、分公司、控股股东、实际控制人、董监高征信报告；

10.公司出具的关联方及对外担保情况说明或承诺。

三、关联方、关联交易和重大担保核查的常见问题

1.遗漏主要关联方，特别是遗漏控股股东、实际控制人及董监高的近亲属等关联自然人及其近亲属控制或担任董监高的关联法人；

2.公司实际控制人、持股5%以上股东、董监高通过担任隐名股东形式对外投资，或虚假转让股权，且不如实报告，从而导致关

联方遗漏，如果被遗漏的关联方比较重大，可能构成重大遗漏；

3. 公司与关联方之间的关联交易未经公司董事会或股东（大）会审议；

4. 公司与关联方之间的关联交易的金额不大但关联交易频繁，或者关联交易虽属偶发但金额较大；

5. 重大担保未经会议审议；

6. 公司控股股东、实际控制人对外担保数额较大。

四、关联方、关联交易和重大担保常见问题的合规方案

1. 核查重大担保和委托理财背景及具体情况，根据公司的规定，由股东大会或董事会对报告期内的重大担保和委托理财进行确认；

2. 重大担保金额较大的情况下，由公司解除；

3. 重大担保和委托理财解释其必要性以及对公司的影响；

4. 解释关联交易产生的原因及必要性，解释其对公司业务产生的影响，并进行合规性解释；

5. 公司制定合理的规范和避免关联交易管理制度；

6. 控股股东、实际控制人出具承担担保责任的承诺；

7. 控股股东或实际控制人出具的关联交易合法合规性以及避免关联交易的承诺。

五、关联方、关联交易和重大担保合规案例分析

针对上述问题，如何在实务中给客户提供完美的解决方案，是挂牌企业也是每一家中介机构关注并应努力完成的工作。下面笔者根据多年的实务经验，以实例给大家提供几种解决方案。

（一）关联公司之间转让在建工程的必要性、合法合规性及公允性

1. 项目概况

上海乐派特机电科技有限公司（以下简称有限公司）成立于

2006年1月6日。2017年3月15日公司改制为股份公司，名称为上海乐派特机电科技股份有限公司（871998，以下简称乐派特或公司）。潘拥军为公司实际控制人，上海安奉机电科技有限公司（以下简称安奉机电）为公司的全资子公司。上海乐派特运动器材有限公司（以下简称乐派特运动器材）为股东、实际控制人控制的企业。

2016年1月，经过安奉机电临时股东会决议决定，安奉机电将在建工程以账面价值838112.4元转让给乐派特运动器材，其中不含税金额为716335.39元。上述关联交易已在公司2017年3月1日股东会决议《关于确认公司2015年度、2016年度关联交易的议案》中经全体股东追加确认。

2.关注焦点

关联公司之间转让在建工程转让必要性、合法性以及转让价格是否公允。

3.合规解决方案[①]

经中介机构深入调研，将该次关联交易的背景还原如下：2002年11月，公司实际控制人潘拥军以安奉机电名义通过司法拍卖取得坐落于奉贤区头桥镇蔡桥村的房产。潘拥军使用自有资金支付了前述拍卖价款并缴纳了拍卖佣金。2003年，奉贤区头桥镇人民政府对上述房产进行动迁，实际控制人潘拥军以安奉机电名义向头桥镇人民政府提交《因拆迁申请用地报告》，申请增扩拆迁用地约10亩，同年4月，奉贤区头桥镇动迁管理办公室与安奉机电签订动迁协议，向安奉机电提供了一块集体土地作为安置地，但，安置地未办理土地使用权证。获得上述安置地后，安奉机电与乐派特运动器材于2008年共同出资在安置地上建造了四幢厂房和三幢办公楼，其中安奉机电出资838112.41元，于2009年建造完毕。但因该处建筑没有土地使用权证，未能取得立项、环评、规划、施工许可等手续，无法办理验收和房屋产权证书。

---

① 参见"乐派特"全国中小企业股份转让系统披露的挂牌公告及北京惠诚律师事务所出具的《法律意见书》。

因上述在建工程和安置地存在法律上的瑕疵，2016年1月，为保证安奉机电账面资产的合规性，经安奉机电股东会决议，安奉机电于2016年1月13日与乐派特运动器材签订了《转让协议》，将上述在建工程及安置地以在建工程的账面价值838112.41元转让给乐派特运动器材，协议签订后安奉机电向乐派特运动器材开立了发票，乐派特运动器材向安奉机电支付了全部转让款。

上述在建工程及安置地将来可能面临动拆迁，若因动拆迁补偿等事项发生争议，因上述在建工程及安置地的转让未在政府相关部门办理任何登记手续，政府部门认可的安置地的被安置方仍然是安奉机电，安奉机电有可能还需要以自身名义参与相关动拆迁谈判或提起诉讼。鉴于此，公司采取了如下措施：

（1）2017年4月1日，上海市奉贤区规划和土地管理局出具《情况说明》，证明自2015年1月1日至2017年4月1日，上海市奉贤区规划和土地管理部门未对上海安奉机电科技有限公司作出过行政处罚。

（2）公司实际控制人潘拥军和李彩红出具承诺，若安奉机电因上述安置地、在建工程及其转让事宜违反相关法律规定而使安奉机电受到行政处罚等任何损失，实际控制人愿承担所有责任，支付安奉机电因此遭受的一切损失。

安奉机电将在建工程及安置地通过协议以在建工程的账面价值转让给关联方乐派特运动器材，将账面的瑕疵资产在建工程置换成货币资金，达到了使账面资产合规的目的，转让价格未损害安奉机电的利益；实际控制人承诺承担安奉机电可能遭受的损失，在最大程度上保证了安奉机电不会再因前述在建工程和安置地的法律瑕疵遭受额外的损失。

4. 结论意见

综上，公司转让在建工程具有其必要性。由于此次交易为偶然发生，不具有持续性。考虑到资产存在法律瑕疵，转让价格为其账面价值，具有合理性，不存在损害公司及股东利益的情形。

（二）未经法定程序进行关联交易的法律瑕疵及合规解决方案

1. 项目概况

北京中超伟业信息安全技术有限公司成立于 2009 年 2 月，2017 年 9 月 21 日公司改制为股份公司，名称为北京中超伟业信息安全技术股份有限公司（873337，以下简称公司）。刘瑞景持有公司 60.78% 股权，为公司的控股股东，其与罗远哲共同为公司的实际控制人，其两人与亿中景、赵永营、赵紫橦等均为公司的关联方。

2. 关注焦点

经核查公司财务报表中的其他应付款和预付款项目，截至 2017 年 12 月 31 日，公司与关联方发生的关联交易余额为 470 多万元，需要关注并分析关联交易产生的合法性、必要性和公允性。

3. 合规解决方案①

（1）股东大会对关联交易进行追认。2019 年 4 月 15 日，公司召开 2018 年度股东大会，审议通过了《关于追认关联交易的议案》，对公司与前述关联方之间的关联交易进行了确认。公司未来将严格执行前述制度并规范关联交易行为。

（2）公司出台规范关联交易的制度。公司创立大会暨第一次股东大会经审议通过了《公司章程》《股东大会议事规则》《董事会议事规则》及《关联交易管理和决策制度》等规章制度，规定了关联股东、关联董事对关联交易的回避制度，明确了关联交易审批权限与决策程序，为关联交易的必要性和公允性提供了程序上的保障，体现了保护中小股东利益的原则。

（3）保证关联交易公平性的措施。公司已在相关规章制度中明确规定了关联交易的决策程序，关联股东、关联董事对关联交易的回避制度等，已采取必要措施对其他股东利益进行了保护，

---

① 参见"中超伟业"全国中小企业股份转让系统披露的挂牌公告及北京海润天睿律师事务所出具的《法律意见书》。

保证公司与关联方交易的公平合理，防止因关联交易影响公司及股东利益。

（4）规范和减少关联交易的承诺。公司股东、董事、监事、高级管理人员分别出具《关于规范关联交易的承诺》，承诺其本人、本人直系亲属或关系密切的家庭成员没有也不会以任何方式侵占或变相侵占公司资产、资金等资源；本人、本人直系亲属或关系密切的家庭成员，以及本人、本人直系亲属或关系密切的家庭成员控制、投资、任职的其他企业将尽可能减少与公司之间的关联交易；对于确实无法避免的关联交易，将依法签订协议，按照公司法、公司章程和《关联交易管理制度》及其他相关法律法规的规定，履行相应的决策程序。

4. 结论意见

鉴于公司股东大会已经对关联交易进行追认，公司出台了相应规范措施，因此，认为上述关联交易不会对本次新三板挂牌产生影响。

（三）关联交易的合法性、公允性和必要性

1. 项目概况

广东合捷电器股份有限公司（873405，以下简称公司）成立于2011年9月30日，是一家从事油烟机等厨房电器的研发、生产和销售的企业，公司采用OBM/ODM的生产、销售模式，产品主要销往国际市场。根据公司披露的文件，公司及子公司目前已取得20项注册商标，其中原始取得10项，受让取得5项，授权使用5项。

2. 关注焦点

上述注册商标均属于从关联方受让取得及关联方授权使用，属于关联交易。关联交易虽不是新三板市场明令禁止的行为，但一直是监管机构监管的重点，因此，应分析关联交易的必要性、真实性及公允性，是否存在利益输送或其他损害公司利益的行为，并发表明确意见。

3. 合规解决方案[①]

（1）访谈公司高管。就商标转让及授权事宜的背景、程序、价格及办理进度等有关情况，对公司董事长、总经理、董事会秘书进行访谈，了解有关情况。

（2）查阅交易文件。查阅公司及子公司与天伦实业发展有限公司等关联方签订的商标权转让协议和商标使用授权书。

（3）查阅商标权利证明。查阅商标注册证书的真实性和有效性以及商标权人变更材料和变更进度。

（4）论证关联交易的必要性、合法性和公允性。

第一，关联交易的必要性。公司主营业务是油烟机等厨房电器的研发、生产、销售，随着公司对国际市场的不断探索，公司尝试销售自主品牌产品，由于初期担心对ODM模式业务产生冲击，公司未直接使用自有商标，而是通过关联方授权使用的方式使用关联方天伦实业发展有限公司（以下简称天伦实业）"CIARRA"商标销售自主品牌产品，随着公司自主品牌产品逐渐获得市场认可，且为了避免潜在的同业竞争的发生，天伦实业也将停止销售油烟机。因此，天伦实业将具有一定知名度的"CIARRA"商标转让给公司子公司，"CIARRA"将成为公司自有品牌产品全球布局的商标，将会成为公司的核心商标。因此，此次关联交易具有必要性。

其他子公司受让关联方"I-SOMM""酒宝"等商标，主要原因是公司原计划进行业务整合，红酒保鲜器系列产品的销售由受让方进行，转让方不再从事该类业务，具有关联交易的必要性。

第二，关联交易的真实性。经核查，上述转让均签订商标权转让协议，目前正在办理商标注册地变更手续，欧盟、澳大利亚商标管理机构变更手续已经变更完成。个别子公司已经完成商标权变更手续，取得商标权证书。因此上述关联交易真实发生。

第三，关联交易的公允性。此次商标权转让关联交易为无偿转让，公司无须支付价款，因此不会损害公司利益，不存在利益输送

[①] 参见"合捷电器"全国中小企业股份转让系统披露的挂牌公告及北京盈科（杭州）律师事务所出具的《法律意见书》。

或其他损害公司利益的行为。

4. 结论意见

上述关联交易具有必要性、真实性及公允性，不存在利益输送或其他损害公司利益的行为。

（四）重大担保核查要点及合规解决方案

1. 项目概况

山东鲁铭高温材料股份有限公司（873286，以下简称公司）的前身为淄博鲁铭高温材料科技有限公司（以下简称鲁铭有限）于2006年3月设立，主营业务是耐火材料的研发、生产及销售。其下游客户主要为钢铁、冶金类公司。

2017年12月5日，公司与交通银行股份有限公司淄博分行签订《流动资金借款合同》，借款金额为270万元，借款期限为1年；控股股东、实际控制人傅修文以其合法持有的公司2420万股股份设立质押担保，并办理了股权出质登记。

2017年12月以来，公司为5家公司提供连带担保，截至公司新三板挂牌《公开转让说明书》签署之日，对外担保余额1180.00万元，担保合同均在履行之中。

2. 关注焦点

公司实际控制人以其持有的公司股份进行抵押，且抵押股份占公司总股份比例较大，应关注其对公司可能造成的影响并进行整改。另外，公司对外担保金额较大，应着重分析对外担保的合理性、必要性以及公司采取的风险控制措施，并对担保行为是否对公司财务造成影响出具意见。

3. 合规解决方案[①]

（1）归还主债务，解除股权质押。2018年12月3日，公司按期归还上述借款270万元，同年12月7日，淄博市工商行政管理局出具《私营股权出质注销登记通知书》，股权质押注销。同年12月

---

① 参见"鲁铭高温"全国中小企业股份转让系统披露的挂牌公告及北京京师（天津）律师事务所出具的《法律意见书》。

13日齐鲁股权交易中心出具《股权质押注销通知书》，至此2420万股股权质押完全解除。

（2）论证对外担保的必要性及合理性。报告期内，公司对外担保主要因为公司与其主要客户之间互保形成。公司为保持技术研发上的领先性和市场开拓的需要，近年来资金需求不断加大，因其主要客户也面临着融资难的问题，公司之间本着互惠互利、互帮互助的原则，公司与华鑫家纺、地永电力、闰盛窑炉建立了稳定的互保关系。

（3）公司与担保方不存在关联关系。根据公司提供的资料并对被担保人进行核查，公司与担保方不存在关联关系。公司在为上述担保方提供担保的同时，上述公司也为公司其他事宜提供担保，不存在特殊条件或约定。

（4）担保合规性解释。报告期内，公司控股股东、实际控制人傅修文以其合法拥有的公司股份为公司债务提供质押担保，不存在违反法律、法规的情形。表决程序及决议内容均符合《公司章程》和《关联交易管理制度》的规定，且股权质押依法在工商部门、股权交易中心办理了质押设立登记和注销登记，程序合法有效。

（5）风险控制措施。公司为合理控制风险，制定了《对外担保管理制度》，公司将规范公司的对外担保行为，减少公司对外担保所导致的风险。

4.结论意见

公司对外担保虽然存在致使公司承担连带责任的可能，但目前对公司财务状况不构成影响。

第十一节　同业竞争核查常见问题及合规方案

同业竞争是新三板挂牌及北交所上市项目的红线，对同业竞争的审核和判断关系到项目的生死存亡。我国《公司法》和《证券法》没有对同业竞争作出明确的界定或认定标准。现行法律法规对同业竞争的规定主要散落在不同部门颁发的法律法规和指导意见中。

1.《公司法》关于同业竞争的规定

第148条第1款第5项规定，未经股东会或者股东大会同意，董事、高级管理人员不得利用职务便利为自己或者他人谋取属于公司的商业机会，自营或者为他人经营与所任职公司同类的业务。这实际上可以理解为《公司法》对同业竞争的禁止性规定。

2.《公开发行证券的公司信息披露内容与格式准则第1号——招股说明书（2015年修订）》（中国证券监督管理委员会公告〔2015〕32号）的规定

第51条第1款第5项规定，发行人应披露已达到发行监管对公司独立性的下列基本要求：业务独立方面。发行人的业务独立于控股股东、实际控制人及其控制的其他企业，与控股股东、实际控制人及其控制的其他企业间不存在同业竞争或者显失公平的关联交易。

第52条规定，发行人应披露是否存在与控股股东、实际控制人及其控制的其他企业从事相同、相似业务的情况。对存在相同、相似业务的，发行人应对是否存在同业竞争作出合理解释。

第53条规定，发行人应披露控股股东、实际控制人作出的避免同业竞争的承诺。

3.《公开发行证券的公司信息披露内容与格式准则第9号——首次公开发行股票并上市申请文件》（证监发行字〔2006〕6号）附件的规定

根据《首次公开发行股票并上市申请文件目录》9-2规定，首次公开发行股票并上市申请文件应包括有关消除或避免同业竞争的协议以及发行人的控股股东和实际控制人出具的相关承诺。

4.《公开发行证券的公司信息披露内容与格式准则第11号——上市公司公开发行证券募集说明书》（证监发行字〔2006〕2号）的规定

第31条规定，发行人应披露是否存在与控股股东、实际控制人及其控制的企业从事相同、相似业务的情况。对存在相同、相似业务的，发行人应对是否存在同业竞争作出合理解释。

第 32 条规定，对于已存在或可能存在的同业竞争，发行人应披露解决同业竞争的具体措施。

第 33 条规定，发行人应披露独立董事对发行人是否存在同业竞争和避免同业竞争有关措施的有效性所发表的意见。

同业竞争之所以是新三板挂牌业务的红线，是因为在存在同业竞争的情况下，公司的控股股东、实际控制人很容易利用其控制地位将公司的业务及利益转让至其个人控制的公司，这不仅违反了其忠实勤勉义务，滋生腐败甚至刑事犯罪，更重要的是会损害中小股东甚至社会公众的利益。中介机构在做新三板挂牌业务时，发现存在同业竞争的，应提醒企业及时处理，进行股权转让或修订变更关联方的经营范围。

一、同业竞争的核查要点

1. 控股股东、实际控制人及其近亲属投资或担任董监高的关联企业清单；

2. 持股 5% 以上股东、董监高及其近亲属控股或担任董监高的关联企业清单；

3. 公司的子公司及子公司投资的其他企业的清单；

4. 前述所有关联企业的经营范围、主营业务和主要产品，以了解其产品与挂牌公司产品的可替代性，业务是否相同或相似；

5. 公司及其关联企业的上下游企业，各企业服务的对象和领域，了解产品采购来源和渠道、销售渠道，判断供应商和客户是否存在重合；

6. 关联方在报告期内存在转让股权或辞去董监高职务而退出的关联公司情形的，应重点核查清退出公司的真实性和合法性，股权收购方与公司是否存在关联关系，是否存在委托持股或股权代持等情形。

二、同业竞争的核查过程和依据

（一）核查过程

1. 查阅公司工商文件、章程、营业执照，实地走访公司的产、供、销系统；

2. 查阅公司控股股东、实际控制人及其控制的其他企业的章程、营业执照，实地走访公司的生产、销售部门；

3. 通过询问、访谈公司控股股东、实际控制人，实地走访生产或销售部门等方式，调查关联企业的业务范围，从业务性质、客户对象、可替代性、市场差别等方面判断是否与公司从事相同、相似业务，从而构成同业竞争；

4. 要求挂牌公司对其关联方的对外投资情况作出书面承诺；

5. 访谈公司控股股东、实际控制人，对存在同业竞争的，要求公司就其合理性作出解释；

6. 调查公司、控股股东及实际控制人为避免同业竞争采取的措施，并要求其做出避免关联交易的承诺。

（二）核查依据

1. 公司及其关联公司的企业清单及全套工商档案；

2. 关联自然人控制或担任董监高的关联企业的经营范围及主营业务；

3. 控股股东、实际控制人及其控制的其他企业情况、主营业务与主要产品、客户对象与市场等；

4. 主要关联方访谈记录，以及其主要供应商和主要客户；

5. 控股股东、实际控制人是否存在同业竞争的核查记录；

6. 挂牌公司的《公司章程》《关联交易管理制度》《对外投资管理制度》等主要内控制度；

7. 公司及控股股东、实际控制人为避免关联交易采取的措施，以及出具的避免同业竞争的承诺函。

三、同业竞争核查的常见问题

1. 关联企业工商登记的经营范围相同或类似,实际主营业务不同;
2. 关联公司的经营范围与公司相同,但实际生产的产品不同,属于不同细分领域,没有竞争关系;
3. 关联公司生产的产品相同或类似,但消费群体和下游客户不同,不存在竞争关系;
4. 关联公司供应商相同或存在较大重合,但生产工艺不同,产品定位和应用领域不同,不存在竞争关系;
5. 关联方存在同业竞争,但关联方已经修改经营范围和主要业务;
6. 关联方经营范围和产品相同或类似,挂牌公司已经被挂牌企业收购或兼并;
7. 挂牌公司的核心技术人员均从同一关联方离职。

四、同业竞争常见问题的合规方案

1. 访谈关联公司,了解关联方经营范围、产品、消费群体、上下游企业等实际情况,解释不形成同业竞争关系;
2. 取得公司与董事、监事、高级管理人员、核心技术人员签署的保密协议、避免同业竞争承诺函;
3. 变更形成同业竞争公司的经营范围,停止形成同业竞争的相关业务;
4. 收购或兼并存在同业竞争的关联方;
5. 公司执行《关联交易管理制度》《对外投资关联制度》等完备的内控管理制度,建设完备的风险管理和内部控制制度;
6. 控股股东、实际控制人作出不存在关联交易的承诺。

五、同业竞争合规案例分析

针对上述问题,如何在实务中给客户提供完美的解决方案,是挂牌企业也是每一家中介机构关注并应努力完成的工作。下面笔者根据多年的实务经验,以实例给大家提供几种解决方案。

(一)持股5%以上法人股东存在可疑同业竞争的审核要点及合规解决方案

1. 项目概况

中电投威宁能源发展有限公司(以下简称威宁能源或公司)成立于2014年6月26日,主营业务为火电、光伏、风电、水电项目的开发投资经营;垃圾发电、生物发电项目的开发投资经营;综合能源供应、智能微电网开发建设经营及电力技术研究和开发。贵州中水能源股份有限公司(以下简称中水能源)为威宁能源的股东,直接持有公司10.74%的股份,其主营业务为火电项目和中小型水电项目的开发、建设、安装、生产、经营;电力技术的研究和开发;非金融性投资管理及咨询;电能购售;酒店经营。

2. 关注焦点

威宁能源的主营业务为光伏发电、水力发电等清洁能源发电业务,可分为光伏发电、水力发电两个业务板块。中水能源作为公司持有5%以上的股东,其经营范围与公司比较接近,且其业务范围中同样包括水力发电板块,应重点关注两者在水力发电业务板块是否存在同业竞争。

3. 合规解决方案[①]

(1)核查同业竞争的依据。根据证监会《51条IPO审核问答指引》第14条,"关于同业竞争,核查范围只限于控股股东及实际控制人,不再扩大范围。如直系亲属,父母、子女、配偶存在经营相同相似的业务,直接认定为同业竞争,存在障碍;其他非直系亲属,如能够论证相关公司在资产、人员、业务、资金、采购销售渠道等方面全部独立,则可认定不存在同业竞争"。

(2)水流流量核查。公司水力发电业务板块仅为象鼻岭水电

[①] 参见"威宁能源"全国中小企业股份转让系统披露的挂牌公告及北京中咨律师事务所出具的《法律意见书》。

站，象鼻岭水电站与象鼻岭光伏一期、象鼻岭光伏二期同为一体，为水光互补电站，未来计划建设成为水风光互补电站。象鼻岭水电站位于牛栏江水域，该流域无中水能源所属电站存在，象鼻岭水电站与中水能源所属电站之间不存在水流流量方面的竞争关系。

（3）销售价格核查。水电销售定价模式为一站一价，由贵州省发改委根据地区水资源量、各水电站的建设施工难度、投资成本、建成时期等多种因素进行定价，由国家电网或地方电网公司按照标杆电价进行收购，公司水电与中水能源水电在销售价格上不存在竞争关系。

（4）在售电量核查。水电站在设立及建设伊始，便需要纳入地方发改委的规划，只有符合国家及地区产业政策和地区电力产业布局的电站项目才可获得主管部门的核准。电站所获核准的建设容量，为主管部门根据建设指标、地区电力产业布局和社会需电量等因素综合作出的，具有典型的计划性。依法建设的水电站，在投入运营之前需根据发改委的核准文件等材料与电网公司签订并网协议，根据并网协议，对于水电站的发电量，无论数量多少，电网公司都需按照约定的价格进行接纳。因此，公司水电与中水能源水电在售电量方面亦不存在竞争关系。

4.结论意见

经充分核查公司业务的几个具体方面，不存在其他与公司存在同业竞争而影响公司业务独立性的情形。

（二）实际控制人控制企业与公司存在同业竞争的规范措施及合规解决方案

1.项目概况

文明蒙恬（广州）集团股份有限公司（873431，以下简称公司）初设于2003年5月，主营业务包括三部分：（1）线上分销：公司获得品牌方业务授权，向京东平台分销产品，同时为京东相关店铺提供产品策划、视觉设计、售前咨询与售后管理服务；（2）线上代运营：公司受品牌方委托，为其量身定制线上店铺，提供覆盖品牌基础运营、页面规划设计、产品营销方针、大数据分析、售前客户引导、售中物流配送、售后退货换货等多个环节的供应链管理服务，凭借多年的运营经验，准确锁定潜在消费者，构建精细化经营的线上店铺；(3)线下经销：公司获得品牌方业务授权，向线下经销商买断销售，帮助品牌方寻找更多有能力的二级经销商，拓宽业务条线。

2. 关注焦点

公司实际控制人曾建东实际控制的文明数码目前为"Wacom 和冠"数位板产品代理经销商，并经销及推广 360 相关数码产品，与公司业务构成同业竞争；公司董事所控制的企业蒙恬世纪主要业务包括"闪迪 SanDisk"数码产品的销售；其控制的蒙华数码及亿玩商贸在经营上与公司业务也同样形成竞争。

3. 合规解决方案[①]

(1)停止经营相竞争业务。文明数码停止经营与公司相竞争业务，并修改公司经营范围，删除与公司主营业务存在相同或相似内容的业务表述，切实有效地避免了同业竞争。蒙恬世纪停止销售"闪迪 SanDisk"数码产品；华数码及亿玩商贸同样拟采取停止经营与公司相竞争的业务。

(2)股份公司承接相关业务。公司通过与品牌商、电商平台新签订协议承接文明数码相关业务，将文明数码与公司存在竞争的业务并入挂牌公司。

(3)规范公司制度避免同业竞争。为避免未来发生同业竞争的可能，公司在《公司章程》及其他制度文件中作出了相关规定。《公司章程》第 91 条、第 117 条规定："董事、高级管理人员未经股东大会同意，不得利用职务便利，为自己或他人谋取本应属于公司的商业机会，自营或者为他人经营与公司同类的业务；董事、高级管理人员违反本条规定所得的收入，应当归公司所有；给公司造成损失的，应当承担赔偿责任。"

(4)相关人员作出书面避免同业竞争的承诺。公司控股股东、实际控制人为了避免今后出现同业竞争情形出具了《避免同业竞争

---

① 参见"文明股份"全国中小企业股份转让系统披露的挂牌公告及北京隆安律师事务所上海分所出具的《法律意见书》。

的承诺函》,承诺:"将来不在中国境内外,直接或间接从事或参与任何在商业上对文明股份构成竞争的业务或活动;将不直接或间接开展对文明股份有竞争或可能构成竞争的业务、活动或拥有与文明股份存在同业竞争关系的任何经济实体、机构、经济组织的权益;或以其他形式取得该经济实体、机构、经济组织的权益;或以其他任何形式取得该经济实体、机构、经济组织的控制权;或在该经济实体、机构、经济组织中担任总经理、副总经理、财务负责人、营销负责人及其他高级管理人员或核心技术人员。本人愿意承担因违反上述承诺而给文明股份造成的全部经济损失。"

4. 结论意见

为避免控股股东、实际控制人及其关联方与公司产生同业竞争,公司及其控股股东、实际控制人采取的上述解决措施合法合规,并得到了有效执行。公司控股股东、实际控制人今后仍将严格按照相关制度及自身承诺的要求,避免发生同业竞争情形。因此,公司现有的同业竞争得以消除,不会对新三板挂牌产生障碍。

(三)关联公司停业情况下同业竞争的核查要点及合规解决方案

1. 项目概况

淄博天恒纳米新材料科技股份有限公司(873531,以下简称公司)是由淄博天恒纳米新材料科技股份有限公司整体改制而来的股份公司。公司主营业务为:纳米塑料片材、塑料片材研发、生产、销售;纳米塑料包装制品、塑料包装制品生产、销售等。

2. 关注焦点

公司控股股东、实际控制人控制的另一家企业淄博申康塑料制品有限公司(以下简称申康塑料)经营范围为塑料包装制品的生产、销售;2018年1月至今,该公司营业收入为零,已停止经营。公司挂牌文件申报后,全国股转公司回复要求主办券商及律师核查申康塑料的实际经营情况,并就申康塑料与公司是否构成(潜在)同业竞争以及公司同业竞争规范措施的充分有效性发表明确意见。

3.合规解决方案[1]

(1)核查确认关联公司经营情况、访谈实际控制人。经核查申康塑料纳税申报表报告期内增值税纳税申报表并访谈公司实际控制人,2018年1月至今,申康塑料营业收入为零,已停止经营。

(2)实际控制人出具避免同业竞争承诺函。公司控股股东、实际控制人已出具《避免同业竞争承诺函》,确认控股股东和实际控制人将不在中国境内外直接或间接从事或参与任何在商业上对公司构成竞争的业务及活动,或拥有与公司存在竞争关系的任何经济实体、机构、经济组织的权益,或以其他任何形式取得该经济实体、机构、经济组织的控制权,或在该经济实体、机构、经济组织中担任高级管理人员或核心技术人员。如有违反,本人愿意承担因违反上述承诺而给公司造成的全部经济损失。本承诺持续有效。

(3)关联公司已出具承诺函。申康塑料出具《避免同业竞争承诺函》载明,本公司不可撤销地承诺,未来不会从事与淄博天恒纳米新材料科技股份有限公司相同、相似等相竞争的业务。

4.结论意见

申康塑料2018年1月至今未开展经营,申康塑料与公司不构成(潜在)同业竞争,公司同业竞争规范措施充分有效,对本次新三板挂牌业务不产生影响。

(四)关联公司涉嫌同业竞争的合规解决方案

1.项目概况

灵智自控(广州)股份有限公司(871581,以下简称公司)的经营范围包括:智能化安装工程服务;楼宇设备自控系统工程服务;监控系统工程安装服务;保安监控及防盗报警系统工程服务;智能卡系统工程服务;通信系统工程服务;卫星及公用电视系统工程服务;计算机网络系统工程服务;信息系统集成服务;安全技术防范产品批发。公司主营业务是为客户提供建筑智能化系统集成及相关

---

[1] 参见"天恒新材"全国中小企业股份转让系统披露的挂牌公告及上海陈震华律师事务所出具的《法律意见书》。

维保服务。

公司控股股东、实际控制人许少波曾持有衡阳市灵智通信工程有限公司（以下简称灵智通信）80%的股权，持有湖南灵智自动化系统控制有限公司（以下简称灵智自动化）95%的股权，灵智通信和灵智自动化为其关联方。

2. 关注焦点

灵智通信的经营范围：通信、网络工程线路的设计、施工、维护；通信、广电设备的销售。灵智自动化的经营范围：国内贸易物资供销业（国家专控商品除外）；商品经济信息咨询服务；系统自动化工程、楼宇控制、交通控制工程的设计、调试、维修；自动化、电器产品制造；计算机网络及软件开发、综合布线系统安装。从经营范围上看，上述两家公司与股份公司涉嫌存在同业竞争。

3. 合规解决方案[①]

（1）实际控制人将其灵智通信和灵智自动化股权转让给第三方。为解决该同业竞争问题许少波将其持有灵智通信的80%股权全部转让给雷红兵，并于2016年12月23日完成工商变更登记，目前该公司正在办理注销手续，现已完成税务注销，工商注销正在办理中。许少波将其持有灵智自动化的95%股权全部转让给李美英，并于2015年8月20日完成工商变更登记。

（2）控股股东及实际控制人出具避免同业竞争的承诺。为了避免今后出现同业竞争情形，公司控股股东、实际控制人出具《关于规范和避免同业竞争承诺函》，"（1）截至本承诺函出具日，本公司/本人及本公司/本人所控制的其他企业或组织不存在与灵智自控（广州）股份有限公司及其子公司相竞争的业务。（2）在本公司/本人被法律法规认定为灵智自控的控股股东期间，本公司/本人及本公司/本人控制的其他企业，不会在中国境内或境外，以任何方式直接或间接从事与灵智自控及其子公司相竞争的业务，不会直接或间接对灵智自控及其子公司的竞争企业进行收购或进行有

---

① 参见"灵智自控"全国中小企业股份转让系统披露的挂牌公告及湖南金州律师事务所所出具的《法律意见书》。

重大影响或共同控制的投资,也不会以任何方式为灵智自控及其子公司的竞争企业提供任何业务上的帮助。(3)本公司/本人承诺,如本公司/本人及本公司/本人控制的其他企业从任何第三方获得的任何商业机会与灵智自控及其子公司经营的业务有竞争或可能有竞争,则本公司/本人及本公司/本人控制的其他企业将立即通知灵智自控及其子公司,并将该商业机会让予灵智自控及其子公司。(4)如因本公司/本人及本公司/本人控制的其他企业违反本承诺函而给灵智自控及其子公司造成损失的,本公司/本人同意全额赔偿灵智自控及其子公司因此遭受的所有损失。(5)本承诺函受中国法律管辖,对本人具有约束力"。

(3)进一步核查关联交易,确认是否存在同业竞争。经核查,除已经披露的关联方及关联交易之外,公司不存在应披露而未披露的关联方和关联交易。公司现有的关联方担保具有一定必要性和持续性;关联方借款已在报告期内全部归还,不具有持续性;公司独立经营,不存在对关联方的重大依赖。报告期内,除本公司以及公司实际控制人许少波先生曾经控制的灵智自动化外,公司实际控制人许少波的亲属未持有其他公司的权益。公司与控股股东、实际控制人许少波直接或间接控制的企业不存在同业竞争的关系。

4. 结论意见

经过股权转让,关联方同业竞争的问题已经得到整改,不存在其他尚未披露的关联方,上述事项对本次新三板挂牌没有影响。

第十二节 劳动用工核查常见问题及合规方案

一、劳动用工合法合规的核查要点

1. 公司员工花名册,包括但不限于职员、董监高、董事会秘书、财务负责人和核心技术人员;

2. 董事会秘书、财务负责人任职资格证书；
3. 公司员工的劳动合同、保密协议、竞业禁止合同；
4. 劳务派遣合同、劳务派遣公司的资质证明；
5. 公司劳动制度、请假制度、奖惩制度、保密制度的合规情况；
6. 公司为员工缴纳社保、公积金和工伤保险等缴纳情况；
7. 公司用工形式和相关合同以及合法性。

二、劳动用工合法合规的核查过程和依据

（一）核查过程

1. 查阅公司员工名册、劳动合同、劳务外包合同及劳务派遣合同，了解公司劳动用工的基本情况；
2. 查询公司社会保险及住房公积金缴纳凭证和缴纳人员清单；
3. 通过询问、访谈公司控股股东、实际控制人、人力资源总监，了解公司劳动用工的考勤制度、安全生产制度、奖惩制度的有关人事制度；
4. 到人力资源和社会保障局调取缴纳社保和公积金的有关证明文件；
5. 核查特殊工种员工、使用特种设备员工资质证书和从业资格。

（二）核查依据

1. 公司及其关联公司的企业清单及全套工商档案；
2. 员工名册、劳动合同、劳务外包合同、劳务派遣合同；
3. 公司考勤制度、奖惩制度、保密协议、竞业禁止协议等人事制度；
4. 公积金管理中心、人力资源和社会保障局出具的缴纳社保和公积金的证明；
5. 公司的安全生产制度、培训制度；
6. 员工需要持有的资质证书和具备的从业资格。

三、劳动用工核查的常见问题

1. 公司与部分试用期员工没有签订劳动合同；
2. 公司员工以合作协议、劳务合同代替劳动合同的情况；
3. 公司个别员工保留事业单位编制，仅在公司领取薪金，社保和公积金在其他单位缴纳并领取；
4. 公司存在劳动外包和劳务派遣，且没有依法签订合同；
5. 劳务派遣人员超过法定比例，或者没有对劳务派遣员工实行同工同酬；
6. 公司员工因持有新农合保险等原因，自愿放弃社保和公积金；
7. 公司存在中学在职教师、大学教授，或学生兼职情况，且没有签订任何协议。

四、劳动用工常见问题的合规方案

1. 核查并解释未全员参保和缴纳公积金的原因，并解释其合理性和合规性；
2. 对于劳务派遣人员超过法律规定比例或未实行同工同酬的，应进行整改；
3. 未及时签订合同的，或签订应补签的相关协议，进行规范化管理和整改；
4. 对需要补交的，补交社保和公积金；
5. 公司出具劳动用工合法合规的承诺；
6. 公司进一步完善劳动用工制度，制定符合法律规定的用工制度和劳动合同；
7. 未缴纳社保和公积金员工出具放弃承诺；
8. 主管部门出具《合规证明》。

五、劳动用工合规案例分析

针对公司在劳动用工方面存在的上述问题，如何在实务中进行有准备的核查以发现问题,并予以提供切实可行的解决方案,是挂牌企业也是每一家中介机构关注并应努力完成的工作。下面笔者根据多年的实务经验,以实际案例展示给大家。

(一)公司未全员签订劳动合同、缴纳社保和公积金的法律瑕疵及合规解决方案

1. 项目概况

山东智乐星教育科技股份有限公司(873338,以下简称公司)成立于2016年10月,公司提供的员工名册、劳动合同显示,截至中介机构出具新三板挂牌的法律意见书之日,公司共有员工107人,公司已与99名员工签订了劳动合同,为98名员工缴纳了养老保险、医疗保险、失业保险、工伤保险、生育保险和住房公积金。

2. 关注焦点

未签订劳动合同、未缴纳社保和公积金的原因和具体情况以及对公司合法合规和新三板挂牌的影响。

3. 合规解决方案①

(1)合理性解释。8名未签订劳动合同的员工中其中1名为退休返聘人员,未签订劳动合同,另外7名为新入职员工,其劳动合同相关事宜正在办理中。报告期内未缴纳社会保险和住房公积金的原因为:1名退休返聘人员不需要办理社会保险和住房公积金;7名新入职员工,公司正在为其办理社保和住房公积金;1名员工已参加农村集体社保,自愿放弃公司为其缴纳社保。

(2)主管部门开具合规《证明》。根据济南市人力资源和社会保障局2019年4月1日出具的《证明》,公司遵守国家和地方劳动及社会保障管理法律法规。截至证明出具之日,公司不存在因违反劳动及社会保障法律、法规受到行政处罚或正在立案调查的情形。

4. 结论意见

公司未与全员签订劳动合同和缴纳社保均有现实原因,且其主

---

① 参见"智乐星"全国中小企业股份转让系统披露的挂牌公告及北京德恒律师事务所出具的《法律意见书》。

管部门已经出具合规证明,不会对本次新三板挂牌产生障碍。

(二)员工保留事业编制不缴纳社保和公积金的法律瑕疵及合规解决方案

1.项目概况

浙江嘉广信息科技股份有限公司(873429,以下简称公司)成立于1994年5月,其前身为嘉兴市有线电视服务公司。公司提供的员工名册、劳动合同等资料显示,公司员工总人数为22人,均已签署《劳动合同》,其中除在他处缴纳社保公积金而自愿放弃由公司为其缴纳社保公积金2人,公司为其余20名员工均已缴纳社保和公积金。

2.关注焦点

公司有1名员工仍在嘉兴市广播电视集团保留事业单位人员编制,上述人员在公司领取薪酬,其社会保险费用、住房公积金费用由公司支付给嘉兴市广播电视集团,由嘉兴市广播电视集团代为缴纳。

3.合规解决方案[①]

(1)嘉兴市广播电视集团出具确认函。就上述事宜,嘉兴市广播电视集团出具《关于浙江嘉广信息科技股份有限公司相关人员保留事业编制的确认函》:"为稳妥推进事业单位分类改革,在相关分类改革实施细则尚未正式出具之前,本集团有关事业单位编制人员在离开本集团至下属公司浙江嘉广信息科技股份有限公司工作后仍保留事业单位编制,由浙江嘉广信息科技股份有限公司对上述保留事业编制进行全面管理,包括签署劳动合同、发放薪酬福利、岗位分配、工作安排等。本集团不会超越权利干预浙江嘉广信息科技股份有限公司对该等人员的管理。待有关事业单位分类改革完成后,本集团将按照有关要求积极推进解决上述人员事业单位编制事项。"

(2)主管部门出具合规证明。2019年8月8日,嘉兴市南湖区人力资源和社会保障局出具《证明》,确认自2017年1月1日至今,公司暂未发现存在严重违反国家劳动保障法律法规行为,未因违反

---

① 参见"嘉广科技"全国中小企业股份转让系统披露的挂牌公告及北京盈科(杭州)律师事务所出具的《法律意见书》。

劳动和社会保障有关法律法规而受到行政处罚。2019年8月12日，嘉兴市住房公积金管理中心出具《证明》：经核查公司已建立公积金制度，截至目前正常缴存人数18人，未受到我中心行政处罚。

（3）实际控制人出具兜底承诺函。就为公司员工缴纳社保及住房公积金的有关事项出具《承诺函》："若本公司因为员工缴纳的各项社会保险及住房公积金不符合规定而承担任何滞纳金、罚款或损失，本公司控股股东及实际控制人均承诺承担相关连带责任，为本公司补缴各项社会保险及住房公积金，承担任何滞纳金、罚款等一切可能给本公司造成的损失。特此承诺。"

4. 结论意见

鉴于挂牌公司为嘉兴市广播电视集团下属单位，且截至本法律意见书出具之日，挂牌公司能够遵守劳动用工方面的法律法规，本事项不构成本次挂牌的重大法律障碍。

（三）劳务分包和劳务派遣的法律瑕疵及合规解决方案

1. 项目概况

东莞市金瑞五金股份有限公司（871338，以下简称公司）成立于2005年6月28日，主营业务为从事铜管件、钢管镀铜件、冲压件、储液器等产品的研发、生产以及销售。截至2017年1月31日，公司员工人413人，劳务派遣员工8人。公司与员工、退休返聘人员签订了劳动合同和劳务合同，与劳务派遣公司签订了劳务派遣协议，并按时支付员工工资和劳务派遣费用。

2. 关注焦点

公司存在劳务派遣的具体情况，应关注核查劳务派遣工资是否具有劳务派遣资质，公司派遣员工占公司员工的比例是否合法；是否存在劳务外包；公司劳动用工是否合法合规。

3. 合规解决方案[①]

（1）劳务派遣资质及派遣合同核查。经对劳务派遣公司进行背

---

① 参见"金瑞股份"全国中小企业股份转让系统披露的挂牌公告及广东华商律师事务所出具的《法律意见书》。

景调查，核查其资质情况，派遣公司具备劳动派遣资质。根据公司提供的资料，截至 2017 年 1 月 31 日，公司员工 413 人，劳务派遣员工 8 人，劳务派遣员工占员工总数的 1.94%，公司就劳务派遣与劳务派遣公司签订了相关的劳务派遣协议。另，公司与员工、退休返聘人员签订了劳动合同和劳务合同。

（2）合规性解释。《劳务派遣暂行管理规定》规定，用工单位使用的被派遣劳动者数量不得超过其用工总量的 10%。公司部分保安工作外包给广东中保维安保安服务有限公司，双方依法签订保安服务合同；上述劳动用工形式均按时支付员工工资、劳务派遣费用和外包费用，合法合规。

（3）实际控制人承诺。公司存在未为部分员工缴纳社会保险、住房公积金及未按员工实际工资标准缴纳社会保险、住房公积金的情形，存在被主管部门处罚的风险。为此，公司控股股东、实际控制人陈金龙及刘海慧出具书面承诺，应有关部门要求或根据其决定，公司需要为其员工补缴社保或住房公积金，或者公司因未为员工缴纳社保和住房公积金而受到任何罚款或其他损失，本人愿意在无须公司支付任何对价的情况下承担所有相关金钱赔付义务和责任。

4. 结论意见

公司存在劳务派遣和劳务分包的情形，均合法合规。公司的社会保险及住房公积金缴纳不规范，存在被主管部门处罚的风险，但该等风险已由公司控股股东、实际控制人陈金龙及刘海慧出具书面承诺予以承担。因此，公司在劳动用工方面不存在重大法律风险。

（四）高中专职教师兼职的合规性解决方案

1. 项目概况

河南天一文化传播股份有限公司（872706，以下简称公司）成立于 2003 年 5 月 28 日，主要经营范围为国内版出版物批发零售、专项排版、制版等。公司的高中教辅类产品由一支专业化团队负责编制，团队人员由高中专职教师和公司的编辑人员构成。

2. 关注焦点

高中专职教师在公司兼职教辅编辑的必要性及合法合规性。

3. 合规解决方案 ①

（1）兼职的必要性。经核查委托编写合同、员工花名册、《劳动合同》并访谈公司编辑部相关负责人，以及查阅相关法律法规。公司高中教辅类产品在自有编辑人员策划、编辑图书内容的基础上，采用了向外部作者以约稿的方式采购其编辑内容，外部作者主要为具有多年教学经验的高中一线任职的老师，以及具有多年高考命题研究经验的专家。该部分人员有着丰富的教育教学经验，并熟悉高中类考试的政策及考试动向。

（2）兼职的合法合规性。公司与外部作者是合作关系，合同约定清晰，不存在应当建立劳动关系而未建立的情形，不存在教师在天一文化公司兼职的情形。《严禁中小学校和在职中小学教师有偿补课的规定》（教师〔2015〕5号）明确禁止在职中小学教师有偿补课。根据《关于实行以增加知识价值为导向分配政策的若干意见》（厅字〔2016〕35号），意见明确"本意见适用于国家设立的科研机构、高校和国有独资企业（公司）。其他单位对知识型、技术型、创新型劳动者可参照本意见精神，结合各自实际，制定具体收入分配办法"，意见允许科研人员和高校教师兼职，其他单位参照执行。公司高中教辅类产品部分内容向外部作者约稿，中小学教师作为外部作者在完成本职工作之余创作的作品属于受《中华人民共和国著作权法》保护的智力劳成果，不同于《严禁中小学校和在职中小学教师有偿补课的规定》有偿补课行为；且中小学教师属于知识型、技术型、创新型劳动者，中小学校应该属于《关于实行以增加知识价值为导向分配政策的若干意见》中"其他单位"的范畴，可参照适用该意见。

4. 结论意见

公司委托外部作者编写图书是正常的业务合作行为，不存在违反《严禁中小学校和在职中小学教师有偿补课的规定》等相关法律法规的情形，符合《中华人民共和国著作权法》《关于实行以增加知识价值为导向分配政策的若干意见》等法律法规的要求。

---

① 参见"天一文化"全国中小企业股份转让系统披露的挂牌公告及河南尤扬律师事务所出具的《法律意见书》。

第十三节　环境保护、行业准入、产品质量及技术标准核查常见问题及合规方案

企业在生产经营过程中追求利润的同时，坚守行业准入标准，保持产品质量可靠，并注意加强环境保护，不仅是一个企业的生存之道，也是一个公众公司应承担的社会责任。因此，环保问题、行业准入、产品质量和技术标准历来是新三板挂牌项目必须核查的重要问题之一。

一、环境保护、行业准入、产品质量和技术标准合法合规的核查要点

1. 根据公司所处的行业核查有关行业准入许可；
2. 根据公司业务模式和上下游客户，确认公司是否具备从事相关业务的资质、资质的齐备性、是否合法合规；
3. 核查环评备案表、报告书、批复、排污许可证等环评文件；
4. 根据主管部门的环评目录和公司的环评文件，核查公司环评具备验收文件，是否合法合规，公司的生产工艺是否全部包括在环评文件中，环评文件未包括所有生产工艺的，应进一步核查新增工艺的评估报告或其他环评文件；
5. 核查公司产能，公司超产能的，应核查公司有无对超产能部分补充环评手续；
6. 根据公司所处行业、产品类型和特点，核查公司质量认证证书，确认产品质量是否符合行业特别规范；
7. 根据公司所处行业，核查公司是否属于重大防火单位以及相应防范管理制度；
8. 核查公司是否存在特种设备，如有，应审核特种设备安全运

营情况和运营人员资质；

9. 核查公司原材料是否存在危险化学品、危险废弃物等，如有，应进一步核查保管措施及相应配套制度、运输等情况，若公司委托其他单位运输的，应核查运输单位资质和运输合同；公司委托其他单位运输危险废弃物的，应核查公司是否与运输单位签订合同、运输单位资质、转运联单等；

10. 对于有瑕疵的问题，应核查其形成的原因，以及该瑕疵问题是否对公司业务、利润或公司的持续经营产生影响。

二、环境保护、行业准入、产品质量和技术标准合法合规的核查过程及依据

（一）核查过程

1. 通过查阅管理制度，查阅建设项目环境影响评价相关文件及验收批复文件，访谈公司管理人员，走访生产现场，了解公司生产经营活动是否符合环境保护的要求，是否受过环境保护部门的处罚；

2. 通过查阅管理制度，访谈公司管理人员，走访生产现场，了解公司生产经营活动，查阅公司质量体系认证证书，访谈相关管理人员，了解公司产品和技术标准符合行业要求，是否受过质量监督部门的处罚；

3. 取得公司未受环境保护部门、质量监督管理部门处罚的声明；

4. 核查企业固定资产名录，筛选出特种设备，进一步核查企业使用特种设备的人员资质；

5. 通过核查企业原材料，发现是否存在危险化学品、危险废弃物；

6. 通过核查企业制度、危险化学品和危险废弃物保管制度和运输情况，了解企业在环境保护和产品质量的合规性。

（二）核查依据

1. 控股股东、实际控制人、安全生产负责人等访谈记录；
2. 特种设备名录、使用特种设备人员的资质；
3. 危险化学品、危险废弃物清单、保管制度、运输合同、运输

单位资质、转运联单等；

4. 环评报告表、报告书、备案表，环评验收、环境评估报告等；

5. 公司排污许可证，建设项目环境影响评价相关文件及验收批复文件；

6. 公司出具生产工艺、生产流程等介绍和有关说明；

7. 公司质量体系认证证书及相关资质证书，质量技术监督局出具的合法合规证明；

8. 环境保护部门出具的公司未受环保部门处罚的声明。

三、环境保护、行业准入、产品质量和技术标准核查的常见问题

1. 公司的污水处理项目未取得排污许可证，或已经取得的排污许可证的有效期限已经届满；

2. 公司未取得环境影响评价备案，即开始动工生产，或公司的环境影响评价正在办理中，尚未取得合法有效批复；

3. 公司收购项目完成后，因公司更名致使有关资质、环评和质量监督文件尚未完成主体名称变更；

4. 公司的产品质量及技术标准已经届满有效期限；

5. 公司的环评文件未涵盖所有生产工艺，或者公司在环评文件作出后又增加了生产工艺；

6. 公司的实际生产产能超环评产能；

7. 公司特种设备管理存在安全隐患，特种设备运营人员未取得相关资质；

8. 公司未与危险化学品、危险废弃物运输签订运输合同，运输单位未取得运输资质或资质已经过有效期。

四、环境保护、行业准入、产品质量和技术标准常见问题的合规方案

1. 对未启动办理或未办理完毕事项的原因和背景进行解释，并

对办理的有关情况开展尽职调查,由公司出具未来一定时间内可以成功办理的证明;

2. 告知公司需要办理的备案事项和办理部门,请公司在限定时间内完成备案;

3. 视不同情况,请企业聘请第三方作出环境检测的检测报告;

4. 请公司的主管部门、项目所在地的主管单位出具项目合法合规的证明说明;

5. 请公司出具可以在限定时间内完成审批办理或项目备案的承诺,并说明具体的办理措施、办理人员和进度计划;

6. 控股股东及实际控制人共同作出有关事项可以如期办理完毕的承诺,以及在项目遭受行政处罚时可以承担责任的承诺。

五、环境保护、行业准入、产品质量和技术标准合规案例分析

针对公司在环境保护和行业资质等方面存在的上述问题,如何在实务中进行有准备的核查以发现问题,并予以提供切实可行的解决方案,是挂牌企业也是每一家中介机构关注并应努力完成的工作。下面笔者根据多年的实务经验,以实际案例展示给大家。

(一)核电站运营和辐射防护技术支持服务的环境评价核查标准及合规解决方案

1. 项目概况

中核凯利深圳核能服务股份有限公司(873366,以下简称公司)成立于2014年11月21日,注册资本为1000万元,由凯利集团出资1000万元设立。公司一般经营项目包括:文秘业务;文档管理;计算机系统的技术开发与服务;许可经营项目包括:核电厂维修、辅助系统运行维护;核电通用技术服务(含反应堆厂房内的清洁、放射性去污、屏蔽搭制、气源服务、生物屏蔽门操作、机加工服务、冷热更衣间管理及核电厂的辐射防护管理、职业安全健康管理、放射性废物处理、化学工程与水化学系统的维护、介质更换);

管阀安装调试维护及检修；潜水泵维护；性能试验专项服务；机电设备安装及维修；核电机械、电仪、电动类维修专业培训；工业用途工器具库房与设施（备）管理；仪器仪表、核电非标产品的生产及售后服务；消防工程施工及维护保养服务；特种作业服务；劳务派遣；普通货运。

2.关注焦点

根据公司所处行业分类，重点关注公司是否属于重污染企业，是否取得相关的排污许可证和环境评价文件。

3.合规解决方案[①]

（1）公司不属于重污染企业。公司主要从事围绕核电站生产运作提供核电通用技术支持服务。根据《国民经济行业分类》（GB/T 4754—2017），公司所处行业为"L租赁和商务服务业"中的"L72商务服务业"；根据中国证监会发布的《上市公司行业分类指引》（2012年修订），公司属于大类"L租赁和商务服务业"之子类"L72商务服务业"。根据全国股份转让系统公司《挂牌公司管理型行业分类指引》，公司属于"L租赁和商务服务业"之子类"7299其他未列明商务服务业"，不属于国家环境保护总局《关于对申请上市的企业和申请再融资的上市企业进行环境保护核查的通知》（环发〔2003〕101号）和国家环境保护总局办公厅《关于进一步规范重污染行业生产经营公司申请上市或再融资环境保护核查工作的通知》〔环办（2007）105号〕规定的重污染行业。

（2）公司不需要排污许可。就公司目前业务而言，其经营过程中不产生污染物排放，无排放工业废气、废水及固体废弃物的行为。公司不属于《广东省排污许可证管理办法》规定的应当取得许可证适用范围，不需要取得排污许可。

（3）公司已经取得环境管理体系认证。2015年8月25日，深圳市南方认证有限公司向公司颁发《环境管理体系认证证书》（证书编号：061-18-E1-0053-R1-L），证明公司的环境管理体系符合

[①] 参见"凯利核服"全国中小企业股份转让系统披露的挂牌公告及北京金诚同达（深圳）律师事务所出具的《法律意见书》。

标准 GB/T 19001-2016idt ISO 14001：2015，证书有效期至 2021 年 8 月 25 日。

（4）环保违法及行政处罚。根据《审计报告》及公司说明并经中介机构核查，截至公司挂牌上市的法律意见书出具之日，公司报告期内的经营活动符合国家有关环境保护的要求，不存在因违反环境保护方面的法律、法规和规范性文件受到行政处罚的情形。

4.结论意见

公司不属于重污染行业，不需要取得排污许可，且公司已经取得环境管理体系认证，公司核电站运营和辐射防护技术支持服务不会对新三板挂牌产生不利影响。

（二）公司厂区未经环评验收且厂房未取得产权证的瑕疵问题及合规解决方案

1.项目概况

山东明兴金属科技股份有限公司（873395，以下简称明兴科技或公司）的前身系山东明兴金属科技有限公司（以下简称明兴金属）于 1995 年 10 月 9 日在新泰市工商行政管理局依法注册成立。公司目前的资产主要系承接明兴金属的资产，明兴金属的资产已经全部转移至公司，目前正在办理权属名称变更手续。公司目前合法拥有业务和生产经营所必需的办公厂房、生产设备、办公家具等主要财产，该等资产的权属完整、产权清晰，公司对所有资产拥有完全的控制和支配权。

2.关注焦点

公司于 2019 年从旧厂区搬迁至新厂区，新厂区厂房已交付使用，但环评验收尚未完成，尚未办理产权证书。需要重点关注并补充说明、披露公司新厂区厂房环评验收及产权证书等相关手续办理的最新情况，新厂房建设过程是否存在未履行报建手续等违法违规情形以及相应的规范措施，并对相关手续是否存在办理障碍、有关违法违规事项是否构成重大违法行为，以及相应的法律风险和后果、是否构成挂牌障碍发表明确意见。

3. 合规解决方案 [①]

（1）深入尽职调查。经中介机构进一步核查，获取了土地权属证书、项目的建设用地规划许可证、建设工程规划许可证、建设工程竣工验收消防备案情况登记表等文件。

（2）督促公司完成整改。2018年5月2日新泰市综合行政执法局出具新执行处字（2018）第21029号行政处罚决定书，因未办理招投标、施工许可证手续擅自开工建设对明兴科技作出了罚款10000元的行政处罚并要求整改后补办相关建设手续，目前公司已经完成整改，施工许可证已经办理。

（3）综合行政执法局出具证明。2019年6月18日，新泰市综合行政执法局出具《无违规证明》，明兴科技能够严格遵守城市建设管理及不动产登记方面的有关法律、法规和部门规章，不存在因违反土地管理方面及不动产登记管理方面的法律、法规及规章而被严重处罚的情形，无重大违法违规行为。

（4）生态环境局批复。泰安市生态环境局新泰分局于2019年9月29日出具了《关于山东明兴金属科技股份有限公司增资扩规（一期）建设项目固体废物部分竣工环境保护验收的批复》，验收结论部分明确载明：山东明兴金属科技股份有限公司增资扩规（一期）建设项目执行了建设项目环境影响评价制度和"三同时"制度，落实了环评报告表及批复中对固体废物的环保要求，环境管理制度较完善，验收资料相对齐全，该项目基本符合《建设项目竣工环境保护验收暂行办法》的有关规定，同意该项目固体废物部分通过环保验收。

4. 结论意见

公司的项目已经通过了环评验收，公司在项目建设中存在因未办理招投标、施工许可证手续擅自开工建设而受到行政处罚的情形，但公司已经后期进行了整改并办理了施工许可证，主管部门亦出具了《无违规证明》，该行为不属于重大违法违规行为，对于后

[①] 参见"明兴科技"全国中小企业股份转让系统披露的挂牌公告及山东众城清泰（济南）律师事务所出具的《法律意见书》。

期相关手续的办理不存在实质性的障碍。

(三)医药企业的质量管理体系核查范围及合规解决方案

1. 项目概况

河南尚华堂药业股份有限公司(873439,以下简称公司)是一家从事中药饮品研发生产的企业,其主营业务范围为中药饮片、毒性饮片、直接口服饮片的生产及销售;中药精制饮片生产及销售;中药饮片技术研究;农副产品收购;中药材销售(国家禁止或限制的除外)。根据公司的说明和《审计报告》,尚华堂实际经营的主营业务是中药饮片的研发、生产和销售。

2. 关注焦点

作为一家以中药饮片的研发、生产和销售的企业,在新三板挂牌业务上,中介机构应关注其业务合法合规性,特别是公司的质量管理体系及实施情况,核查公司是否建立并严格履行覆盖药品采购、储存、销售、运输等全过程管理的质量管理体系,公司质量管理体系的建设及执行情况是否符合相关法律法规的规定、报告期内公司是否因产品质量问题遭受行政处罚或民事索赔,并发表明确意见。

3. 合规解决方案[①]

(1)合规依据。根据公司的说明及中介机构核查,公司产品执行的质量标准依据为《中华人民共和国药典》(2015年版),对于国家药品标准没有规定的,则按照省、自治区、直辖市人民政府药品监督管理部门制定的相关规范,并在生产过程中遵守GMP的相关规定。

(2)公司建立全过程管理质量体系。公司已经按照《中华人民共和国药典》的产品标准及GMP药品生产质量管理规范的规定,建立了覆盖药品采购、储存、销售、运输等全过程管理的质量管理体系,确保从"原材料入厂—生产—产品出厂—市场产品"质量信息反馈的质量关,保证药品质量。原材料入厂后,公司质监员对入厂

---

① 参见"尚华堂"全国中小企业股份转让系统披露的挂牌公告及北京康达律师事务所出具的《法律意见书》。

的原材料产地、供应商等信息进行核查，核查无误后，对原材料进行混合，做到原材料的质量均一；公司质监员对原材料在库、生产全过程、产品在库等全程质量监督检查，发现问题，及时制止、反映；产品生产结束，质监员取样、送样、检验，检验标准严格按照《中华人民共和国药典》《河南省中药饮片炮制规范》的全部检验目录进行检验，检验合格后质监员对生产全过程的批次生产记录、产品检验记录等相关资料进行审核，审核合格后报送质量授权人审批，审批合格后质量授权人签发产品放行许可证，成品库接到产品放行许可证后方可出库销售。另外，公司按照中药材储存要求建立了中药材储存库，保障中药材正常储存。

（3）公司制度建设。公司对中药材的储存制定了相关的规章制度，如《物料储存养护管理规程》《物料定置管理规程》《仓储状态标志管理规程》《库房养护设施管理规程》《仓库清洁卫生及清场管理规程》《仓库安全管理规程》《物料接受管理规程》《物料采购管理规程》等，在中药材储存期间严格按照中药材储存管理相关规章制度进行管理。公司质量管理体系的建设及执行情况符合相关法律法规的规定。

（4）主管部门证明。报告期内公司曾经受到洛阳食品药品监督管理局（现为洛阳市场监督管理局）7次行政处罚，但均不构成重大违法违规行为，根据洛阳食品药品监督管理局（现为洛阳市场监督管理局）出具的证明，公司已经进行了有效整改，并缴纳了罚款。报告期内公司未曾因产品质量问题遭受民事索赔。

4. 结论意见

公司质量管理体系符合股权公司要求，未曾因产品质量问题遭受民事索赔，不会对新三板挂牌产生影响。

（四）公司及子公司消防审查要点及合规解决方案

1. 项目概况

昧氏（广东）生物科技股份有限公司（872961，以下简称公司）成立于2005年9月，经营范围包括：生物技术的研究和开发、技术咨询、技术服务、技术转让；饲料、饲料添加剂生产及销售；货物及技术进出口。公司已经取得中华人民共和国海关报关单位注册登记证书，饲料添加剂生产许可证，出口饲料生产、加工、存放企业检验检疫注册登记证等生产经营所必需的资质。

2. 关注焦点

鉴于公司经营业务范围包含生物技术的研究和开发、出口饲料生产加工，应对公司及子公司消防进行重点核查，并对其是否合法合规发表意见。

3. 合规解决方案[①]

（1）公司已经通过消防验收。2004年1月17日，中山市公安消防支队第二大队出具了《建筑工程消防验收意见书》[编号：中公消（建）验〔2004〕433号]，公司租赁的中山市民众镇三墩村的房屋消防验收合格，并同意投入使用。

根据《中华人民共和国消防法》(2008年) 第11条规定："国务院公安部门规定的大型的人员密集场所和其他特殊建设工程，建设单位应当将消防设计文件报送公安机关消防机构审核。公安机关消防机构依法对审核的结果负责。"第13条规定："按照国家工程建设消防技术标准需要进行消防设计的建设工程竣工，依照下列规定进行消防验收、备案：（一）本法第十一条规定的建设工程，建设单位应当向公安机关消防机构申请消防验收；（二）其他建设工程，建设单位在验收后应当报公安机关消防机构备案，公安机关消防机构应当进行抽查……"

（2）消防部门出具证明。2018年6月5日，中山市公安消防局出具证明，公司自2016年1月1日至2018年5月31日期间，未因违反消防法律、法规受到相关行政处罚。

（3）公司经营场所的消防监督检查。根据《中华人民共和国消防法》(2008年) 第15条的规定，公众聚集场所在投入使用、营业前，建设单位或者使用单位应当向场所所在地的县级以上地方人民政府公安机关消防机构申请消防安全检查。此处的公众聚集场所

---

① 参见"味氏生物"全国中小企业股份转让系统披露的挂牌公告及广东信达律师事务所出具的《法律意见书》。

是指宾馆、饭店、商场、客运车站候车室、民用机场航站楼、体育场馆，以及公共娱乐场所等。经核查，公司不属于上述公众聚集场所，无须在投入使用前申请消防安全检查，亦不属于需进行日常消防监督检查的范围。

（4）子公司、分公司的消防情况。根据公司的说明，公司子公司武汉清水石、分公司广州分公司租赁房产未取得消防备案证明，因武汉清水石、广州分公司目前未开展具体经营业务，亦无生产办公人员，租赁的房产未取得消防验收情形不会对公司的正常生产经营造成重大不利影响。

4.结论意见

公司已按照相关法律法规取得了消防验收，无须进行消防备案、消防安全检查及日常消防监督检查；公司子公司、分公司未取得消防验收情形不会对公司的正常生产经营造成重大不利影响。

（五）台商合资公司挂牌新三板重点核查要点及合规解决方案

1.项目概况

福建省中延菌菇业股份有限公司（873390，以下简称公司）系中国台湾人士和大陆企业开立的合资股份公司，于2019年11月成功在新三板挂牌。公司股东陈姗瑜系台湾自然人，持有公司67.25%的股份，公司股东中延天绿系在中国依法设立的有限责任公司为员工持股平台，持有公司32.75%的股份，其股东均系台湾人士。

2.关注焦点

公司系台湾人士与大陆股东开办的合资股份公司，应关注并说明公司申请挂牌不需取得台资部门的审批意见的依据及尽调程序。

3.合规解决方案[①]

（1）公司挂牌符合监管部门规定的条件。根据规定，境内符合条件的股份公司均可通过主办券商申请在全国股份转让系统挂牌，

---

① 参见"中延菌业"全国中小企业股份转让系统披露的挂牌公告及北京时代九和律师事务所出具的《法律意见书》。

不受股东所有制性质的限制，不限于高新技术企业。对于挂牌条件中的"依法设立且存续满两年"，《标准指引》规定，外商投资企业须提供商务主管部门出具的设立批复或备案文件。

（2）公司在商务部门依法备案。2018年10月26日，华安县商务局向公司下发了《外商投资企业变更备案回执》，公司已就其股份制改造取得商务主管部门出具的设立备案文件，此后，公司未再发生其他股权变动。因此，公司符合前述规范性文件相关条款规定的挂牌条件。

（3）相关法律未要求公司挂牌需要取得台资部门许可。《台湾同胞投资保护法》、《台湾同胞投资保护法实施细则》、《关于设立外商投资股份有限公司若干问题的暂行规定》（对外贸易经济合作部令〔1995〕第1号）、《外商投资企业设立及变更备案管理暂行办法》等相关法律、法规和规范性文件均未要求台湾居民与大陆企业合资的公司申请在全国中小企业股份转让系统挂牌应取得台资部门的行政许可。

（4）福建当地出台了鼓励台资企业挂牌的政策。福建省人民政府《关于进一步促进台资企业发展的若干意见》（闽政〔2012〕7号）规定："支持我省台资企业在境内外上市和再融资，引导和支持我省台资企业对接金融市场，通过发行短期融资券、中期票据、中小企业集合票据、企业债券、公司债券、可转换公司债券等募集资金。"

（5）获得企业住所地台办的确认。经电话咨询漳州台办经济科，其工作人员说明，其支持辖区内台商投资企业申请在全国中小企业股份转让系统挂牌，公司本次挂牌不需要取得其任何行政许可。

4. 结论意见

法律法规和规范性文件均未要求台湾居民与大陆企业合资的公司申请在全国中小企业股份转让系统挂牌应取得台资部门的行政许可，公司申请挂牌不需取得台资部门的审批意见。

第十四节　诉讼、仲裁及行政处罚核查常见问题及合规方案

挂牌公司报告期内及期后涉及未决或未执行完毕重大诉讼或仲裁事项的，应当披露案件审理进度和基本案情，诉讼或仲裁请求，涉案金额、判决、裁决结果及执行情况，可能承担的责任或损失，诉讼或仲裁事项对公司经营、股权结构、财务状况、未来发展等可能产生的影响及公司采取的应对措施等。

申请挂牌公司涉及多次诉讼或仲裁事项的，应当按照上述要求以列表方式予以披露，并汇总披露累计涉案金额、执行结果；诉讼或仲裁事项可能对申请挂牌公司产生重大影响的，应当提示相关风险。

根据《全国中小企业股份转让系统股票挂牌审查业务规则适用指引第1号》的相关规定，重大诉讼及仲裁的认定标准如下：

申请挂牌公司涉及的诉讼或仲裁事项符合以下情形之一的，应当视为重大诉讼或仲裁事项：

（1）单次或多次诉讼、仲裁涉及金额累计达到200万元以上或达到公司最近一期经审计净资产10%以上；

（2）涉及主要产品以及核心商标、专利、技术、土地、房产、设备、资质等关键资源要素的诉讼或仲裁；

（3）股东大会、董事会决议被申请撤销或者宣告无效的诉讼或仲裁；

（4）可能导致公司实际控制人变更的诉讼或仲裁；

（5）其他可能导致公司不符合挂牌条件的诉讼或仲裁。

对于上述重大诉讼及仲裁，主办券商、申报会计师及律师应当核查相关诉讼或仲裁事项的具体情况，并分析评估公司可能承担的

责任或损失、对公司经营的具体影响、公司内控或合规管理是否健全、是否构成挂牌障碍以及公司应对措施的有效性。现就重大诉讼和仲裁的核查要点、核查过程进行具体论述。

一、诉讼、仲裁及行政处罚合法合规的核查要点

1. 报告期内公司已经结案但未履行完毕的重大诉讼、仲裁或行政处罚，分析其履行后果可能对公司运营带来的影响；
2. 公司现有诉讼、仲裁，特别是重大诉讼、仲裁，分析诉讼或裁决的结果以及公司可能承担的责任或损失，以及对公司产生的影响；
3. 公司现有的行政处罚，特别是处罚金额较大的重大行政处罚，包括但不限于来自工商、税务、房管、消防、土地等部门的行政处罚，分析其对公司业务的影响，是否可能涉嫌犯罪等；
4. 公司以及法定代表人被列入失信名单的记录、被限制消费或被限制出境的记录，分析对公司可能产生的消极影响；
5. 公司注册地址和实际经营地址不一致，可能产生行政处罚，甚至构成重大违法行为；
6. 就公司出现的重大诉讼及仲裁情况，核查公司内控制度是否健全。

二、诉讼、仲裁及行政处罚合法合规的核查过程和依据

（一）核查过程

1. 通过访谈公司控股股东、实际控制人和总经理，核查公司是否存在重大诉讼、仲裁及未决诉讼、仲裁情况，及公司是否存在违约或诉讼、仲裁费用的支出；
2. 通过走访公司住所地的法院和仲裁机构，调查公司是否存在重大诉讼、仲裁和其他重大行政处罚事项，分析对公司的重大影响；

3. 取得管理层对公司重大诉讼、仲裁及未决诉讼、仲裁事项情况及其影响的书面声明；

4. 通过查询企业信用信息网、裁判文书网、失信被执行人等网站了解企业及其控股股东和实际控制人的诉讼、仲裁和行政处罚情况。

（二）核查依据

1. 中国法院网、中国裁判文书网、失信被执行人信息网等相关网站；

2. 启信宝、企查查、天眼查等手机客户端；

3. 管理层对重大诉讼、仲裁及未决诉讼、仲裁事项情况及其影响的书面声明；

4. 报告期内公司诉讼、仲裁等法律性文件；

5. 相关部门出具的证明性文件；

6. 公司关于合法合规的说明性文件。

三、诉讼、仲裁及行政处罚核查常见问题

1. 公司及其子公司在报告期内存在已经结案的重大诉讼、仲裁，且已经履行完毕；

2. 公司在报告内存在未结重大诉讼、仲裁，但公司为原告方或申请人，不会因此承担责任；

3. 公司及其子公司在报告期内及期后存在小额诉讼及仲裁；

4. 公司及其子公司在报告期内及期后存在重大诉讼及仲裁，且公司为被告方或被申请人可能承担不利后果，可能会对公司业务产生一定的影响；

5. 公司及其子公司存在执行案件，公司作为被执行人尚未履行生效判决，且被列入失信名单；

6. 公司及其子公司在报告期内遭受行政处罚，公司已经缴纳了有关罚款或滞纳金；

7. 公司及其子公司存在尚未履行的行政处罚。

四、诉讼、仲裁及行政处罚常见问题合规方案

1. 分析诉讼或仲裁结果,初步判断可能不会作出对公司不利的判决、裁定,不会对公司产生不利影响;

2. 分析诉讼或仲裁结果,即使产生不利影响,公司因此产生的支出在营业收入中占比很小,公司具有支付能力;

3. 说明诉讼或仲裁已经履行完毕,不会产生不利影响;

4. 对于争议金额较小的诉讼及仲裁,论证不属于重大诉讼仲裁,不会对公司的生产经营产生影响;

5. 对于公司及其子公司作为被执行人的案件,要求公司履行还款义务,并终结案件执行;

6. 对于公司及其子公司被列入失信被执行人的案件,核查案件具体情况,要求公司履行生效法律文书确认的义务,并申请将公司从失信公司名单中移除;

7. 公司的控制股东、实际控制人出具承诺,表明在公司需要承担不利后果的情况下,由其承担赔偿责任;

8. 对于行政处罚,要求公司尽快履行缴纳罚款及滞纳金的义务,论证该行政处罚不构成重大行政处罚,缴纳罚款等不会影响公司的生产经营;

9. 到有关主管部门走访,开具合规证明;对于出具过行政处罚的主管部门,了解处罚原因,确认不构成重大行政处罚;

10. 对公司实际控制人进行访谈,要求其出具保证合规运营的承诺。

五、诉讼、仲裁及行政处罚合规案例分析

针对上述问题,在企业挂牌项目中,如何进行科学合理的解释,对相关诉讼仲裁或行政处罚问题给企业的影响做出合理的判断,是中介机构面临的重要问题。下面笔者根据自己的实务经验及有关案例,对上述问题提供相关解决方案。

（一）公司存在涉诉未决案件且账户被冻结的法律瑕疵及其合规解决方案

1. 项目概况

北京摩云阁精密齿条股份有限公司（873218）成立于2020年12月21日，前身为北京摩云阁精密齿条有限公司（以下简称摩云阁或公司）。2014年公司与天津市志亮金属锻造有限公司（以下简称天津志亮）建立业务关系，合作良好。2014年9月27日签订《委托加工协议》，合同期四年，即至2018年9月26日，协议约定：由原告按照被告对原材料、规格等要求进行加工齿条毛坯产品，加工完成并经被告验收后送往被告指定交货地点，被告在一个月内向原告支付加工费，截至2018年8月31日，被告仍欠原告954504.11元加工费未付。因此，天津志亮诉讼至法院。

2. 关注焦点

根据公司提供的《民事起诉状》及公司介绍，摩云阁于2018年12月12日接到法院传票，得知天津志亮提起诉讼之后公司对管辖权提出异议，该管辖异议获得法院的支持。同时，因原告申请财产保全，摩云阁银行基本账户和一个一般账户于2018年12月17日被冻结至今。

3. 合规解决方案[①]

（1）公司尚有其他账户可用，不影响公司生产经营。公司冻结的两个账户余额分别为4434.23元、158469.24元，冻结资金较少，且目前公司仍有6个账户在用，因账户冻结事项，公司生产经营未受到影响。

（2）涉案金额占比较小，对公司影响不大。根据公司法律顾问的职业经验判断，由于双方无明确的对账凭据、摩云阁提起反诉等有很多不确定因素，对于摩云阁应支付天津志亮的加工费的数额难以推测计算，需在法院开庭后确定，案件中有一些难以确定的因

[①] 参见"摩云阁"全国中小企业股份转让系统披露的挂牌公告及湖南人和律师事务所出具的《法律意见书》。

素,天津志亮与摩云阁胜诉概率各占50%。截至2018年12月31日,公司诉讼金额占资产总额比例、净资产比例较小,未超过5%,对公司影响较小。

(3)公司实际控制人出具兜底承诺。就公司涉诉案件,公司实际控制人出具承诺,若公司案件败诉,公司有能力付款,不会影响公司生产经营。同时公司实际控制人有能力用个人资金进行支付,不会使公司受到影响。

4.结论意见

涉诉案件不会对公司生产经营产生影响,不构成本次公司新三板挂牌的障碍。

(二)公司未及时申报纳税遭受行政处罚的法律瑕疵及合规解决方案

1.项目概况

北京越盛腾电子商务股份有限公司(873012,以下简称公司)成立于2009年1月22日,公司已经依法办理了税务登记。北京越盛腾电子商务股份有限公司石家庄分公司、北京越盛腾电子商务股份有限公司石家庄裕华分公司均独立核算、汇算清缴,适用小型微利企业税收优惠及批文,报告期2017年内按照10%缴纳所得税。

2.关注焦点

报告期内,公司存在因违反相关法律、法规和规范性文件而受到行政处罚的情形:(1)因石家庄裕华分公司未及时进行印花税纳税申报,于2017年8月15日被石家庄市裕华区地方税务局处以罚款200元;(2)石家庄分公司因未及时进行印花税纳税申报,于2017年10月30日被河北省石家庄市桥西区地方税务局处以税收滞纳金100元。就两次税务处罚,应重点关注处罚金额、罚款缴纳情况以及其行为定性和对新三板挂牌的影响。

3.合规解决方案[①]

(1)合规解释。上述行政罚款金额比较小,且公司已经于2017

---

① 参见"越盛腾"全国中小企业股份转让系统披露的挂牌公告及内蒙古鑫阳律师事务所出具的《法律意见书》。

年8月和10月分别缴纳了罚款，不属于《全国中小企业股份转让系统业务规则（试行）》以及《全国中小企业股份转让系统股票挂牌条件适用基本标准指引》规定的重大违法违规行为。

（2）主管税务部门出具证明。2018年3月20日，北京市东城区地方税务局出具《涉税信息查询结果告知书》："经查询，北京越盛腾电子商务股份有限公司为我局登记户，该单位于2016年1月1日至2018年3月20日在我局缴纳税款……根据税务核心系统记载，该企业在此期间未接受过行政处罚……"2018年4月17日，北京市东城区国家税务局出具《纳税人涉税保密信息查询证明》："北京越盛腾电子商务股份有限公司系我局辖区内纳税人，公司已依法在我局办理税务登记……截至目前，尚未发现该纳税人自2016年1月1日至2018年3月31日期间存在税收违法行为。"

2018年4月2日和5日，石家庄市裕华区国家税务局和石家庄市桥西区国家税务局分别出具《证明》，公司已经办理了税务登记，自设立至今，一直依法按时、足额申报并缴纳全部税款，遵守国家及地方有关税收法律法规的要求，执行的税种、税率符合国家及地方关于税收方面的法律、法规及规范性文件的相关规定，享受的税收优惠合法、有效。

4. 结论意见

公司已经依法办理税务登记；公司目前执行的税种、税率符合现行法律、法规的规定；公司最近两年及一期未受到重大税收行政处罚。前述处罚不属于重大行政处罚，不会对新三板挂牌产生影响。

（三）公司遭受中国人民银行及海关行政处罚的瑕疵问题及合规解决方案

1. 项目概况

深圳市联诚发科技股份有限公司（837293，以下简称公司）系由联诚发有限开发有限公司（以下简称联诚发有限）改制而成的股份有限公司，联诚发有限系由自然人龙平芳、田小河于2004年11月2日出资设立的有限责任公司。2015年11月25日，公司因挂牌需要联诚发有限股东会作出决议，同意联诚发有限变更为股份有限公司。

2. 关注焦点

2014年12月25日,中国人民银行深圳市中心支行出具了(深人银票罚)罚字2014第015437号《行政处罚决定书》,认定联诚发有限存在签发空头支票的违法行为,违反《中华人民共和国票据法》第87条、第88条规定,根据《票据管理实施办法》第31条规定对有限公司处以16994.05元的罚款。

2015年12月16日,深圳市海关出具圳关辑违字〔2015〕789-1号《行政处罚决定书》,因公司申报出口商品与实际不符,根据《中华人民共和国海关行政处罚实施条例》第15条的有关规定,罚款22000元。

就上述两次行政处罚,中介机构应重点核查公司缴纳罚款的履行情况,行政处罚是否构成重大违法行为,是否对挂牌造成障碍。

3. 合规解决方案①

(1)关于2014年中国人民银行的行政处罚。经中介机构核查有关单据、处罚决定书已经公司说明,造成该行政处罚的原因,系公司在签发前述支票时超过其在付款人处的实有存款金额,但由于公司财务疏忽,其间公司正常对外付款导致前述支票支付时公司在付款人处的实有存款金额低于支票金额。鉴此人民银行认定有限公司存在签发空头支票的违法行为违反《中华人民共和国票据法》第87条、第88条规定,根据《票据管理实施办法》第31条规定对有限公司处以16994.05元的罚款。2015年1月13日,公司已经缴纳了该笔罚款。

根据《票据实施管理办法》(中国人民银行令1997年第2号)第31条的规定,签发空头支票,不以骗取财物为目的的,由中国人民银行处以票面金额5%但不低于1000元的罚款。依照该规定本所认为,公司系因疏忽导致误签发空头支票,其并非以骗取财物为目的,罚款金额较小,且公司已足额缴纳了相关罚款。主管机关按照法定最低处罚标准处罚,且其违法行为情节轻微,罚款数额较低,未对公司或他人利益造成重大影响,故不构成重大违法违规行为,

---

① 参见"联诚发"全国中小企业股份转让系统披露的挂牌公告及北京大成(深圳)律师事务所出具的《法律意见书》。

不构成申请人本次挂牌的实质性法律障碍。

（2）关于 2015 年海关出具的行政处罚。根据上述《行政处罚决定书》及公司的说明，此次罚款是因报关人员工作疏忽，错运商品，导致最终申报出口商品与实际不符。根据《中华人民共和国行政处罚法》第 42 条第 1 款规定，行政机关作出较大金额罚款等行政处罚决定前，应告知当事人有要求举行听证的权利，而《中华人民共和国海关行政处罚实施条例》第 49 条第 1 款将告知当事人要求举行听证权利的罚款金额确定为 10 万元以上，因此，公司所受上述罚款不构成"较大数额"，且公司已经缴纳了全部罚款。又根据《中华人民共和国海关行政处罚实施条例》第 17 条的规定，"报关企业、报关人员对委托人所提供情况的真实性未进行合理审查，或者因工作疏忽致使发生本实施条例第十五条规定情形的，可以对报关企业处货物价值 10% 以下罚款，暂停其 6 个月以内从事报关业务或者执业；情节严重的，撤销其报关注册登记、取消其报关从业资格"。

根据公司的书面说明，公司及有关人员并未因此被撤销其报关注册登记、取消或暂停其报关资格。根据公司说明及核查公司提供的无违规证明，公司最近 24 个月内不存在因违反有关社保、工商、质检的法律、法规受到行政处罚的情形。

4. 结论意见

上述违规行为不属于情节严重的情形，不构成申请人本次挂牌的实质性法律障碍。

（四）公司注册地与实际经营地不一致的法律瑕疵及合规解决方案

1. 项目概况

上海聚脉文化传播股份有限公司（873416，以下简称公司）成立于 2015 年 11 月，注册地位于上海市庙镇窑桥村社南 756 号 2 幢 8669 室，公司实际经营地为上海市静安区南京西路 1038 号 1205A 室。部分开展业务的子公司（热橙文化、聚酷管理、联诺文化）工商注册地址均在上海庙镇经济开发区，与实际经营地不一致；公司子公司击壤科技注册地址为北京市怀柔区杨宋镇凤翔东大街 9 号 A 座 2306 室，亦与实际经营地不一致。另，聚萃文化仅开展少量业务，尚无固定实际经营地，聚鹋文化、有鲤文化尚未开展业务，均无实际经营地，上述三家公司注册地亦在上海庙镇经济开发区。

2. 关注焦点

关于注册地与实际经营地不一致、公司及部分下属子公司注册地与实际经营地不一致的事项，中介机构应结合《公司法》和《工商登记管理条例》等具体法律法规核查分析公司的规范应对措施是否充分，公司及子公司注册地与实际经营地不一致是否可能被工商、税务等部门处罚，是否可能被认定构成重大违法违规。

3. 合规解决方案①

（1）访谈公司管理层及有关负责人。经访谈公司管理层、击壤科技原实际控制人及公司的相关负责人，公司及部分子公司（热橙文化、聚酷管理、联诺文化）设立时的注册地址系上海崇明庙镇经济开发区为了招商引资提供的地址，上海市崇明区并未就公司注册地址与实际办公地址存在不一致出台任何行政规定，同时上海市崇明区政府亦鼓励企业到该区注册；同时，公司及子公司设立至今，并未享受过崇明区的特殊税收优惠政策。经击壤科技原实际控制人说明，击壤科技设立时仅其个人团队开展软件开发，尚未开始运营，没有办公场地，因当时北京市怀柔区鼓励企业注册，因此击壤科技设立时在怀柔区注册，后一直未变更；同时，击壤科技设立至今，从未享受过怀柔区的任何税收优惠政策。

（2）规范并采取整改措施。针对开展业务的子公司着手设立分公司，已经获得上海市静安区市场监督管理局下发《营业执照》，目前已经和产权人办公楼租赁事宜达成初步的租赁协议。公司及子公司热橙文化、联诺文化已经出具书面承诺确认分公司成立之前，热橙文化、联诺文化不在其注册地外开展经营活动。就击壤科技分公司设立事宜，已经取得北京市朝阳区市场监督管理局下发的《营

---

① 参见"聚脉文化"全国中小企业股份转让系统披露的挂牌公告及上海海华永泰律师事务所出具的《法律意见书》。

业执照》。针对尚未开展业务或仅开展少量业务,尚无固定实际经营地的子公司,公司已在注册地签署新的租赁合同,落实办公场所。经公司管理层说明,因公司及子公司整体业务对场地依赖性不大,上述租赁场所足够保证业务有效开展。

(3)公司实际控制人出具兜底承诺。公司实际控制人袁春杰已经出具书面承诺:"如公司、子公司因注册地与经营地不一致被公司登记机关处罚,本人愿意以自己独立于公司以外的其他个人财产代公司缴纳该等罚金,保证不使公司因此受到任何损失。"

(4)主管部门开具合规证明。经查询公开网络,公司及子公司无行政处罚,聚脉文化、聚酷管理、热橙文化、联诺文化设立至今,并未享受过崇明区的特殊税收优惠政策亦未受过税务处罚,击壤科技设立至今,从未享受过怀柔区的任何税收优惠政策亦未受过税务处罚,崇明区市场监督管理局、北京市怀柔区市场监督管理局也已经开具合规证明。

4.结论意见

综上,中介机构认为,注册地址与实际办公地址存在不一致不构成本次挂牌的实质性障碍。

(五)公司遭受数次行政罚款及子公司负责人被行政拘留合规解决方案

1.项目概况

福建省中延菌菇业股份有限公司(873390,以下简称公司)系2018年9月14日中延有限整体改制为股份有限公司,主营业务为食用菌的研发、生产、销售。在生产经营过程中,公司及子公司多次受到环保处罚且数额相对较大,子公司漳州天绿厂长受到行政拘留10日的行政处罚。

2.关注焦点

公司各项罚款处罚是否属于重大违法违规发表意见,详细说明法律依据;并对漳州天绿厂长姓名、在公司及子公司任职情况、受到行政拘留10日的处罚的原因、行政处罚决定书监管对象、事项进行披露,对漳州天绿厂长受到行政拘留的行政处罚是否属于重大违法违规，是否符合挂牌条件发表明确意见。

3. 合规解决方案[①]

（1）核查行政处罚文件及履行情况。鉴于公司行政处罚较多，中介机构重点核查了公司及子公司所受环保处罚文件、公司缴纳罚款的银行回单，公司及子公司提供的整改相关材料，中延菌业、中延榕珍食用菌生产基地最新的环评批复、竣工环保验收文件，相关环境保护部门就公司及子公司的行政处罚出具的证明文件。

（2）实地调研并访谈。根据公司的情况，中介机构对漳州天绿厂长肖仪和进行了访谈，了解行政处罚和拘留的执行情况，同时对有关环保部门及各食用菌生产基地进行了走访。

（3）公司按照规定缴纳罚款。相应行政处罚发生后，公司已经按照每次行政处罚决定书规定的金额和期限按照缴纳了相应的罚款。

（4）公司进行整改。针对处罚，公司成立了环保指挥小组，组织实施相关整改工作：第一，向环保主管部门提交《福建省中延菌菇业有限公司华安中延食用菌栽培及加工项目环境影响报告表》，并于2017年12月18日取得华安县环境保护局的批复（华环审〔2017〕45号）；2018年1月，中延有限委托福建中凯检测技术有限公司对项目进行验收。第二，完善雨污分流系统，对污水沟和雨水沟砌砖分流。第三，为料场搭盖雨棚，改良喷淋方式，防止露天堆放物产生扬尘。第四，公司添置了污水处理设备，改进污水处理工艺，提高设备污水处理能力，并移除了违规排污口。第五，漳州天绿改雾化喷淋木屑发酵法为撒石灰、翻堆作业，减少喷淋产生的废水，同时加强了污水处理设施管理。

（5）环保部门出具证明。2019年6月28日，漳州市南靖生态环境局出具了《关于不构成重大违法行为的说明》，确认漳州天绿此次被处罚的行为不构成重大违法行为；2019年7月2日，南靖县公安局出具了《关于不构成重大违法行为的说明》，确认漳州天绿

---

① 参见"中延菌业"全国中小企业股份转让系统披露的挂牌公告及北京时代九和律师事务所出具的《法律意见书》。

此次被其处罚的行为不构成重大违法行为。

（6）论证行政处罚不属于法定的情节严重情形。根据《建设项目环境保护管理条例》《水污染防治法》《固体废物污染环境防治法》《环境保护法》，公司历次受到行政处罚不属于法律规定的严重情况。漳州天绿厂长肖仪和受到的行政拘留10日的处罚不属于《环境保护法》规定的顶格处罚（行政拘留15日）。

（7）论证行政处罚不属于重大违法行为。《标准指引》规定，重大违法行为违规情形是指，被行政处罚的实施机关给予没收违法所得、没收非法财物以上行政处罚的行为，但处罚机关依法认定不属于的除外。虽然根据《行政处罚法》，行政拘留属于没收违法所得、没收非法财物以上的行政处罚，但作出处罚决定的漳州市南靖生态环境局、南靖县公安局已分别出具书面文件，认定该违法行为不属于重大违法违规行为。

4. 结论意见

漳州天绿的此次环保违法行为不构成重大违法行为，除已经披露的行政处罚外，公司不存在受到其他环保处罚的情形，符合"合法合规经营"的挂牌条件。

第三章

新三板股票定向发行业务法律合规

第一节　新三板股票定向发行基本情况

新三板股票定向发行是指（申请）挂牌公司（以下简称发行人）向符合《非上市公众公司监督管理办法》规定的特定对象发行股票的行为，其作为新三板股权融资的主要功能，对解决新三板挂牌企业发展过程中的资金瓶颈发挥了极为重要的作用。定向发行具有"谈判议价、买卖互知"的特质，发行过程中发行人不得采取公开路演、询价等方式。与股票公开发行相比，股票定向发行具有以下特点：

一是发行主体方面，定向发行的发行主体包括申请挂牌公司和市场各层级的挂牌公司；

二是发行基本要求方面，定向发行不设财务条件，发行人需要符合《非上市公众公司监督管理办法》关于合法规范经营、公司治理、信息披露、发行对象等方面的规定，不存在违规对外担保、资金占用或者其他权益被控股股东、实际控制人严重损害且尚未解除或者消除影响的情况；

三是发行对象方面，定向发行对象数量无限制，发行人与投资者自行协商确定；

四是发行规模方面，定向发行无发行股份数量限制，发行人结合自身融资需求进行确定；

五是中介机构服务方面，定向发行的发行人需聘请主办券商为其发行股票提供推荐服务，但根据《非上市公众公司监督管理办法》规定采用自办发行方式的，可以豁免主办券商出具推荐文件；

六是审核程序方面，定向发行后股东累计不超200人的，豁免履行核准程序，由全国股转公司自律审查，定向发行后股东累计超过200人的，需履行核准程序；

七是层级准入方面，定向发行不与市场层级调整必然绑定，定向发行不是申请挂牌基础层的公司必须满足的条件之一，但基础层公司进入创新层需满足定向发行 1000 万元的融资要求。

挂牌企业直接申请挂牌创新层的，应当在完成挂牌同时定向发行普通股、优先股或可转债，且融资金额不低于 1000 万元（不含以非现金资产认购的部分）。鉴于定向发行股票是挂牌企业融资的重要手段，也是企业直接挂牌创新层的必要条件，本章就新三板挂牌业务中的定向发行融资业务进行介绍。

一、股票定向发行业务常用法律规则

定向发行股票是新三板挂牌公司常见的融资方式之一，也是比较常见的律师业务。发行股票业务涉及多部法律法规和行业规定，除了《公司法》和《证券法》之外，在业务操作中，主要涉及证监会的部门规章以及全国股转公司的业务规则。

1. 定向发行股票相关的部门规章

定向发行股票相关的部门规章具体见表 9：

表 9 定向发行部门规章

序号	部门规章	文号	发布时间
1	《关于北京证券交易所上市公司和非上市公众公司相关行政许可事项有关事宜的公告》	证监会公告〔2021〕41 号	2021 年 11 月 12 日
2	《非上市公众公司监督管理办法》	证监会令第 190 号	2021 年 10 月 30 日
3	《非上市公众公司信息披露内容与格式准则第 3 号——定向发行说明书和发行情况报告书》	证监会公告〔2020〕3 号	2020 年 1 月 13 日
4	《非上市公众公司信息披露内容与格式准则第 4 号——定向发行申请文件》	证监会公告〔2020〕4 号	2020 年 1 月 13 日
5	《非上市公众公司监管指引第 6 号——股权激励和员工持股计划的监管要求（试行）》	证监会公告〔2020〕57 号	2020 年 8 月 21 日

2.定向发行股票相关的业务规则

定向发行股票相关的业务规则见表 10：

表 10　定向发行全国股转公司业务规则

序号	业务规则	文号	发布时间
1	《全国中小企业股份转让系统股票定向发行规则》	股转公告〔2023〕40 号	2023 年 2 月 17 日
2	《全国中小企业股份转让系统股票定向发行业务指南》	股转公告〔2023〕49 号	2023 年 2 月 17 日
3	《全国中小企业股份转让系统股票定向发行业务规则适用指引第 1 号》	股转公告〔2023〕44 号	2023 年 2 月 17 日
4	《全国中小企业股份转让系统投资者适当性管理办法》	股转系统公告〔2021〕937 号	2021 年 9 月 17 日
5	《全国中小企业股份转让系统投资者适当性管理业务指南》	股转系统公告〔2021〕938 号	2021 年 9 月 17 日
6	《关于加强参与全国股转系统业务的私募投资基金备案管理的监管问答函》	—	2015 年 3 月 20 日
7	《挂牌公司股票发行常见问题解答（三）——募集资金管理、认购协议中特殊条款、特殊类型挂牌公司融资》	股转系统公告〔2016〕63 号	2016 年 8 月 8 日

二、股票定向发行业务的中介机构

（一）通常情况下参与定向增发的中介机构

根据《非上市公众公司监督管理办法》，公司应当按照中国证监会有关规定制作定向发行的申请文件，申请文件应当包括但不限于：定向发行说明书、符合《证券法》规定的律师事务所出具的法律意见书、符合《证券法》规定的会计师事务所出具的审计报告、证券公司出具的推荐文件。

一般情况下，新三板定向增发业务需要聘请主办券商、律师事务所和会计师事务所及其他中介服务机构。各中介机构在业务中工作职责、发挥的功能及出具的法律文书等各不相同，相辅相成。

主办券商是定向发行股票业务的主导者,统领公司和各个中介机构的工作职责和工作进度,对发行人的信息披露文件和申请文件进行全面核查,独立做出专业判断,并对定向发行说明书及其所出具文件的真实性、准确性、完整性负责,并出具推荐工作报告。

律师事务所在主办券商的统一安排下,独立开展业务,主要对定向发行股票主体、程序的合法合规性、投资者适格性及认购资金来源、发行决策及认购协议的合法合规性、现有股东的有限认购权、发行新股的限购安排等独立发表意见并承担责任,并出具法律意见书。

会计师事务所主要对发行主体进行审计并出具财务报告和审计报告,其中年度财务报告应当经过具有证券期货相关业务资格的会计师事务所审计。根据《非上市公众公司信息披露内容与格式准则第4号——定向发行申请文件》,申请定向发行行政许可需要提交挂牌公司最近两年及一期财务报告及其审计报告。财务报告在最近一期截止日后6个月内有效,特殊情况下,可以申请延长,但延长期至多不超过1个月。申请行政许可提交的财务报告应当是公开披露的定期报告。

根据法律规定,上述所有中介机构及其他证券服务机构应当审慎履行职责,做出专业判断,并对定向发行说明书中与其专业职责有关的内容及其所出具文件的真实性、准确性、完整性负责。

(二)自办发行时需要聘请的中介机构

根据《非上市公众公司监督管理办法》第48条规定:"股票公开转让的公众公司向公司前十名股东、实际控制人、董事、监事、高级管理人员及核心员工定向发行股票,连续12个月内发行的股份未超过公司总股本10%且融资总额不超过2000万元的,无需提供证券公司出具的推荐文件以及律师事务所出具的法律意见书。按照前款规定发行股票的,董事会决议中应当明确发行对象、发行价格和发行数量,且公司不得存在以下情形:(一)认购人以非现金资产认购的;(二)发行股票导致公司控制权发生变动的;

(三)本次发行中存在特殊投资条款安排的;(四)公司或其控股股东、实际控制人、董事、监事、高级管理人员最近12个月内被中国证监会给予行政处罚或采取监管措施、被全国股转系统采取纪律处分的。"

实务中,大部分挂牌公司均由券商提供持续督导服务,并聘请律师事务所提供常年法律顾问服务,鉴于自办发行方式可以豁免主办券商出具推荐报告和律师事务所出具法律意见书,因此,大部分挂牌公司出于控制成本的考虑,采取自办式定向发行股票业务不再聘请中介机构提供专项服务。

第二节 新三板股票定向发行的对象及发行流程

一、股票定向发行的对象

(一)发行对象的范围界定

根据证监会颁行的《非上市公众公司监督管理办法》,股票定向增发的特定对象的范围包括下列机构或者自然人:

1.公司股东。现有股东指股权登记日在册的股东。挂牌公司对现有股东定向发行股票时,发行对象无人数限制。

挂牌公司股票发行以现金认购的,挂牌公司可安排现有股东在同等条件下对所发行股票优先认购,但应当对优先认购的相关程序及认购结果进行说明;依据公司章程已约定不安排优先认购或全体现有股东在发行前放弃优先认购的,也应当对相关情况予以专门说明。此外,公司现有股东的优先认购权仅适用于发行对象以现金认购的情形,不适用于发行对象以资产或其他现金等价物认购的情形。

2.公司的董事、监事、高级管理人员、核心员工。核心员工必须与挂牌公司存在劳动关系。核心员工的认定，应当由公司董事会提名，并向全体员工公示和征求意见，由监事会发表明确意见后，经股东大会审议批准。

3.符合投资者适当性管理规定的自然人投资者、法人投资者及其他经济组织。

股票未公开转让的公司确定发行对象时，除股东、董监高和核心员工之外符合投资者适当性管理规定的投资者合计不得超过35名。发行对象为机构、金融产品等的，无须穿透至自然人。

（二）投资者适当性的标准

根据全国股转公司颁发的《全国中小企业股份转让系统投资者适当性管理办法》，符合投资者适当性管理规定的自然人、法人投资者和其他组织，根据其所投资的股票公司所处的层级不同，标准也不尽相同。

1.基础层股票发行和交易，或参与挂牌同时定向发行的投资者适当性。参与基础层股票发行和交易，或参与挂牌同时定向发行的投资者适当性是指投资者应当符合下列条件：（1）实收资本或实收股本总额200万元人民币以上的法人机构；（2）实缴出资总额200万元人民币以上的合伙企业；（3）申请权限开通前10个交易日，本人名下证券账户和资金账户内的资产日均人民币200万元以上（不含该投资者通过融资融券融入的资金和证券），且具有《全国中小企业股份转让系统投资者适当性管理办法》第6条规定的投资经历、工作经历和任职经历的自然人投资者。

2.创新层股票发行和交易的投资者适当性。参与创新层股票发行和交易的投资者适当性是指投资者应当符合下列条件：（1）实收资本或实收股本总额100万元人民币以上的法人机构；（2）实缴出资总额100万元人民币以上的合伙企业；（3）申请权限开通前10个交易日，本人名下证券账户和资金账户内的资产日均人民币100万元以上（不含该投资者通过融资融券融入的资金和证券），且具有本办法第6条规定的投资经历、工作经历和任职经历的自然人投资者。

《全国中小企业股份转让系统投资者适当性管理办法》第6条关于自然人投资者的投资经历、工作经历和任职经历规定如下:"自然人投资者参与挂牌公司股票交易的,应当具有2年以上证券、基金、期货投资经历,或者具有2年以上金融产品设计、投资、风险管理及相关工作经历,或者具有《证券期货投资者适当性管理办法》第八条第一款第一项规定的证券公司、期货公司、基金管理公司及其子公司、商业银行、保险公司、信托公司、财务公司等,以及经行业协会备案或者登记的证券公司子公司、期货公司子公司、私募基金管理人等金融机构的高级管理人员任职经历。具有前款所称投资经历、工作经历或任职经历的人员属于《证券法》规定禁止参与股票交易的,不得参与挂牌公司股票交易。"

3. 精选层（旧）股票发行和交易的投资者适当性。《全国中小企业股份转让系统投资者适当性管理办法》（2019年修订版）规定,参与精选层股票发行和交易的投资者适当性是指投资者应当符合下列条件:（1）实收资本或实收股本总额100万元人民币以上的法人机构;（2）实缴出资总额100万元人民币以上的合伙企业;（3）申请权限开通前10个交易日,本人名下证券账户和资金账户内的资产日均人民币100万元以上（不含该投资者通过融资融券融入的资金和证券）的自然人投资者。

自然人投资者无论参加基础层、创新层和原精选层股票交易和发行,除应当具备各层级规定的资金条件外,应当具有2年以上证券、基金、期货投资经历,或者具有2年以上金融产品设计、投资、风险管理及相关工作经历,或者具有《证券期货投资者适当性管理办法》第8条第1款第1项规定的证券公司、期货公司、基金管理公司及其子公司、商业银行、保险公司、信托公司、财务公司,以及经行业协会备案或者登记的证券公司子公司、期货公司子公司、私募基金管理人等金融机构的高级管理人员任职经历。

（三）特殊投资主体

1. 持股平台

全国股转公司于2015年11月24日颁布《非上市公众公司监管

问答——定向发行（二）》[以下简称《定向发行（二）》]，对非上市公众公司是否可以向持股平台、员工持股计划定向发行股票作出了明确回答：根据《非上市公众公司监督管理办法》相关规定，为保障股权清晰、防范融资风险，单纯以认购股份为目的而设立的公司法人、合伙企业等持股平台，不具有实际经营业务的，不符合投资者适当性管理要求，不得参与非上市公众公司的股份发行。

2015年12月17日，为进一步明确《定向发行（二）》的具体监管要求，指导挂牌公司股票发行行为，全国股转公司发布《关于〈非上市公众公司监管问答——定向增发（二）〉适用有关问题的通知》，就有关问题进一步明确如下：

（1）发行后股东人数不超过200人的股票发行，发行对象涉及持股平台（单纯以认购股份为目的而设立的公司法人、合伙企业等持股平台，不具有实际经营业务）的，如果在《定向发行（二）》发布前发行方案已经过股东大会审议通过的，可继续按照原有的规定发行，但发行方案中没有确定发行对象的，则发行对象不应当为持股平台；如果在《定向发行（二）》发布前发行方案尚未经过股东大会审议通过的，应当按照《定向发行（二）》的规定发行。

（2）在《定向发行（二）》发布前已经存在的持股平台，不得再参与挂牌公司的股票发行。

（3）发行股份购买资产构成重大资产重组且发行后股东人数不超过200人，发行对象涉及持股平台的，如果在《定向发行（二）》发布前已完成首次信息披露，可继续按照原有的规定进行重组；如果在《定向发行（二）》发布前发行方案尚未完成首次信息披露的，应当按照《定向发行（二）》的规定进行重组。

根据上述规定，持股平台认为具有如下两个标准：（1）单纯以认购股份为目的而设立的公司法人、合伙企业等持股平台；（2）不具有实际经营业务。持股平台不得参与挂牌公司的定向发行，但存

---

① 该规定已经被2021年2月7日证监会发布的《监管规则适用指引——非上市公众公司类第1号》规定废止，但其规定的具体内容已被《监管规则适用指引——非上市公众公司类第1号》吸收并继续适用。

在以下例外：（1）发行后股东人数不超过200人的股票发行，《定向发行（二）》发布前股东大会已审议通过《股票发行方案》；（2）发行股份购买资产构成重大资产重组且发行后股东人数不超过200人的，《定向发行（二）》发布前已完成首次信息披露。

鉴于此，上述定向发行对象涉及持股平台的情形可不按照《定向发行（二）》的规定实施，而按照原定方案继续执行。

2.员工持股计划、私募股权基金、资产管理计划

根据《定向发行（二）》的规定，全国中小企业股份转让系统挂牌公司设立的员工持股计划，认购私募股权基金、资产管理计划等接受证监会监管的金融产品，已经完成核准、备案程序并充分披露信息的，可以参与非上市公众公司定向发行。其中金融企业还应当符合《关于规范金融企业内部职工持股的通知》（财金〔2010〕97号）有关员工持股监管的规定。

根据上述规定，员工持股计划、私募股权基金和资产管理计划可以参与挂牌公司定向发行，但其应是接受证监会监管的金融产品，且该产品已完成核准、备案程序并充分披露信息。

2021年2月7日，证监会发布《监管规则适用指引——非上市公众公司类第1号》，将《非上市公众公司监管问答——定向发行（一）》和《非上市公众公司监管问答——定向发行（二）》同步废止。但该文件1-3向持股平台、员工持股计划定向发行股份的具体要求作出了与《定向发行（二）》完全相同的规定。

3.关于境外投资者

全国股转系统原则上对此没有限制性规定，所有符合《合格境外机构投资者和人民币合格境外机构投资者境内证券投资管理办法》规定的合格境外机构投资者（QFII）和人民币合格境外机构投资者（RQFII）均可参与挂牌公司股票定向发行，具体要求如下：

《合格境外机构投资者和人民币合格境外机构投资者境内证券投资管理办法》第6条规定："申请合格境外投资者资格，应当具备下列条件：（一）财务稳健，资信良好，具备证券期货投资经验；（二）境内投资业务主要负责人员符合申请人所在境外国家或者地区有关从业资格的要求（如有）；（三）治理结构、内部控制和合规

管理制度健全有效,按照规定指定督察员负责对申请人境内投资行为的合法合规性进行监督;(四)经营行为规范,近3年或者自成立以来未受到监管机构的重大处罚;(五)不存在对境内资本市场运行产生重大影响的情形。"

此外,外国投资者参与挂牌公司定向发行股票的,还应遵守国家关于行业准入、外汇等的相关规定。

二、股票定向发行的业务流程

定向发行业务是新三板的常规业务,由挂牌企业和证券服务机构根据既定的工作流程开展,其业务流程相对较短,是企业进行定向融资的重要手段之一。企业一方面可以通过定向发行股票尽快获得资金支持,也可以通过向核心员工定向发行股票的方式对优秀员工进行激励,促进企业发展。

定向发行业务流程因发行人是否已经在新三板挂牌、发行完成后股东是否超过200人、是否属于股东大会授权董事会发行、是否属于公司自办发行而不同。即便同为新三板挂牌企业,定向发行业务流程根据董事会决议时发行对象是否确定也不尽相同。鉴于本书旨在为广大读者提供新三板挂牌业务流程和合规指引,本书仅就企业申请挂牌同时定向发行业务的相关流程进行阐述。根据《全国中小企业股份转让系统股票定向发行规则》《全国中小企业股份转让系统股票定向发行业务指南》等相关规定,申请挂牌公司定向发行股票的业务流程如图2所示:

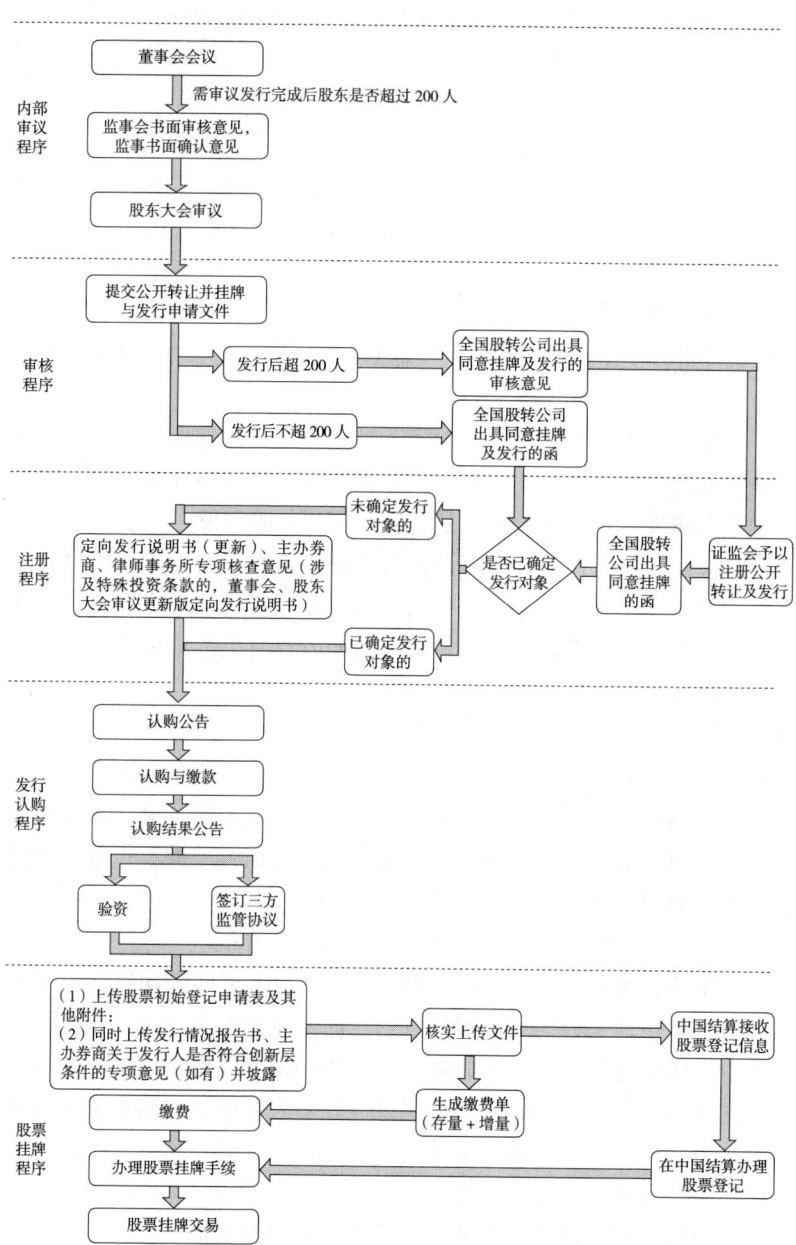

图2 申请挂牌公司定向发行股票的业务流程图

申请挂牌公司定向发行业务主要环节的操作指引如下：

1. 董事会审议环节

挂牌公司应当召开董事会对定向发行有关事项作出决议，并履行回避表决程序。董事会决议时发行对象确定的，应当在董事会召开前与发行对象签订股票认购合同。董事会不得以临时提案的方式将股票定向发行有关事项提交股东大会审议。挂牌公司应当在董事会审议股票定向发行等事项后的 2 个交易日内披露董事会决议及定向发行说明书等相关公告。监事会应当对董事会编制的股票定向发行文件进行审核并提出书面审核意见，监事应当签署书面确认意见。

2. 股东大会审议环节

挂牌公司应当于股东大会召开 15 日前披露审议股票定向发行有关事项的股东大会通知公告，股东大会召开当日不计算在内。发行对象以非现金资产认购的，挂牌公司应当最晚与股东大会通知公告一并披露标的资产涉及的审计报告或评估报告。发行人应当召开股东大会对定向发行有关事项作出决议，并履行回避表决程序。挂牌公司应当在股东大会审议通过股票定向发行有关事项后 2 个交易日内，披露股东大会决议等相关公告。

3. 证券服务机构出具专项意见

主办券商、律师事务所应当在申请挂牌公司股东大会审议通过定向发行有关事项后，针对本次发行事项发表专项意见，相关专项意见应当分别纳入主办券商关于公开转让并挂牌的推荐报告和律师事务所关于公开转让并挂牌的法律意见书。

4. 申请挂牌公司委托主办券商提交发行申请文件

申请挂牌公司应当委托主办券商在向全国股转公司提交公开转让并挂牌申请文件时一并提交发行定向发行说明书、主办券商推荐报告、法律意见书、关于股票在全国中小企业股份转让系统挂牌及定向发行的申请报告、董事会决议、股东大会决议、监事会审核意见、公司全体董事对发行申请文件真实性、准确性和完整性的承诺书、关于申请电子文件与预留文件一致的鉴证意见等申请文件。

申请挂牌公司应当在公开转让说明书中对发行事项进行专章披露，主要包括定向发行的审议程序、发行对象、发行价格、发行数量、募集资金金额及用途等内容的简要介绍。发行申请文件中由律师事务所出具的《关于申请电子文件与预留原件一致的鉴证意见》应当与公开转让并挂牌申请文件中的申请挂牌公司及其主办券商《关于电子文件与预留原件一致的声明》合并提交。全国股转公司收到申请文件后，对申请文件的齐备性进行核对，并于5个交易日内作出受理或者不予受理的决定。申请文件受理后，申请挂牌公司相关申请文件应当在全国股转公司网站予以预先披露，未经全国股转公司同意，不得增加、撤回或变更。

5.全国股转公司对发行申请文件审核并出具同意函

全国股转公司对发行申请文件进行审核，需要问询的，通过审核系统向发行人及中介机构发出审核问询。挂牌公司及其主办券商、证券服务机构应当按照规定回复审核问询事项。申请挂牌公司、主办券商和律师事务所、会计师事务所等证券服务机构原则上应当在20个交易日内按照审核问询要求进行必要的补充核查，及时、逐项回复审核问询事项，补充或者修改相关文件。因特殊情况无法按期回复的，申请挂牌公司或主办券商应当在回复截止日前通过审核系统申请延期回复。

经全国股转公司审核问询，申请挂牌公司、主办券商和证券服务机构修改定向发行说明书、主办券商推荐报告、法律意见书等申请文件的，应当将修改后的申请文件上传至审核系统对应的文件条目内。申请挂牌公司应当在取得全国股转公司同意挂牌及发行的函或同意挂牌的函（以下统称同意函）后，及时披露修改后的申请文件。

6.注册程序之前的准备工作

挂牌公司在取得全国股转公司审核决定或审核意见，股票注册之前完成有关衔接工作。根据董事会审议时发行对象是否确定需要完成不同的衔接工作。

（1）申请挂牌公司董事会决议时发行对象未确定的情况下，定向发行股票后股东累计不超过200人的，申请挂牌公司在取得全国股转公司同意函后应当及时确定具体发行对象；定向发行股票后股东累计超过200人的，申请挂牌公司在取得中国证监会作出同意注册的决定文件后应当及时确定具体发行对象。确定具体发行对象过程中涉及特殊投资条款安排的，申请挂牌公司应当召开董事会、股东大会对更新后的定向发行说明书等申请文件进行审议。

经全国股转公司审核，申请挂牌公司符合股票挂牌相关规定及《定向发行规则》要求的，根据定向发行后股东累计是否超过200人区分处理：定向发行股票后股东累计不超过200人的，全国股转公司出具同意函。董事会决议时发行对象确定的，申请挂牌公司取得同意函后即可安排认购与缴款事项。董事会决议时发行对象未确定的，申请挂牌公司取得同意函并确定发行对象后，应当更新定向发行说明书，主办券商和律师事务所应当对发行对象、认购合同等法律文件的合法合规性分别出具专项核查意见；更新后的定向发行说明书以及主办券商的补充核查意见、律师事务所的补充法律意见书应当一并提交至审核系统对应的文件条目内，经全国股转公司确认后由申请挂牌公司披露。定向发行股票后股东累计超过200人的，全国股转公司出具同意挂牌及发行的审核意见后，将审核意见、注册申请文件及相关审核资料报送中国证监会注册。中国证监会作出同意注册决定后，全国股转公司出具同意函。

中国证监会在注册过程中要求全国股转公司进一步问询的，全国股转公司向申请挂牌公司、主办券商和证券服务机构提出反馈问题，相关主体应当按时逐项回复。中国证监会决定退回全国股转公司补充审核的，全国股转公司审核机构对要求补充审核的事项重新审核，审核通过的，重新向中国证监会报送审核意见、注册申请文件及相关审核资料；审核不通过的，作出终止审核的决定。

（2）董事会决议时发行对象确定的，申请挂牌公司取得中国证监会同意注册决定及全国股转公司同意函后即可安排认购与缴款事项。董事会决议时发行对象未确定的，申请挂牌公司取得中国证监会同意注册决定及全国股转公司同意函并确定发行对象后，应当更新定向发行说明书，主办券商和律师事务所应当对发行对象、认购合同等法律文件的合法合规性分别出具专项核查意见；更新后的定向发行说明书以及主办券商的补充核查意见、律师事务所的补充法律意见书应当一并提交至审核系统对应的文件条目内，经全国股转公司确认后由申请挂牌公司披露。

经全国股转公司审核,申请挂牌公司不符合发行相关要求的,全国股转公司对其定向发行作出终止审核决定;如果申请挂牌公司仍符合股票挂牌相关规定,其股票可以在全国股转系统挂牌。

7. 认购与缴款

申请挂牌公司取得全国股转公司同意函,且确定具体发行对象后,应当按照以下要求安排发行对象认购缴款:

(1)申请挂牌公司最迟应当在缴款起始日前1个交易日通过审核系统提交定向发行认购公告,经全国股转公司确认后披露。认购公告中应当包括股东大会股权登记日、现有股东优先认购安排、发行对象名称、认购数量、认购价格、认购方式、缴款账户、缴款时间等内容。

(2)发行对象应当依据认购公告安排,在缴款期内向缴款账户缴款认购。如需延长缴款期的,申请挂牌公司最迟应当于原缴款截止日披露延期认购公告。延期认购公告最迟应当于原缴款期限届满前1个交易日通过审核系统提交,经全国股转公司确认后披露。

(3)申请挂牌公司最迟应当在缴款期限届满后2个交易日内通过审核系统提交认购结果公告,经全国股转公司确认后披露。认购结果公告中应当包括最终认购对象名称、认购数量、认购价格、认购金额、募集资金总额等内容。

8. 签订募集资金专户三方监管协议与验资

发行人应当在认购结束后,与主办券商、存放募集资金的商业银行签订募集资金专户三方监管协议。认购结束后10个交易日内发行人应当聘请符合《证券法》规定的会计师事务所完成验资。

9. 提交股票初始登记申请表

申请挂牌公司应当在验资完成且签订募集资金专户三方监管协议后10个交易日内,通过审核系统分别上传按照本次发行前和本次发行的股份情况编制的股票初始登记申请表,以及验资报告、募集资金专户三方监管协议、自愿限售申请材料(如有)、定向发行重大事项确认函等文件。

10. 披露发行情况报告书

申请挂牌公司在提交股票初始登记申请表的同时,应当通过审核系统上传发行情况报告书，公司在申请挂牌时直接申请进入创新层的，应同步提交主办券商出具的关于发行人是否符合创新层条件的专项意见，经全国股转公司确认后披露。

11. 办理股份登记和股票挂牌

全国股转公司对申请挂牌公司提交的股票初始登记申请表及相关附件予以确认后，按照发行后的股份情况生成缴费通知单；并将股票初始登记相关信息送达中国结算北京分公司，通知申请挂牌公司和主办券商办理股票登记手续。主办券商应当协助申请挂牌公司及时缴费，并按照全国股转系统股票挂牌业务的相关要求办理挂牌前信息披露、股票初始登记（定向发行前后股票一并办理）和股票挂牌，确定挂牌交易日期，并在挂牌交易日的前一交易日披露股票挂牌的提示性公告等文件。

12. 募集资金的使用

申请挂牌公司在完成股票挂牌后，可以按照《定向发行规则》的规定使用募集资金。根据《定向发行规则》，发行人募集资金应当用于主营业务及相关业务领域，暂时闲置的募集资金可以投资于安全性高、流动性好、可以保障投资本金安全的理财产品。除金融类企业外，募集资金不得用于持有交易性金融资产、其他权益工具投资、其他债权投资或借予他人、委托理财等财务性投资，不得直接或间接投资于以买卖有价证券为主营业务的公司，不得用于股票及其他衍生品种、可转换公司债券等的交易，不得通过质押、委托贷款或其他方式变相改变募集资金用途。

第三节　新三板股票定向发行核查常见问题及合规方案

股票定向发行是公司融资的重要工具之一，对于中介机构来说，也是一个与挂牌业务、重组与并购业务同等重要的业务板块，因此，如何就该业务进行科学合理的审查、审查过程应关注哪些焦点问题，是必须要解决的重要问题。

一、股票定向发行业务合法合规的核查要点

1. 认购对象的人数，以确定定向增发业务是否需要证监会核准；
2. 发行对象为个人的，核查其身份是否为公司董监高或核心技术人员，若为核心技术人员，应核查发行人是否已经履行相关认定程序；
3. 其他个人投资者，应根据公司所处新三板的层级，并结合发行对象的资产状况确定其是否为合格投资者；
4. 发行对象为公司或合伙企业的，应核查其是否属于不具有实际经营业务的员工持股平台；私募投资基金管理人或私募投资基金参与认购的，应核查并说明其完成私募基金管理人登记或基金备案；
5. 核查定向发行相关认购协议等法律文件，涉及特殊投资条款的，应就特殊投资条款内容、审议程序等核查是否符合《全国中小企业股份转让系统股票定向发行业务规则适用指引第1号》及《挂牌公司股票发行常见问题解答（四）——特殊投资条款》[①]的规定。
6. 核查发行对象是否存在股权代持行为、发行对象认购资金来源并发表意见；
7. 核查本次定向发行新增股份限售安排的合法合规性发表意见；
8. 核查发行对象是否存在重大诉讼，是否属于联合惩戒对象并发表意见。

二、股票定向发行业务合法合规的核查过程和依据

（一）核查过程

1. 到中国证券登记结算公司北京分公司调取证券持有人名册；
2. 调取工商档案，核查高管清单；

---

① 《挂牌公司股票发行常见问题解答（四）——特殊投资条款》现已失效，因本文检索案例的范围涵盖其有效期间，故将其相关内容列入合规标准。

3. 对企业高管与核心技术人员进行访谈，核查其担任职务及诚信情况；

4. 核查企业发行文件、股份认购协议等，以确认本次发行的审批和授权是否合法、是否存在非现金资产认购的情形；

5. 检索中国证券投资基金协会网站，核查公司发行对象是否存在私募基金，及发行人提供的私募基金管理人登记证明的真伪；

6. 调阅《审计报告》《验资报告》等财务资料，核查验资报告中金额是否与发行方案一致；验资报告及缴款时间是否与认购方案中规定的缴款时间一致。

（二）核查依据

1.《证券持有人名册》和企业工商档案；

2.《全国中小企业股份转让系统投资者适当性管理办法》；

3. 本次定向发行董事会、股东大会的会议通知、议案、决议；

4. 股份认购合同、是否在发行方案规定的时限内签署，是否存在以非现金资产认购的情形；

5. 中国证券投资基金协会核发的《私募投资基金管理人登记证明》；

6. 发行对象营业执照登记经营范围、发行对象提供的不属于私募基金的承诺；

7. 会计师事务所出具《审计报告》和《验资报告》、发行人缴纳认购资金的银行转账凭证；

8. 定向发行说明书、募集资金管理制度、与第三方签订的资金监管协议。

三、股票定向发行业务核查的常见问题

1. 股票未公开转让的公司确定发行对象的数量超过规定标准；

2. 机构投资者和金融产品作为发行对象时，人数统计出现错误；

3. 核心员工的认定未经董事会决议和股东大会批准；

4. 将以合伙企业形式出现的员工持股平台作为合格投资者进行

认股;

5. 股份认购协议存在诸如业绩对赌、股份回购及估值调整等特殊条款;

6. 股份认购方式未全部采取现金认购,存在资产或货币等价物进行认购的情形,且未进行评估。

四、股票定向发行业务常见问题的合规方案

1. 向挂牌公司释明除股东、董监高和核心员工之外的投资者人数限制,对投资人数量进行调整;

2. 准确核查合格投资者标准,确认合格投资者,剔除不满足合格投资者条件的投资人,保证投资人适格;

3. 核查核心员工劳动合同,指导公司召开董事会和股东大会,按照发行程序确认核心员工;

4. 要求非现金认购的股东对认购资产进行评估;

5. 要求基金管理人或金融产品尽快完成管理人登记或产品备案;

6. 指导公司对认购协议的特殊条款进行调整,以符合监管规定的认购要求,以使得认购协议合法合规;

7. 核查公司财务报告及《审计报告》,确认公司净资产并进一步确认认购价格的定价依据,对是否构成股份支付发表意见。

五、股票定向发行业务合规案例分析

在实务中,我们应重点关注核查发行对象人数、适格性、发行定价、股份支付等重要问题,下面笔者结合多年的工作经验和新三板定增案例,予以说明。

(一)公司董监高参与定向发行认购的核查要点及合规解决方案

1. 项目概况

江苏汇博机器人技术股份有限公司(871462,以下简称公司)

是 2017 年 6 月 8 日在全国股份转让系统挂牌的非上市公众公司。公司为扩展规模，拟进行定向发行股票以募集资金。本次股票发行价格为人民币 7.50 元 / 股，股票发行对象为公司董事长成锐、公司在册股东上海德汇集团有限公司和外部机构投资者嘉兴建自叁号股权投资合伙企业（有限合伙）。

2. 关注焦点

针对本次股票发行是否适用股份支付准则进行会计处理，要求主办券商出具处理意见。

3. 合规解决方案[①]

主办券商出具意见认为，本次股票发行目的是补充公司流动资金和增加实缴出资，虽然本次发行对象包括公司董事长，但其与公司之间未就为公司提供相关劳务或服务进行约定，不属于以获取职工或其他方服务为目的，且认购价格与外部第三方投资机构认购价格一致。本次股票发行价格为人民币 7.50 元 / 股，高于最近一期经审计的每股净资产，发行价格公允。

4. 结论意见

本次发行价格公允，故本次股票发行不适用股份支付的相关会计处理。

（二）每股发行价低于每股净资产是否构成股份支付的合规解决方案

1. 项目概况

四川自贡百味斋食品股份有限公司（833410，以下简称公司）为了进一步拓宽公司业务，增强公司的资本实力，拟在全国中小企业股份转让系统向现为本公司股东江苏省盐业集团有限责任公司、淮安市洪泽东辉鼎茂企业管理中心（有限合伙）发行股票。根据中介机构出具的《审计报告》显示，2018 年 12 月 31 日公司经审计归属于挂牌公司股东的每股净资产为 2.06 元。根据公司于 2019 年 8

---

① 参见"汇博股份"全国中小企业股份转让系统披露的挂牌公告及国泰君安证券股份有限公司出具的《公开转让说明书》。

月20日发布的半年报显示,2019年1—6月未经审计归属于挂牌公司股东的每股净资产为1.59元。本次股票的发行价格为每股人民币1.022元,本次发行价格处于低位,针对本次股票发行是否适用股份支付准则进行会计处理,要求主办券商出具处理意见。

2. 关注焦点

股票发行价格处于低位,是否适用股份支付进行会计处理。

3. 合规解决方案①

(1)核查定向发行目的和定向发行定价依据。主办券商经核查认为,本次股票发行价格系由公司按照市场原则,综合考虑公司当前净利润水平、负债情况、发展需要等因素慎重估计后形成的,主要目的为改善公司当前的财务结构,公司本次发行无股权激励的意图,公司实际经营情况未发生重大变化。双方确定的发行价格能够较为充分地反映出当前公司股权的内在价值,是双方的真实、自愿的意思表示,符合公允所反映的公平、合适的内涵。

(2)核查公司融资意愿和定价较低的原因。公司的业务发展迫切需要资金支持,公司为了支撑自身发展,通过银行短期借款暂时性解决了公司的部分现金需求。本次股票发行与前一次股票发行完成的时间较为接近,基于此,虽然本次发行的价格较低,但是从融资目的及未来发展的实质来看,本次发行定价是合理且公允的。

4. 结论意见

本次发行不构成股份支付,不适用《企业会计准则第11号——股份支付》进行会计处理。

(三)核心员工合规性核查要点及合规解决方案

1. 项目概况

厦门恒坤新材料科技股份有限公司(832456,以下简称公司)成立于2004年12月10日,注册资本为4160.4万元人民币,其股票已在全国中小企业股份转让系统挂牌。2019年公司通过定向增发

---

① 参见"百味斋"全国中小企业股份转让系统披露的挂牌公告及西南证券股份有限公司出具的《公开转让说明书》。

股票进行融资，本次发行对象除了公司高管等之外，包括易荣坤、宋增超、赵明海、王静、陈颖峥、陈志明、陶懿宗、肖忠根、宋里千9名公司员工。

2. 关注焦点

易荣坤等9名公司员工是否为核心员工，公司对核心员工的认定是否合法合规，参与认购的发行人是否已经履行相关认定程序。

3. 合规解决方案①

（1）核查核心员工的劳动合同及界定依据。经核查，公司已经与易荣坤签署无固定期限的劳动合同，合同期限自2014年4月5日起算。《监督管理办法》第39条规定，"核心员工的认定，应当由公司董事会提名，并向全体员工公示和征求意见，由监事会发表明确意见后，经股东大会审议批准"。

（2）核查公司核心员工的认定程序的合规性。2019年5月31日，公司召开第二届董事会第二十六次会议，审议通过了《关于提名公司核心员工议案》，董事会提名易荣坤等9名员工为公司核心员工，同日公司召开第二届监事会第八次会议，审议通过了《关于提名公司核心员工议案》；2019年6月7日，公司召开2019年第一次职工代表大会，审议通过了《关于提名公司核心员工议案》。2019年6月15日，公司召开了2019年第六次临时股东大会，审议通过了《关于提名公司核心员工议案》。

（3）核查披露公告。2019年5月31日，公司在全国股份转让系统信息披露平台披露了《关于对拟认定核心员工进行公示并征求意见的公告》，并于2019年5月31日至2019年6月6日向全体员工进行公示并征求意见。截至公示期届满，全体员工均未对提名核心员工提出异议。

（4）核查发行方案和认购协议。根据《股票发行方案》和《认购协议》等文件，本次定向发行的对象中，易荣坤等9名员工为公司的核心员工。

---

① 参见"恒坤股份"全国中小企业股份转让系统披露的挂牌公告及上海锦天城（厦门）律师事务所出具的《法律意见书》。

4. 结论意见

据此,发行对象易荣坤等9名员工为公司的核心员工,已经与公司签署劳动合同,公司已经履行了关于核心员工的认定程序。同时,易荣坤等是公司的在册股东,亦符合《投资者适当性管理办法》规定的可在基础层、创新层以及精选层交易的自然人投资者。

(四)持股平台参加定向发行的合法性及是否穿透核查的合规解决方案

1. 项目概况

河南东方世纪交通科技股份有限公司(872986,以下简称发行人)为新三板挂牌的公司,2019年7月和8月,公司分别召开了第一届董事会第八次会议和2019年第二次临时股东大会,审议通过了《关于〈河南东方世纪交通科技股份有限公司2019年第一次股票发行方案〉的议案》和《关于签订附生效条件〈股票发行认购协议〉的议案》等议案。根据发行人提供的《证券持有人名册》,截至发行人2019年第二次临时股东大会股权登记日,公司本次股票发行前在册股东人数为2名,其中包括自然人股东1名、合伙企业股东1名。

2. 关注焦点

发行人《股票发行方案》和《股份认购协议》显示,本次股票发行对象为1个合伙企业。在本项目中,发行人股东和发行对象均包括合伙企业,中介机构应重点核查两个合伙企业的业务特点,准确核查股票定向发行后的股东人数,并对定向发行对象的合规性发表明确意见。

3. 合规解决方案 [①]

(1)合伙企业性质界定和合规解释。根据公司挂牌文件并经核查该合伙企业股东的工商档案及经营范围,经对公司高管和有关员工进行访谈,公司原股东中合伙企业为员工持股平台,共有35名自

---

① 参见"东方世纪"全国中小企业股份转让系统披露的挂牌公告及国浩(郑州)律师事务所出具的《法律意见书》。

然人合伙人（包含发行人 1 名自然人股东）。定向发行对象中的合伙企业属于私募基金，经中介机构核查，该合伙型私募基金已经在中国基金业协会履行了备案程序。

（2）穿透核查定向发行后股东人数。本次股票发行完成后，股东人数为 3 名，其中包括自然人股东 1 名、合伙企业股东 2 名。经穿透核查，发行人股东人数累计未超过 200 人，根据《业务细则》第 2 条第 2 款规定，本次股票发行尚需向全国股转公司履行备案程序。

4. 结论意见

两个合伙企业中作为股东的合伙企业为员工持股平台，作为认购对象属于已经合法备案的私募基金，为合格投资者，不构成定向发行的监管要求。

（五）定向发行的股东大会决议被异议股东起诉撤销的合规解决方案

1. 项目概况

纳晶科技股份有限公司（830933，以下简称公司）是一家在新三板挂牌的企业，2020 年 3 月 2 日公司召开第三届董事会第六次会议，审议了《关于审议〈公司定向发行说明书〉的议案》《关于签署附生效条件的〈股票认购协议〉的议案》，因关联方回避表决，致使出席会议的非关联董事表决人数不足 3 人，该等议案直接提交股东大会审议。2020 年 3 月 19 日召开 2020 年第二次临时股东大会，审议通过了上述议案。其中发行人股东彭笑刚、高磊生因可能参与本次定向发行，股东宁波新荟菁投资管理合伙企业（有限合伙）因系员工持股平台无法参与本次定向发行在表决时进行了关联回避。

2. 关注焦点

公司监事梁刚未能出席 2020 年第二次临时股东大会，公司股东王狄认为审议本次股票定向发行的股东大会严重损害股东利益，要求撤销股东大会。

就前述问题，中介机构应重点审核王狄起诉的原因，并针对王狄起诉的理由分析本次股东大会召开程序是否存在瑕疵、审议结果是否合法有效，本次股票定向发行是否侵犯中小股东的利益，以及公司是否存在同类的潜在纠纷，并明确发表意见。

3. 合规解决方案①

（1）核查起诉原因。根据王狄于 2020 年 5 月 6 日出具的《民事起诉状》，其要求撤销股东大会的具体原因为：第一，本次定向发行严重损害王狄自身及其他无法申购股东的利益，稀释了小股东和无法申购股东的股权；第二，发行人监事梁刚因个人原因未出席 2020 年第二次临时股东大会，违反《公司章程》中规定的"股东大会召开时，本公司全体董事、监事应当出席会议"之规定。基于前述，其根据《公司法》第 22 条和第 20 条之规定认为发行人 2020 年第二次股东大会既是应予撤销的行为也是无效的行为。

（2）股东王狄的诉讼没有法律依据。就适用法律而言，《公司法》第 20 条规定公司股东滥用股东权利给公司或者其他股东造成损失的情形，而王狄本次诉讼的被告为公司并非其他股东，且王狄的主张中亦未包括其他股东滥用股东权益行为要求其赔偿。《公司法》第 150 条规定，股东会或者股东大会要求董事、监事、高级管理人员列席会议的，董事、监事、高级管理人员应当列席并接受股东的质询。因此，《公司章程》中股东大会召开时监事应当出席会议的规定，系对公司监事勤勉尽责义务的要求，并非对股东大会召开程序的强制性规定。监事梁刚未能出席股东大会不构成违反《公司章程》的情形。因此，王狄对公司提起诉讼缺乏法律依据。

（3）公司股东大会合法有效，且不侵犯中小股东利益。如前所述，公司股东会的召开程序、关联回避表决、议案通过等合法有效。根据《股票定向发行说明书》，本次定向发行对象为权益登记日全体在册股东，除公司员工持股平台不能参与认购外，包括王狄在内的其他截至权益登记日的全体在册股东皆有权按其持有公司股份比例认购本次定向发行的股份，因此不存在严重损害王狄自身及其他无法申购股东的利益之情形。

（4）公司目前不存在同类潜在诉讼。经中介机构检索中国裁

---

① 参见"纳晶科技"全国中小企业股份转让系统披露的挂牌公告及君合律师事务所上海分所出具的《法律意见书》。

判文书网、中国执行信息公开网中的全国法院被执行人信息查询，截至定向发行的补充法律意见书出具日，不存在公司其他股东与公司之间与本次定向发行有关的纠纷。

4. 结论意见

定向发行的股东会决议没有法律瑕疵，股东王狄的诉讼不对本次定向发行产生实际障碍。

第四节　对赌等特殊投资条款常见问题及合规方案

对赌协议实质是估值调整协议（Valuation Adjustment Mechanism，VAM），所以我们日常听到的对赌协议所涉及问题其实和赌博无关，其英文表述更能反映其实际内容，有助于理解对赌的含义和特征。对赌协议是投资方与融资方在达成融资并购协议时，对于未来不确定的情况进行一种提前约定，双方协议约定一定的条件，如果约定的条件出现，融资方可以行使一种权利，如果约定的条件不出现，投资方则可以行使一种权利，所以，对赌协议实际上就是期权的一种形式，是通过条款的科学设计有效保护投资人利益。

随着新三板业务逐渐深入，公司在挂牌备案或定向增发引进投资者过程中签署对赌、股份回购等特殊条款协议的情形日渐增多。因此新三板的对赌日渐增多，也出现了许多问题，逐渐引起股转系统主管部门和监管层的注意，对新三板对赌进行规范逐渐进入监管层视野。

一、对赌等特殊投资条款对新三板挂牌的影响

股权结构明晰是新三板挂牌的基本条件，对赌协议的签署并不影响股权结构是否明晰。由于对赌的期权性质，其对新三板挂牌业

务的影响主要表现在以下几个方面：

1. 对赌等特殊投资条款影响股权的稳定性。由于对赌协议均约定了估值调整，在触发对赌条款的情况下，一旦投资方行权，公司的股权结构将发生变化。鉴于此，对赌协议存在股权结构发生变化的可能性，这势必对公司股权结构的稳定性产生影响。另外，投资方行权的价格往往低于正常市价或者免费，这必定会损害原有股东特别是中小股东的利益，也会对公司股权结构的稳定性产生潜在的影响。

2. 对赌协议可能导致公司实际控制人发生变更，影响公司的控制权。我国最早的对赌协议大部分均是投资人与上市或挂牌主体进行签订，一旦触发对赌条款，公司的控制将直接发生变更，因此这类以上市或挂牌进行对赌被叫停。目前现存的对赌协议均是投资人与公司大股东，特别是控股股东进行对赌，在此情况下，在触发对赌条款的情况，如果控股股东让与股权份额较大，可能导致公司的控股股东、实际控制人发生变更，投资人在获取更多的股权后，也有可能要求增加董事会席位，这将对公司的稳定性产生极大的影响。

3. 对赌可能对控股股东及公司的现金流产生影响。在股权回购对赌发生的情况下，出于对回购股权资金的需求，这有可能对大股东的资金流产生影响，可能诱发原股东的违法违规影响，从而影响到公司的现金流。

二、对赌等特殊投资相关法律规则体系

我国目前的法律体系中没有专门针对对赌的法律规定，关于对赌协议的效力分析、投资者保护机制法律规定主要体现在宏观方面的法律法规、司法解释和部门规章以及股权系统的监管问答中。

（一）《公司法》的相关规定

我国《公司法》第74条和第142条两个条文规定了收购本公司股份。

《公司法》第74条规定，有下列情形之一的，对股东会该项决

议投反对票的股东可以请求公司按照合理的价格收购其股权：

（1）公司连续5年不向股东分配利润，而公司该5年连续盈利，并且符合本法规定的分配利润条件的；（2）公司合并、分立、转让主要财产的；（3）公司章程规定的营业期限届满或者章程规定的其他解散事由出现，股东会会议通过决议修改章程使公司存续的。自股东会会议决议通过之日起60日内，股东与公司不能达成股权收购协议的，股东可以自股东会会议决议通过之日起90日内向人民法院提起诉讼。

《公司法》第142条规定，公司不得收购本公司股份。但是，有下列情形之一的除外：（1）减少公司注册资本；（2）与持有本公司股份的其他公司合并；（3）将股份用于员工持股计划或者股权激励；（4）股东因对股东大会作出的公司合并、分立决议持异议，要求公司收购其股份；（5）将股份用于转换上市公司发行的可转换为股票的公司债券；（6）上市公司为维护公司价值及股东权益所必需。

公司因前款第1项、第2项规定的情形收购本公司股份的，应当经股东大会决议；公司因前款第3项、第5项、第6项规定的情形收购本公司股份的，可以依照公司章程的规定或者股东大会的授权，经2/3以上董事出席的董事会会议决议。

公司依照本条第1款规定收购本公司股份后，属于第1项情形的，应当自收购之日起10日内注销；属于第2项、第4项情形的，应当在6个月内转让或者注销；属于第3项、第5项、第6项情形的，公司合计持有的本公司股份数不得超过本公司已发行股份总额的10%，并应当在3年内转让或者注销。

上市公司收购本公司股份的，应当依照《中华人民共和国证券法》的规定履行信息披露义务。上市公司因本条第1款第3项、第5项、第6项规定的情形收购本公司股份的，应当通过公开的集中交易方式进行。

公司不得接受本公司的股票作为质押权的标的。

（二）最高人民法院司法解释

2022年6月23日，最高人民法院印发《关于为深化新三板改革、设立北京证券交易所提供司法保障的若干意见》(法发〔2022〕17号),文件第9条规定对定向增发保底条款作了如下规定:在上市公司定向增发等再融资过程中,对于投资方利用优势地位与上市公司及其控股股东、实际控制人或者主要股东订立的"定增保底"性质条款,因其赋予了投资方优越于其他同种类股东的保证收益特殊权利,变相推高了中小企业融资成本,违反了证券法公平原则和相关监管规定,人民法院应依法认定该条款无效。为降低中小企业上市成本,对于证券中介机构以其与发行人及其控股股东、实际控制人等在上市保荐、承销协议、持续督导等相关协议中存在约定为由,请求补偿其因发行人虚假陈述所承担的赔偿责任的,人民法院不予支持。

从司法解释的出台背景及其内容可以看出,司法解释是针对北交所上市公司作出的,该司法解释并不能直接适用于沪、深交易所挂牌的上市公司。证监会于2006年9月发布的《证券发行与承销管理办法》明确规定:不得直接或通过其利益相关方向参与认购的投资者提供财务资助或者补偿。2020年2月14日,证监会发布《关于修改〈上市公司非公开发行股票实施细则〉的决定》(证监会公告〔2020〕11号),新增第29条:"上市公司及其控股股东、实际控制人、主要股东不得向发行对象作出保底保收益或变相保底保收益承诺,且不得直接或通过利益相关方向发行对象提供财务资助或者补偿。"从以上规定可以看出,证监会对定增保底行为也是禁止和反对的。但因证监会的规定属于行政规范性文件,而按照以往《合同法》、现行《民法典》的规定,只有违反法律、行政法规强制性规定的合同才能被认定为无效。因此,各地法院在审理上市公司定增保底合同纠纷中,对协议效力的认定并不一致。

未来,我们期待最高法出台司法解释为沪、深交易所挂牌的上市公司作此类似规定,以从根本上杜绝上市公司"定增保底"条款,维护证券市场公平、公开原则、让上市公司平等对待投资者。

(三)《全国法院民商事审判工作会议纪要》的相关规定

2019年11月8日,最高法官网公布了《全国法院民商事审判工作会议纪要》(法〔2019〕254号,以下简称《九民纪要》[①])。这份文件属于规范性文件,但其重要性却胜似法律法规,是现阶段司法实际操作指南。《九民纪要》第二部分关于公司纠纷案件的审理中"(一)关于'对赌协议'的效力及履行"对"对赌协议"进行了界定。《九民纪要》认为,实践中俗称的"对赌协议",又称估值调整协议,是指投资方与融资方在达成股权性融资协议时,为解决交易双方对目标公司未来发展的不确定性、信息不对称以及代理成本而设计的包含了股权回购、金钱补偿等对未来目标公司的估值进行调整的协议。[②]

根据《九民纪要》第5条的约定,投资方与目标公司订立的"对赌协议"在不存在法定无效事由的情况下,目标公司仅以存在股权回购或者金钱补偿约定为由,主张"对赌协议"无效的,人民法院不予支持,但投资方主张实际履行的,人民法院应当审查是否符合公司法关于"股东不得抽逃出资"及股份回购的强制性规定,判决是否支持其诉讼请求。

投资方请求目标公司回购股权的,人民法院应当依据《公司法》第35条关于"股东不得抽逃出资"或者第142条关于股份回购的强制性规定进行审查。经审查,目标公司未完成减资程序的,人民法院应当驳回其诉讼请求。

投资方请求目标公司承担金钱补偿义务的,人民法院应当依据《公司法》第35条关于"股东不得抽逃出资"和第166条关于利润分配的强制性规定进行审查。经审查,目标公司没有利润或者虽有利润但不足以补偿投资方的,人民法院应当驳回或者部分支持其诉讼请求。今后目标公司有利润时,投资方还可以依据该事实另行提起诉讼。

---

① 《九民纪要》源于最高人民法院2019年7月3日至4日在黑龙江省哈尔滨市召开的全国法院民商事审判工作会议发布的会议纪要征求意见稿,经过4个月的征求意见,于11月8日正式发布,因为是第九次全国法院民商事审判工作会议纪要,所以习惯称其为《九民纪要》。

② 参见最高人民法院民事审判第二庭:《〈全国法院民商事审判工作会议纪要〉理解与适用》,人民法院出版社2019年版,第112页。

关于股份回购问题，《九民纪要》要求依据《公司法》第 142 条关于股份回购的强制性规定进行审查。《公司法》第 142 条是关于股份有限公司收购本公司股份的规定，《九民纪要》或许遗漏了《公司法》第 74 条是有关有限责任公司股权回购的规定。《公司法》第 74 条虽然是以穷尽的方式列举了有限责任公司的股东可以请求公司回购股权的几种情形，但最高人民法院《关于适用〈中华人民共和国公司法〉若干问题的规定（五）》规定了人民法院审理涉及有限责任公司股东重大分歧案件时可以通过公司回购部分股东股权、公司减资等方式解决当事人争议。

值得注意的是，《九民纪要》对于公司股权、股份未予区分。实际上在《公司法》条文中，对公司股权、股份是规范化区分表述的，有限责任公司的表述是股权，股份有限公司的表述是股份，股份有限公司的股权是股份化的，而有限责任公司显然不是。对公司股权、股份不予区分，在此前出台的《最高人民法院关于适用〈中华人民共和国公司法〉若干问题的规定（五）》第 5 条中亦有体现，将有限责任公司的股权表述为股份，此种情况此前是没有的。

《九民纪要》提出的意见是，经审查，目标公司未完成减资程序的，人民法院应当驳回投资方关于股权回购的诉讼请求。根据《公司法》第 43 条、第 103 条，公司减资系股东（大）会特别审议事项，有限责任公司必须经代表 2/3 以上表决权的股东通过，股份有限公司必须经出席会议的股东所持表决权的 2/3 以上通过。而根据《九民纪要》第 29 条，请求召开股东（大）会系不可诉事项，认为公司召开股东（大）会本质上属于公司内部治理范围，股东请求判令公司召开股东（大）会的，人民法院应当告知其按照《公司法》第 40 条或者第 101 条规定的程序自行召开，股东坚持起诉的，人民法院应当裁定不予受理，已经受理的，裁定驳回起诉。

（四）全国股转公司的监管问答

2016 年 8 月 8 日，全国股转公司发布了《挂牌公司股票发行常见问题解答（三）——募集资金管理、认购协议中特殊条款、特殊类

型挂牌公司融资》①和过渡安排通知,大范围禁止对赌条款,包括:

1. 限制挂牌公司未来股票发行融资的价格(反稀释条款被禁)。

2. 禁止强制要求挂牌公司进行权益分派,或不能进行权益分派(强制分红权被禁)。

3. 挂牌公司未来再融资时,如果新投资方与挂牌公司约定了优于本次发行的条款,则相关条款自动适用于本次发行认购方(最优权被禁)。

4. 发行认购方有权不经挂牌公司内部决策程序直接向挂牌公司派驻董事或者派驻的董事对挂牌公司经营决策享有一票否决权,此项条款被禁止(不合理、不合程序的保护性条款被禁)。

5. 禁止不符合相关法律法规规定的优先清算权条款(清算优先权被禁)。

6. 其他损害挂牌公司或者挂牌公司股东合法权益的特殊条款(兜底性禁止条款)。

7. 挂牌公司作为特殊条款的义务承担主体。

反稀释条款、最优权和优先清算权,基本属于 VC/PE 签订 SPA 时的必要条款,都是大部分 VC 用来保护自身权益的重要条款,也是大部分 SPA 中的标准必备条款。该规定实施将对 VC 投资产生重大影响。有投资人认为,反稀释和清算优先权对机构本身就是安慰性条款,因投资机构投资的早期项目,基本都是轻资产公司,一旦触发清算优先权条款,说明目标公司已经走到清算这一步,投资机

---

① 2018 年 10 月 25 日,全国股转公司发布《关于挂牌公司股票发行有关事项的规定》的公告,为加强对挂牌公司股票发行业务的监督管理,规范股票发行行为,保护投资者合法权益,全国股转公司制定了《关于挂牌公司股票发行有关事项的规定》《全国中小企业股份转让系统股票发行业务指引第 1—4 号》,修订了《全国中小企业股份转让系统股票发行业务指南》,自发布之日起实施。根据该公告,2016 年 8 月 8 日发布的《挂牌公司股票发行常见问题解答(三)——募集资金管理、认购协议中的特殊条款、特殊类型挂牌公司融资》中关于募集资金管理和认购协议中的特殊条款的监管要求与新规定不一致的,以新规定为准。鉴于此,笔者建议大家在实际业务中,注意区分新旧文件中关于募集资金管理和认购协议中的特殊条款的监管要求的不同规定,根据业务发生的不同时间、适用不同的规定,做出正确的合规判断。

构也几乎很难回收资金，实操中也起不到保障作用，笔者认同这种观点。

反稀释条款，为了公司运营需要，投资机构和创始股东为了后轮融资需要也会根据资本市场情况和项目情况，接受公司估值调整，项目能活下去持续经营，迎来转机比估值重要。不过，由于早期项目，创业者相对弱势地位，机构与创始股东之间关于反稀释和业绩承诺方面的补偿条款依然会以其他合规的方式存在。

总体上，投资机构的投资决策主要依赖于对创始人的认可，项目所在领域以及团队与领悟的匹配的判断，而不仅仅看业绩承诺对赌，这两个条款更多是保护性条款，对投资本身不会有太大影响。另外，没有优先权，同股同权，有利于后进入者可以更直接判断项目，历史的限制性条款不再对促进新三板的流动性有帮助。

2019年4月19日，全国股转公司发布了《挂牌公司股票发行常见问题解答（四）——特殊投资条款》[①]，对投资者参与挂牌公司股票发行时约定的特殊投资条款应当符合哪些监管要求作出了明确回答：

投资者参与挂牌公司股票发行时约定的特殊投资条款，不得存在以下情形：（1）挂牌公司作为特殊投资条款所属协议的当事人，但投资者以非现金资产认购或发行目的为股权激励等情形中，挂牌公司作为受益人的除外；（2）限制挂牌公司未来股票发行融资的价格或发行对象；（3）强制要求挂牌公司进行权益分派，或者不能进行权益分派；（4）挂牌公司未来再融资时，如果新投资方与挂牌公司约定了优于本次发行的特殊投资条款，则相关条款自动适用于本次发行认购方；（5）发行认购方有权不经挂牌公司内部决策程序直

---

① 2021年11月12日，全国股转公司关于发布《全国中小企业股份转让系统股票定向发行业务规则适用指引第1号》的公告，根据该公告，《全国中小企业股份转让系统股票定向发行业务规则适用指引第1号》自2021年11月15日起施行，2019年4月19日发布的《挂牌公司股票发行常见问题解答（四）——特殊投资条款》同时废止。因作者引用的案例时期涵盖《挂牌公司股票发行常见问题解答（四）——特殊投资条款》有效期，因此将其纳入本书特殊条款的法律规则体系。

接向挂牌公司派驻董事,或者派驻的董事对挂牌公司经营决策享有一票否决权;(6)不符合相关法律法规规定的优先清算权、查阅权、知情权等条款;(7)触发条件与挂牌公司市值挂钩;(8)其他损害挂牌公司或者其股东合法权益的特殊投资条款。

(五)全国股转公司发布的业务规则

2023年2月17日,全国股转公司发布《全国中小企业股份转让系统股票挂牌审查业务规则适用指引第1号》(股转公告〔2023〕36号),该文件1—8对赌等特殊投资条款就申请挂牌公司涉及对赌等特殊投资条款的相关事项明确如下:

投资方在投资申请挂牌公司时约定的对赌等特殊投资条款存在以下情形的,公司应当清理:(1)公司为特殊投资条款的义务或责任承担主体;(2)限制公司未来股票发行融资的价格或发行对象;(3)强制要求公司进行权益分派,或者不能进行权益分派;(4)公司未来再融资时,如果新投资方与公司约定了优于本次投资的特殊投资条款,则相关条款自动适用于本次投资方;(5)相关投资方有权不经公司内部决策程序直接向公司派驻董事,或者派驻的董事对公司经营决策享有一票否决权;(6)不符合相关法律法规规定的优先清算权、查阅权、知情权等条款;(7)触发条件与公司市值挂钩;(8)其他严重影响公司持续经营能力、损害公司及其他股东合法权益、违反公司章程及全国股转公司关于公司治理相关规定的情形。

2023年2月17日,全国股转公司颁布《全国中小企业股份转让系统股票定向发行业务规则适用指引第1号》(股转公告〔2023〕44号)。《全国中小企业股份转让系统股票定向发行业务规则适用指引第1号》4.1对特殊投资条款的规范性提出如下要求:

发行对象参与发行人股票定向发行时约定的特殊投资条款,不得存在以下情形:(1)发行人作为特殊投资条款的义务承担主体或签署方,但在发行对象以非现金资产认购等情形中,发行人享有权益的除外;(2)限制发行人未来股票发行融资的价格或发行对象;(3)强制要求发行人进行权益分派,或者不能进行权益分派;(4)发行人未来再融资时,如果新投资方与发行人约定了优于本次发行的条款,则相关条款自动适用于本次发行的发行对象;(5)发行对象有权不经发行人内部决策程序直接向发行人派驻董事,或者派驻的董事对发行人经营决策享有一票否决权;(6)不符合法律法规关于剩余财产分配、查阅、知情等相关权利的规定;(7)触发条件与发行人市值挂钩;(8)中国证监会或全国股转公司认定的其他情形。

三、对赌等特殊投资条款合法合规的核查要点

对新三板对赌等特殊投资协议的审核,主要根据《挂牌公司股票发行常见问题解答(三)——募集资金管理、认购协议中特殊条款、特殊类型挂牌公司融资》《全国中小企业股份转让系统股票挂牌审查业务规则适用指引第1号》《全国中小企业股份转让系统股票定向发行规则适用指引第1号》进行。实务中应重点审核对赌协议的内容是否存在前述业务规则禁止的情形,具体包括以下几个方面:

1. 核查对赌协议的签署主体为股东,还是控股股东或实际控制人;

2. 核查投资者认购方式。投资者以非现金资产认购,且挂牌主体作为受益人时,投资者可以与挂牌主体签订对赌协议;

3. 核查定向发行目的。定向发行目的为股权激励,挂牌公司作为受益人的情形下,挂牌主体可以作为协议的当事一方;

4. 是否存在限制未来股价或强制分红条款。为保护其他投资人特别是中小股东利益,对赌协议不能限制挂牌公司未来股票发行融资的价格或发行对象、强制要求挂牌公司进行权益分派,或者不能进行权益分派;

5. 是否存在董事一票否决权。为保持公司的稳定性,避免投资者将来单方控制公司,解答(三)禁止投资人不经内部决策程序直接向拟挂牌公司派驻董事,或者派驻的董事对挂牌公司经营决策享有一票否决权;

6. 是否存在不符合相关法律法规规定的优先清算权、查阅权、

知情权等条款；

7. 对赌条款是否存在其他损害挂牌公司或者其股东合法权益的特殊投资条款；

8. 对于控股股东或实际控制人承担业绩补偿的，应核查控股股东和实际控制人偿付能力，是否具备履行业绩补充的能力；

9. 对于控股股东或实际控制人履行回购义务的，应核查控股股东和实际控制人持股比例，以及触发回购义务时对公司股权结构的影响；

10. 核查股份认购协议签订时间是否在最高法出台《关于为深化新三板改革、设立北京证券交易所提供司法保障的若干意见》之后，以判断特殊条款协议的效力。

四、对赌等特殊条款常见问题的合规方案

1. 对于符合挂牌时的监管规定，但属于现行《全国中小企业股份转让系统股票挂牌审查义务规则适用指引第1号》规定的应当清理的特殊投资条款，应予以终止；

2. 公司针对对赌主体的对赌条款，需要不可撤销地终止，并确认该等条款自始无效，自始无效确认文件的签署日应早于申报基准日；

3. 公司针对回购义务人的回购条款，需要不可撤销地终止，并确认该等条款自始无效，自始无效确认文件的签署日应早于申报基准日；

4. 公司针对义务或责任承担主体的其他特殊投资条款，亦需不可撤销地终止，不应附带效力恢复条款，否则可能被视为未彻底终止；

5. 对于控股股东和实际控制人与投资人签订的业绩对赌协议、回购条款、清算补偿条款、反稀释现金补偿条款、优先购买及共同出售条款等特殊条款，如果未终止相关条款的，应规范公司治理和公司内控制度；

6. 对于在最高法《关于为深化新三板改革、设立北京证券交易所提供司法保障的若干意见》出台后签订的特殊投资条款，应该予以解除或终止或直接认定为无效。

五、对赌等特殊投资条款合规案例分析

（一）投资人与挂牌企业对赌的瑕疵问题及合规解决方案

1. 项目概况

广东新南方青蒿药业股份有限公司（870644，以下简称青蒿药业）的前身是广东新南方青蒿药业有限公司（以下简称青蒿有限）。2016年5月13日，青蒿有限召开股东会一致同意：青蒿有限注册资本由10000.00万元增加至11111.1111万元，银华财富资本管理（北京）有限公司（以下简称银华资本）通过设立资产管理计划"银华资本生命1号专项资产管理计划"向公司增加投资3亿元人民币，其中1111.1111万元人民币计入公司注册资本，其余28888.8889万元人民币全部计入公司的资本公积金。

2016年5月20日，银华资本与公司、公司其他股东珠光集团、新南方集团签订了《关于广东新南方青蒿药业有限公司之增资扩股协议》（以下简称《增资协议》），约定若未来目标公司（即挂牌公司青蒿药业）实行员工持股计划，其估值不得低于本次银华资本投资估值的90%；若未来目标公司增资扩股，其估值不得低于本次银华资本的投资估值，否则，公司控股股东集团公司及目标公司连带及不可撤销地以股权或现金的形式向银华资本予以补足。

2. 关注焦点

上述《增资协议》含有估值特别条款，且签约主体为投资人银华资本与公司控股股东及目标公司，对此协议的合规问题应予以关注。根据《挂牌公司股票发行常见问题解答（四）——特殊投资条款》的规定，投资者参与挂牌公司股票发行时约定的特殊投资条款，不得以挂牌公司作为特殊投资条款所属协议的当事人。

3. 合规解决方案[①]

（1）签订《补充协议》解除了目标公司对赌条款项下的责任和

[①] 参见"青蒿药业"全国中小企业股份转让系统披露的挂牌公告及北京中银律师事务所出具的《法律意见书》。

义务。2016年8月，银华资本与珠光集团、新南方集团和公司签订了《关于广东新南方青蒿药业有限公司之增资扩股协议补充协议（一）》，约定若未来目标公司增资扩股，其估值不得低于本次银华资本的投资估值，否则，公司控股股东新南方集团连带及不可撤销地以股权或现金的形式向银华资本予以补足。

（2）附条件修改《增资协议》，删除估值条款。2016年8月，上述各方签订《关于广东新南方青蒿药业有限公司之增资扩股协议补充协议（二）》，将原来约定的估值条款予以删除，增加如下约定：自目标公司取得挂牌函之日，若目标公司实行员工持股计划，其估值低于本次银华资本投资估值的90%，或未来目标公司增资扩股，其估值低于本次银华资本的投资估值，新南方集团连带及不可撤销地以股权或现金的形式向银华资本进行差额补足。《补充协议（二）》同时规定，若公司自取得挂牌函3个月之内未实现在股转系统挂牌，则《增资协议》的对赌条款自动恢复执行。

（3）核查确认新南方集团具有履约能力。经核查，若上述条件成就触发对赌条款，新南方集团有充足资本履行上述协议约定的义务，不会导致公司股权变动和控制权的转移。

4.结论意见

鉴于公司解除了目标公司对赌协议项下的责任，因此，银华资本与新南方集团上述对赌条款的约定对公司、公司治理、公司业绩等不产生不利影响，该约定不会对公司新三板挂牌产生实质障碍。

（二）投资人与控股股东签订回购条款的合规解决方案

1.项目概况

常州漫道罗孚特网络科技有限公司（以下简称公司）成立于2012年6月，由郑浩和蒋薇发起设立，注册资本300万元，郑浩和蒋薇两人系夫妻、一致行动人，为公司的实际控制人。

2014年7月28日召开临时股东会，同意公司注册资本由351.2万元增加到428万元，由重庆明壹股权投资基金合伙企业（有限合伙）累计出资64万元；由常州龙城英才创业投资有限公司累计出资38.4万元；由常州产权交易所累计出资25.6万元；会计师事务所出具的《验资报告》,公司已收到股东新增注册资本(实收资本)合计人民币76.8万元。

2. 关注焦点

经律师查验,2013年5月,郑浩、蒋薇作为甲方,重庆明壹股权投资基金合伙企业(有限合伙)(以下简称明壹投资)作为乙方,龙城英才作为丙方,常州产权交易所作为丁方,四方签署了《股权增资合同》,就乙、丙、丁三方投资入股常州漫道罗孚特网络科技有限公司(以下简称目标公司)的具体事宜作出了约定,该《股权增资合同》存在对赌、补偿条款、赎回条款、反稀释条款、强制清算条款及利润和清算财产分配条款。

其中业绩补偿条款约定,甲方对目标公司在一定时间内的经营业绩进行承诺,如目标公司未能完成2014年、2016年、2017年和2018年之净利润目标,则甲方之郑浩、蒋薇需按各方约定的方案支付现金补偿或调整乙方、丙方、丁方所持有目标公司的股权比例。

3. 合规解决方案[①]

(1)投资人放弃业绩承诺。2015年3月,明壹投资与原股东郑浩、蒋薇签订《关于常州漫道罗孚特网络科技有限公司股权增资合同的履行备忘录》,约定明业投资(备注:2016年5月明业投资因受让股权取代明壹投资)放弃关于2014年业绩对赌的执行。同年12月,郑浩、蒋薇、明业投资、龙城创投签订《常州漫道罗孚特网络科技有限公司股权增资合同补充协议》,放弃对赌的有关约定,同意于目标公司取得全国中小企业股份转让系统公司同意挂牌的审查意见之日生效。

(2)让渡股权换取对赌协议的解除。2016年10月,明业投资、刘国军分别与原股东郑浩、蒋薇签订《关于常州漫道罗孚特网络科技有限公司股权增资合同的履行备忘录》,放弃《股权增资合同》对于有关约定,该等条款不再对甲乙双方具有法律约束力。同年12月,蒋薇向龙城创投无偿转让目标公司2.3%股权,以此作为对龙

---

① 参见"漫道图像"全国中小企业股份转让系统披露的挂牌公告及北京华一律师事务所出具的《法律意见书》。

城创投自愿放弃《股权增资合同》关于 2014 年、2016 年业绩对赌的执行所带给乙方影响的补偿。

4. 结论意见

鉴于各方已放弃 2014 年、2016 年对赌业绩的执行，同时明业投资、刘国军已解除业绩承诺、回购条款、退出优先顺序等条款。龙城创投将会在股份公司向全国中小企业股份转让系统提交申报材料之日起解除业绩承诺、回购等条款，上述对赌的有关约定已经得到妥善处置，不会影响挂牌主体的稳定性。

（三）投资人提名董事涉嫌一票否决权的法律瑕疵及合规解决方案

1. 项目概况

北京喂呦科技股份有限公司（873398，以下简称公司）的前身是北京喂呦科技有限公司（以下简称有限公司），成立于 2014 年 7 月。2016 年 4 月，北京互联创业投资合伙企业（有限合伙）（以下简称互联创投）与有限公司及公司股东唐阳、田雪峰、张菁、苏冠华、唐悦、熊家涛、赵晓峰签署《北京喂呦科技有限公司 A 轮融资及股东协议》（以下简称《融资协议》）及《北京喂呦科技有限公司 A 轮融资及股东协议之补充协议》（以下简称《补充协议》），互联创投向有限公司投资人民币 1200 万元，其中认购公司新增注册资本 61.7978 万元，占有限公司出资额的 11%，超出注册资本的 1138.2022 万元计入资本公积。

互联创投本次对公司增资，增资协议中存在对赌条款，《融资协议》及《补充协议》中的 6.3.1 约定：如果公司出现在交割后 5 年内未能以投资人认可的条件进行合格 IPO、新三板挂牌或被并购、公司现有股东出现重大诚信问题、未经投资人或其提名的董事事先同意，公司的生产经营、业务范围发生实质性调整等情形，管理层股东应在收到投资人书面要求后的一个月内分别收购投资人所持有的全部或部分公司股权并支付全部对价。

2. 关注焦点

互联创投与公司及股东签订的《融资协议》及《补充协议》

全国股转公司在第二轮反馈时，要求请主办券商及律师核查并发表明确的核查意见：（1）关于协议中"未经投资人或其提名的董事事先同意，公司的生产经营、业务范围发生实质性调整"条款是否属于《挂牌公司股票发行常见问题解答（四）——特殊投资条款》中"发行认购方有权不经挂牌公司内部决策程序直接向挂牌公司派驻董事，或者派驻的董事对挂牌公司经营决策享有一票否决权"的情形；（2）各类特殊条款是否符合公司章程、公司三会议事规则等公司治理的规定，是否存在违反《挂牌公司股票发行常见问题解答（四）——特殊投资条款》规定的情形。请公司补充披露上述事项。

3. 合规解决方案①

（1）签订补充协议，删除一票否决权的相关约定。经律师查阅北京互联创业投资合伙企业（有限合伙）与公司及股东签订的《北京喂呦科技有限公司A轮融资及股东协议》《北京喂呦科技有限公司A轮融资及股东协议之补充协议》，其中有规定："6.3.1 如果发生任何下列事件，管理层股东（唐阳、田雪峰、赵晓峰）应在收到投资人书面要求后的一个月内分别收购投资人所持有的全部或部分公司股权并支付全部对价：……（7）未经投资人或其提名的董事事先同意，公司的生产经营、业务范围发生实质性调整。"

项目主办律师认为，对于6.3.1"（7）未经投资人或其提名的董事事先同意，公司的生产经营、业务范围发生实质性调整"条款，虽未明确赋予投资者或其派驻董事对于经营事项的一票否决权，但如未经投资人或其提名的董事事先同意，公司生产经营、业务范围发生实质性调整就会触发管理层股东的回购义务，因此在实质上相当于投资人或其提名董事享有对公司"生产经营、业务范围"事项实质调整决策的一票否决权，违反了《挂牌公司股票发行常见问题解答（四）——特殊投资条款》相关规定。

经公司及股东与投资人充分协商，各方于2019年10月21日签订《北京喂呦科技有限公司A轮融资及股东协议之补充协议（二）》，

---

① 参见"喂呦科技"全国中小企业股份转让系统披露的挂牌公告及北京市君致律师事务所出具的《法律意见书》。

删除了"未经投资人或其提名的董事事先同意,公司的生产经营、业务范围发生实质性调整"条款,前述条款删除后,将不再影响本次新三板挂牌。

(2)核查其他各类特殊条款的合规性以及对公司治理的影响。经查阅增资协议及补充协议,根据《北京喂呦科技有限公司A轮融资及股东协议之补充协议(二)》,对于投资人反稀释保护、清算优先受偿等特殊权利的享受时间点调整至证监会或全国股转公司受理申报材料并出具受理函前,因公司已取得全国股转公司挂牌申请受理通知书,因此该条款实质上已经失效。对于"本补充协议自各方签字盖章之日起生效,但如果公司未在2019年12月31日前取得全国股转系统关于新三板挂牌申请的受理函或者虽已受理但最终未获得全国股转公司同意挂牌并转让的正式核准,则本补充协议自动失效"条款,该条款为附解除条件的条款,在协议签订时至审查期间生效,如果公司顺利完成挂牌,解除条件不会成就,《北京喂呦科技有限公司A轮融资及股东协议之补充协议(二)》效力不受影响,不会对本次挂牌构成实质性障碍。综上,各类特殊条款符合公司章程、公司三会议事规则等公司治理的规定,不存在违反《挂牌公司股票发行常见问题解答(四)——特殊投资条款》规定的情形。

4.结论意见

(1)关于协议中"未经投资人或其提名的董事事先同意,公司的生产经营、业务范围发生实质性调整"条款实质上属于《挂牌公司股票发行常见问题解答(四)——特殊投资条款》中"发行认购方有权不经挂牌公司内部决策程序直接向挂牌公司派驻董事,或者派驻的董事对挂牌公司经营决策享有一票否决权"的情形,但是已经《北京喂呦科技有限公司A轮融资及股东协议之补充协议(二)》删除该条款,不影响本次挂牌。

(2)公司签订的《北京喂呦科技有限公司A轮融资及股东协议》《北京喂呦科技有限公司A轮融资及股东协议之补充协议》,及《北京喂呦科技有限公司A轮融资及股东协议之补充协议(二)》除已披露的股权回购或现金补偿条款外,不存在其他损害公司或公司股东合法权益的特殊条款,公司控股股东如履行条款义务不会影响到公司控制权的稳定。公司签订的上述协议不存在以下条款：第一，公司作为特殊条款的义务承担主体；第二，限制公司股票发行融资的价格；第三，强制要求公司进行权益分派，或不能进行权益分派；第四，公司未来再融资时，如果新投资方与公司约定了优于投资者此次投资的条款，则相关条款自动适用于签订对赌条款的投资方；第五，投资方有权不经公司内部决策程序直接向派驻董事或者派驻的董事对申请挂牌公司经营决策享有一票否决权；第六，不符合相关法律法规规定的优先清算权条款。综上，各类特殊条款符合公司章程、公司三会议事规则等公司治理的规定，不存在违反《挂牌公司股票发行常见问题解答（四）——特殊投资条款》规定的情形。

（四）挂牌公司作为协议主体及与实际控制人对赌回购对公司稳定性的影响

1. 项目概况

浙江夜光明光电科技股份有限公司（833841，以下简称夜光明或公司）前身是台州市万创工贸有限公司，设立于2005年，设立时的注册资本为180万元人民币，由陈国顺、王增友发起设立，两人现为公司的实际控制人。

2019年7月，台州汇明股权投资合伙企业（有限合伙）（以下简称汇明投资）向公司增资。汇明投资与夜光明、公司实际控制人陈国顺、王增友签订股份认购协议，约定各方，如果夜光明在完成本次股份认购工商变更登记之日起3年内未能提交首次公开发行股票并上市申请材料或未能成功上市，本次增资对象有权要求公司实际控制人按持股比例回购其所持有的夜光明股份，并约定了回购计算方式。

2. 关注焦点

汇明投资本次增资涉及的特殊投资条款。夜光明挂牌资料提交后，全国股转公司反馈要求主办券商和律师核查以下问题：(1) 公司为特殊投资条款所属协议的签署方，公司在前述认购协议中承担的义务或责任；以及是否对公司产生其他不利影响；(2) 公司实际控制人是否具备履约能力，公司挂牌是否触发前述回购义务的履行，公司实际控制人的回购义务的履行在公司挂牌后是否面临制度障碍，对公司控制权稳定性及其他公司经营管理事项是否产生不利影响进行核查并发表明确意见。

3. 合规解决方案[①]

（1）核查《股权认购协议》内容及公司义务。律师核查后认为《股权认购协议》涉及上述特殊条款的义务履行主体为公司实际控制人陈国顺、王增友，不存在特殊条款义务履行主体为公司的情形，即公司未在前述已披露的特殊投资条款或其他特殊投资条款中承担义务或责任，不会对公司产生不利影响。

（2）核查特殊投资条款合规性。经律师核查，除了公司作为特殊投资条款所属协议的当事人外，前述特殊投资及所属协议中不存在《挂牌公司股票发行常见问题解答（四）——特殊投资条款》中规定的其他不符合监管要求的情形。

（3）核查特殊投资条款的合法有效性。2019年7月，公司召开2019年临时股东大会，审议通过了《关于公司新增注册资本的议案》及《关于签署附生效条件〈股份认购协议〉的议案》，同意汇明投资本次认购事宜，公司履行了必要的内部决策程序。经律师核查，本《股份认购协议》的内容不存在全国股转系统禁止的情形，不存在违反《公司章程》的情形，在公司挂牌后不存在制度障碍。

（4）访谈公司实际控制人。经访谈公司的实际控制人，公司及实际控制人与汇明投资签订的《股份认购协议》系各方真实意思表示，该股份认购协议约定的公司承担的义务未损害挂牌公司或者其他股东合法权益。公司未在与汇明投资签订的《股份认购协议》已披露的特殊投资条款或其他特殊投资条款中承担义务或责任，前述特殊投资条款内容未违反《公司法》等其他法律法规的强制性规定，合法有效。

（5）本次挂牌不会触发回购义务的履行。根据《股份认购协议》的约定，"如果夜光明在完成本次股份认购工商变更登记之日

[①] 参见"夜光明"全国中小企业股份转让系统披露的挂牌公告及北京德恒（杭州）律师事务所所出具的《法律意见书》。

起三年内未能提交首次公开发行股票并上市申请材料或未能成功上市，本次增资对象有权要求公司实际控制人按持股比例回购其所持有的夜光明股份"。本次股份认购工商变更登记日期为 2019 年 8 月 26 日，尚未达到约定的回购期限，且根据对汇明投资授权代表的访谈，公司本次挂牌不会触发前述回购义务的履行，汇明投资不会因此要求公司实际控制人履行回购义务。

（6）查验实际控制人提供的资信。根据公司的工商档案及提供的资料显示，汇明投资持有公司股票 200 万股，认购价格为 7 元/股，陈国顺直接持有公司股票 979 万股，王增友直接持有公司股票 669.72 万股，截至 2020 年 4 月 30 日，夜光明每股净资产 3.87 元。根据实际控制人陈国顺、王增友出具的说明，提供资产证明、个人征信报告公司实际控制人具有履约能力。即使触发回购条款，公司实际控制人能够履行约定。

（7）股权回购不会影响公司的稳定性。本次增资对象有权要求公司实际控制人按持股比例回购其所持有的公司股份。如汇明投资要求履行股份回购义务，公司实际控制人将使用自有资金按各自持股比例回购人汇明投资持有的公司全部或部分股权，将会增加实际控制人的持股比例，不会影响其对公司享有的实际控制权。且因汇明投资持股比例较小，股份回购不会使公司股权比例产生较大变动，不会对公司控制权稳定性产生不利影响。汇明投资未向公司股东大会提名董事及高管候选人，其作为财务投资人，未参与公司实际经营，未来如果汇明投资退出公司，不会影响公司正常运营，亦不会导致公司股权结构及管理层的重大变动，不会影响公司未来持续经营及其他权益。

4. 结论意见

公司未在特殊投资条款中承担任何义务，实际控制人具有履行能力，即使触发回购条款，不会对公司的控制权、公司经营管理和公司的稳定性产生影响。

第四章
新三板精选层挂牌法律合规

第一节　新三板精选层挂牌基本情况[①]

新三板精选层是全国股转公司于特殊时间为深化新三板改革、提升新三板流动性采取的有力举措。有别于新三板基础层和创新层的定向发行，精选层挂牌需要首先完成向不特定合格投资者公开发行股票，因此精选层挂牌被业界统称为小IPO。

新三板精选层与北交所关系紧密，建立北交所的主要思路即是按照分步实施、循序渐进的原则，总体平移精选层各项基础制度，坚持北交所上市公司由创新层公司产生，维持新三板基础层、创新层与北京证券交易所"层层递进"的市场结构，同步试点证券发行注册制。可以说新三板精选层挂牌和北交所上市是从不同角度看到的一个事物两个方面，是我国资本市场发展过程中新交易所诞生的特定时刻出现的一个特殊历史现象。

一、新三板精选层诞生

2019年12月，股转系统发布《分层管理办法》[②]，精选层正式以制度方式确定下来。精选层的增设激活了新三板优质存量市场，并给增量市场带来良好示范效应。精选层的设立，使新三板市场呈现出金字塔形结构，不同层次定位有所不同，其中基础层面向的是

[①] 北交所开市后，精选公司已经平移至北交所，精选层已经退出历史舞台。目前，新三板分层制度只包括基础层与创新层。鉴于北交所平移了新三板精选层的大部分制度，且北交所首批上市公司均通过新三板精选层挂牌并最终转战至北交所，为了大家能全面了解新三板特殊时期所有制度规则及实务，笔者在此为大家介绍新三板精选层的有关内容。

[②] 该制度已经于2021年7月31日进一步修订，此处从精选层制度诞生角度论证。

满足基本条件的中小企业,创新层面向的是初具规模尚处于成长期的中小企业,而精选层则是面向公众化程度较高的优质企业。根据同时发布的《全国中小企业股份转让系统股票交易规则》,精选层实行连续竞价交易,与沪深股市相同,将大幅提升市场的流动性。

自2019年10月25日证监会"官宣"新三板全面深化改革正式启动以来,在融资方面,符合条件的公司完成公开发行后,进入精选层挂牌,并可以实施连续竞价交易,自此,新三板市场在定向增发基础上增加了公开发行融资方式。据东方财富Choice数据整理,全面深化改革以来,新三板市场共完成996次发行,融资金额达471.6亿元。其中,有51家精选层公司顺利完成公开发行,融资金额达127.01亿元,占比27%,[1] 新三板市场实现了公开发行融资从0元到百亿元的突破。

根据全国股转公司官网统计的数据显示,截至2021年10月19日,精选层挂牌企业已经达到66家,前述66家企业的基本情况见表11:[2]

表11 精选层企业基本情况一览表

精选层企业数量	总股本 (亿股)	流通股本 (亿股)	成交股数 (万股)	成交金额 (万元)
66	108.99	51.16	997.23	19334.88

2021年9月23日,惠州市锦好医疗科技股份有限公司(锦好医疗,872925)收到中国证监会批复,核准其向不特定合格投资者公开发行股票不超过1250万股新股,成为北交所第一股。此后北京恒合信息技术股份有限公司(恒合股份,832145)、广东广咨国际工程投资顾问股份有限公司(广咨国际,836892)、广脉科技股

---

[1] 参见《全面深化新三板改革效应显现:精选层挂牌公司达51家,融资超127亿元》,载《证券日报》2021年3月9日。

[2] 参见全国中小企业股份转让系统官网:http://www.neeq.com.cn/index/market_overview.html,2021年10月19日访问。

份有限公司（广脉科技，838924）、上海海希工业通讯股份有限公司（海希通讯，831305）、深圳市广道高新技术股份有限公司（广道高新，839680）、苏州禾昌聚合材料股份有限公司（禾昌聚合，832089）、山东汉鑫科技股份有限公司（汉鑫科技，837092）、中设工程咨询（重庆）股份有限公司（中设咨询，833873）、河北志晟信息技术股份有限公司（志晟信息，832171）、河南同心传动股份有限公司（同心传动，833454）、南通大地电气股份有限公司（大地电气，870436）、山西科达自控股份有限公司（科达自控，831832）、安徽晶赛科技股份有限公司（晶赛科技，871981）、无锡吉冈精密科技股份有限公司（吉冈精密，836720）等14家公司陆续收到证监会批复，截至2021年10月25日，精选层公司实际已经达到81家。

2021年2月26日，深圳证券交易所发布深圳证券交易所《关于全国中小企业股份转让系统挂牌公司向创业板转板上市办法（试行）》的通知》（深证上〔2021〕233号）。同日，上海证券交易所发布《关于就〈全国中小企业股份转让系统挂牌公司向上海证券交易所科创板转板上市的办法（试行）〉的通知》（上证法〔2021〕17号）。沪深两交易所分别就符合一定条件的挂牌公司向创业板和科创板转板上市分别作出了明确规定，标志着挂牌公司转板上市制度正式启动，精选层挂牌的公司迎来了重大的发展机遇。

二、设立精选层的意义

新三板分层制度和北交所的设立不仅打通了新三板自身的互通互联，也打通了整个资本市场的互通互联。创新层、基础层都有一个到哪里去的问题，精选层及北交所的成立给所有挂牌企业定了一个标杆，有一个良好的定位，企业的发展目标可预期，极大提升了市场发展动力。根据监管层的安排，挂牌满一年的精选层企业可以申请到北交所上市，北交所上市的企业满足一定条件后可以向沪深两交易所转板上市；未来在精选层挂牌满一年的挂牌企业将可以向沪深交易所申请转板上市，这不仅加强了新三板内部流动性，同时也提升了投资人和新三板企业市场信心,可谓是内生动力,外生信心。精选层及北交所最大的意义是改变整个新三板的流动性问题,多层次资本市场雏形开始形成。

从新三板的角度看,精选层的意义两点:一是新三板在践行服务创新创业成长型中小企业的一个重要实践,也是落实关于多层次资本市场错位发展、协同共进大要求的集中体现;二是对于企业和投资人来讲,精选层最重要的是明确路径、建立预期,也就是说企业在基础层实现规范,在创新层实现了培育之后,希望企业能够在精选层实现升级发展,通过高效率的融资和高效率的交易等制度能够让企业上一个台阶,发展到一定阶段后也可通过转板上市登陆到沪深市场,给企业一个更顺畅的发展渠道。

精选层并不只针对新三板,而是全面进行金融深改中一个重要的方面,要放在更高层次去看精选层历史的意义;如果从小的微观角度来看,精选层最大的意义是对于目前新三板中大概接近2000家初具规模的高速成长的企业带来了一条崭新的道路,在这条道路上也会给很多企业提供合适的养分、合适的人才、合适的激励机制。同时在微观上还有一点,对于券商,包括今天的PE、中介机构也带来了一条新的道路。

作为新三板的业务主管单位,全国股转公司的地位作用自不用说。在这次全面深化改革当中未来重点和看点主要体现在四个方面:

1. 公开发行。精选层能够帮助科技创新型企业获得一个大规模高效的融资机会,包括这次公开发行在制度设计上,把发行条件和分层条件分开设置,包括审核机制,会借鉴注册制的理念,包括发行机制会将发行的时点、价格、发行规模全都交予市场、交予企业和投资人。

2. 连续竞价。在公开发行之后,企业的公众度达到一定规模之后,必然需要配置相应的流动性,所以连续竞价是必然。

3. 投资者适当性。市场关注新三板的门槛到底降到多少,新三板的投资者门槛一定会降,而且会采取各层差异化。此外,这一次在改革过程中会引入更多类型的投资者,包括公募基金,这为市场公允定价奠定基础。

4. 转板上市。转板上市未来可能会成为资本市场上新的上市方式，这在国外也有实践，精选层将在帮助成长型科技创新企业能够更好、更快成长的同时，更顺畅地登陆沪深交易所。

精选层众多利好政策的出台，在一定程度上提升了投资的信心和对新三板市场的预期，特别是精选层转板机制的预期，能够为新三板公司上市提供除传统 IPO 申报之外的新路径，也会显著提升新三板市场的吸引力。

三、精选层退出历史舞台

新三板精选层与北交所一脉相承，无论精选层挂牌企业平移至北交所，还是北交所承袭精选层大部分制度角度，在一定程度上，我们都可以把精选层看成北交所的预科班。北交所成立之后至北交所开市之前过渡期内，精选层的各项受理、审核工作继续，实际上承担了北交所的受理和审核工作。笔者承接的商丘市鼎丰木股份有限公司的精选层项目就历经新三板精选层挂牌和北交所上市两个阶段。项目团队不仅见证了北交所成立的伟大时刻，且亲历了将新三板精选层的问题反馈回复给北交所的经历，这一切正好说明了精选层在北交所开市之前的特殊历史使命和所起到的承上启下的作用。

北交所开市之后，精选层的一切审核工作和人员被北交所承接，精选层挂牌企业直接平移至北交所，精选层停止运营。随着北交所各项制度及案例的逐步完善，北交所开市进行项目受理和审理等工作，从而逐步脱离对精选层的依赖。

2022 年 3 月 4 日，为统筹新三板基础层、创新层与北京证券交易所之间的制度协同，完善新三板分层制度，全国股转公司发布修订《全国中小企业股份转让系统分层管理办法》的公告（股转系统公告〔2022〕53 号），新的《全国中小企业股份转让系统分层管理办法》第 2 条规定，股转系统设置创新层和基础层，全国中小企业股份转让系统有限责任公司对挂牌公司实行分层管理。至此，精选层正式退出历史舞台。

第二节　新三板精选层挂牌合规指引

一、精选层挂牌的合规条件 [①]

根据《全国中小企业股份转让系统分层管理办法》的相关规定，企业申请精选层挂牌应当满足主体条件、财务要求等其他条件。

（一）主体条件

在全国股权系统连续挂牌 12 个月的创新层挂牌公司，可以公开发行并进入精选层。进入精选层的主体应为连续挂牌 12 个月的创新层公司。由此可见，公司在挂牌的同时不能直接进入精选层，基础层公司也不能直接进入精选层。

（二）财务要求

标准一：市值不低于 2 亿元，最近两年净利润均不低于 1500 万元且加权平均净资产收益率平均不低于 10%，或者最近一年净利润不低于 2500 万元且加权平均净资产收益率不低于 10%。标准一为"市值＋净利润＋净资产收益率"，主要遴选盈利能力强的企业。

标准二：市值不低于 4 亿元，最近两年营业收入平均不低于 1 亿元且增长率不低于 30%，最近一年经营活动产生的现金流量净额为正。标准二为"市值＋营业收入及其增长率＋现金流"，主要遴选高成长性的企业。

标准三：市值不低于 8 亿元，最近一年营业收入不低于 2 亿元，最近两年研发投入合计占最近两年营业收入合计比例不低于 8%。

[①] 鉴于精选层诞生了北交所第一批上市公司，且目前精选层平移过来的上市公司占目前北交所上市公司比重较大，笔者将精选层挂牌和北交所上市并行呈现给读者，以便于对比两者的上市条件和标准。

标准三为"市值＋营业收入＋研发强度",主要遴选具有较高市场认可度的创新企业。

标准四：市值不低于15亿元,最近两年研发投入合计不低于5000万元。标准四为"市值＋研发投入",主要遴选市场高度认可、创新能力强的企业。

需要说明的是,以上四个标准不需要同时具备,只要满足其中之一即可申请进入精选层。

（三）其他条件

除满足上述条件外,还应满足以下条件：(1)最近一年期末净资产不低于5000万元；(2)公开发行的股份不少于100万股,发行对象不少于100人；(3)公开发行后,公司股本总额不少于3000万元；(4)公开发行后,公司股东人数不少于200人,公众股东持股比例不低于公司股本总额的25％；公司股本总额超过4亿元的,公众股东持股比例不低于公司股本总额的10％；(5)中国证监会和全国股转公司规定的其他条件。

（四）负面清单

挂牌公司或其他相关主体出现下列情形之一的,挂牌公司不得进入精选层：

1. 挂牌公司或其控股股东、实际控制人存在贪污、贿赂、侵占财产、挪用财产或者破坏社会主义市场经济秩序的刑事犯罪；存在欺诈发行、重大信息披露违法或者其他涉及国家安全、公共安全、生态安全、生产安全、公众健康安全等领域的重大违法行为；

2. 挂牌公司或其控股股东、实际控制人、董事、监事、高级管理人员最近12个月内存在被中国证监会及其派出机构采取行政处罚,或因证券市场违法违规行为受到全国股转公司等自律监管机构公开谴责的情形；

3. 挂牌公司或其控股股东、实际控制人、董事、监事、高级管理人员因涉嫌犯罪正被司法机关立案侦查或涉嫌违法违规正被中国证监会及其派出机构立案调查,尚未有明确结论意见；挂牌公司或其控股股东、实际控制人被列入失信被执行人名单且情形尚未消除；未按照全国股转公司规定在每个会计年度结束之日起4个月内编制并披露年度报告，或者未在每个会计年度的上半年结束之日起2个月内编制并披露半年度报告。

4. 最近三年财务会计报告被会计师事务所出具非标准审计意见的审计报告。

5. 中国证监会和全国股转公司规定的，对挂牌公司经营稳定性、直接面向市场独立持续经营的能力具有重大不利影响，或者存在挂牌公司利益受到损害等其他情形。

二、精选层挂牌适用的主要法律规则

进入精选层并在条件成熟时启动IPO进行转板是新三板挂牌企业普遍期待的目标也是努力的方向，对于企业管理层而言，准备掌握进入精选层的相关法律规则体系，有利于企业在第一时间启动进入精选层程序。企业申请精选层同时审核中介机构提供的专业服务，因此了解与精选层有关的法律规则体系尤为重要。

在目前的监管体系下，精选层除了《公司法》和《证券法》之外，主要涉及证监会的部门规章以及全国股转公司和沪深交易所的业务规则。主要如下：

1. 证监会发布的相关部门规章

证监会发布的相关部门规章见表12：

表12 精选层适用的证监会部门规章

序号	部门规章	文号	发布时间
1	《公开发行证券公司信息披露的编报规则第12号——公开发行证券的法律意见书和律师工作报告》	证监发〔2001〕37号	2001年3月1日
2	《非上市公众公司信息披露内容与格式准则第3号——定向发行说明书和发行情况报告书》	证监会公告〔2020〕3号	2020年1月13日
3	《非上市公众公司信息披露内容与格式准则第12号——向不特定合格投资者公开发行股票申请文件》[①]	证监会公告〔2020〕9号	2020年1月17日

① 该准则现已失效。

2. 全国股转公司发布的业务规则 [1]

全国股转公司发布的业务规则见表13：

表13 精选层适用的全国股转公司业务规则

序号	业务规则	文号	发布时间
1	《全国中小企业股份转让系统分层管理办法》	股转系统公告〔2019〕1834号	2019年12月27日
2	《全国中小企业股份转让系统投资者适当性管理办法》	股转系统公告〔2019〕1845号	2019年12月27日
3	《全国中小企业股份转让系统投资者适当性管理业务指南》	股转系统公告〔2019〕1846号	2019年12月27日
4	《全国中小企业股份转让系统股票向不特定合格投资者公开发行保荐业务管理细则（试行）》	股转系统公告〔2020〕64号	2020年1月19日
5	《全国中小企业股份转让系统股票向不特定合格投资者公开发行与承销管理细则（试行）》	股转系统公告〔2020〕65号	2020年1月19日
6	《全国中小企业股份转让系统股票向不特定合格投资者公开发行并在精选层挂牌与承销业务实施细则（试行）》	股转系统公告〔2020〕140号	2020年2月26日
7	《全国中小企业股份转让系统股票向不特定合格投资者公开发行并在精选层挂牌规则（试行）》	股转系统公告〔2020〕63号	2020年1月19日
8	《全国中小企业股份转让系统精选层挂牌审查细则（试行）》	股转系统公告〔2020〕155号	2020年2月28日
9	《全国中小企业股份转让系统股票向不特定合格投资者公开发行并在精选层挂牌业务指南1号——申报与审查》	股转系统公告〔2020〕178号	2020年3月6日
10	《全国中小企业股份转让系统股票向不特定合格投资者公开发行并在精选层挂牌业务指南2号——发行与挂牌》	股转系统公告〔2020〕179号	2020年3月6日

---

① 业务规则1—3包含精选层有关规定，精选层退出后，前述业务规则分别于2022年3月4日、2021年9月17日、2021年9月17日已经被修订；业务规则4—10和14已经根据全国股转公司于2021年11月12日股转系统公告〔2021〕1010号予以废止。本书从论述原精选层的角度对业务规则予以保留，供读者参考。

续表

序号	业务规则	文号	发布时间
11	《全国中小企业股份转让系统挂牌公司治理指引第2号——独立董事》	股转系统公告〔2021〕1023号	2021年11月12日
12	《全国中小企业股份转让系统挂牌公司治理规则》	股转系统公告〔2021〕1018号	2021年11月12日
13	《全国中小企业股份转让系统挂牌公司信息披露规则》	股转系统公告〔2021〕1007号	2021年11月12日
14	《全国中小企业股份转让系统精选层挂牌审查问答（一）》	股转系统公告〔2020〕77号	2020年1月21日

3. 沪深交易所发布的业务规则[①]

沪深交易所发布的业务规则见表14：

表14 精选层企业转板相关的沪深交易所业务规则

序号	沪深交易所业务规则	文号	发布时间
1	《深圳证券交易所关于全国中小企业股份转让系统挂牌公司向创业板转板上市办法（试行）》	深证上〔2021〕233号	2021年2月26日
2	《全国中小企业股份转让系统挂牌公司向上海证券交易所科创板转板上市的办法（试行）》	上证发〔2021〕17号	2021年2月26日

三、企业挂牌精选层的流程和步骤

精选层与创新层和基础层同归全国股转公司监管，三者属于同一层级资本市场，因此，除企业改制、证监会核准等环节外，入选精选层的步骤和流程与基础层和创新层无太多差别。但因申请精选层挂牌的企业均是挂牌超过一年的创新层公司，不需要股份制改造，但其股票需要证监会核准，因此，其挂牌流程又与基础层有所区别。具体流程如图3所示：

---

① 北交所产生后，精选层已经退出历史舞台，本部分业务规则已经失效。

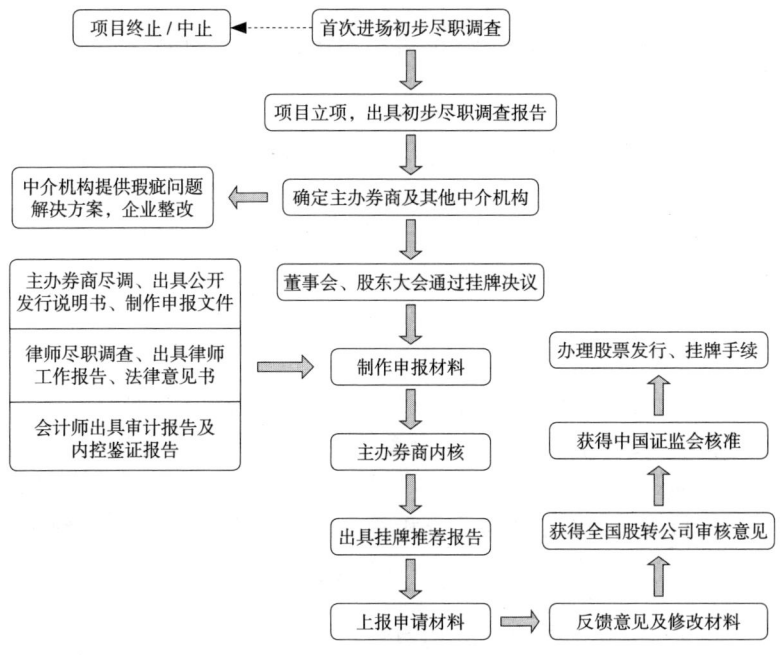

图 3 精选层挂牌流程图

上述挂牌上市流程中包括发行人及至少三家中介机构，除全国股转公司出具审核意见外，均需要取得中国证监会核准。其涉及的主要操作步骤如下：

（一）判断企业是否满足精选层入层的基本条件

拟向不特定合格投资者公开发行股票并进入精选层公司（以下称发行人），应当为挂牌满一年的创新层公司，且需符合《非上市公众公司监督管理办法》规定的公开发行股票的相关要求和《全国中小企业股份转让系统分层管理办法》规定的市值、财务指标等进入精选层要求，且不存在不得公开发行或不得进入精选层的情形。目前北交所平移了精选层的各项制度，从目前已经发布的征求意见稿来看，北交所上市条件和精选层入层标准一致。

(二)聘请中介机构及履行公司内部决策程序

发行人应当聘请保荐机构、证券服务机构进行推荐,并聘请承销机构进行股票承销。其中,保荐机构需由公司主办券商或其具有保荐机构资格的控股子公司担任。同时,在申报公开发行并进入精选层或北交所上市前应当履行董事会及股东大会审议程序,就发行数量、定价方式、募集资金用途等事项进行决议。

(三)中介机构制作申报文件,券商内核及申报材料

为项目提供服务的各中介机构在券商的指导下,独立开展工作,出具项目申报文件,对律师事务所来说,其需要提供的文件与新三板基础层和创新层不同,除了提供法律意见书之外,还提交律师工作报告。券商汇集各中介机构文件,经券商内核委员会通过后,统一上传至全国股转公司网站申报系统。

(四)接受全国股转公司审查、问询

拟在精选层挂牌的发行人、保荐机构等相关主体应当按照中国证监会和全国股转公司的有关规定制作并提交申请文件。全国股转公司受理申请文件后,将在规定时间内,通过向发行人及其保荐机构、证券服务机构提出问询等方式进行自律审查。全国股转公司设立挂牌委员会进行审议,合议形成通过或不通过的审议意见,全国股转公司结合挂牌委审议意见作出审查结论。

(五)中国证监会核准注册

全国股转公司审查通过后,根据发行人委托向中国证监会报送发行人申请文件及自律监管意见、审查资料。中国证监会受理发行人申请文件后,依法对发行人是否符合公开发行条件、是否满足相关信息披露要求进行审核,在20个工作日内作核准。

(六)发行承销

发行人及主承销商应当在取得中国证监会核准文件之后,及时

向全国股转公司提交发行与承销方案,并应当按照发行与承销规则的规定开展定价、申购和配售等工作。

(七)提交相关文件,在精选层挂牌或北交所上市

发行人应当在股票发行完成后,及时向全国股转公司提交发行结果报告、保荐机构出具的股票在精选层挂牌推荐书(含发行结果)以及验资报告等文件,发行人符合进入精选层条件的,全国股转公司将其调入精选层。

第三节 新三板精选层挂牌核查常见问题及合规方案

企业申请进入精选层公开发行股票,首先要符合挂牌条件,因此需要关注的法律问题、审核过程及审核依据与基础层相同,笔者在此不再赘述,本书主要针对精选层挂牌审核应关注的问题进行论述。

一、精选层挂牌合法合规的核查要求及标准

1.挂牌公司或其控股股东、实际控制人不允许涉及国家安全、公共安全、生态安全、生产安全、公众健康安全等领域的重大违法行为问题,认定标准及核查要求

最近36个月内,发行人及其控股股东、实际控制人在国家安全、公共安全、生态安全、生产安全、公众健康安全等领域,存在以下违法行为之一的,原则上视为重大违法行为:被处以罚款等处罚且情节严重;导致严重环境污染、重大人员伤亡、社会影响恶劣等。

有以下情形之一且保荐机构及发行人律师出具明确核查结论的,可以不认定为重大违法:违法行为显著轻微、罚款数额较小;相关规定或处罚决定未认定该行为属于情节严重;有权机关证明该

行为不属于重大违法。但违法行为导致严重环境污染、重大人员伤亡、社会影响恶劣等并被处以罚款等处罚的，不适用上述情形。

2. 关于发行人的业务、主要资产和核心技术的权属的核查标准及披露要求

保荐机构、发行人律师及申报会计师应重点关注发行人挂牌后报告期内的业务变化、主要股东所持股份变化以及主要资产和核心技术的权属情况，核查发行人是否符合以下要求并发表明确意见：

（1）发行人的主营业务、主要产品或服务、用途及其商业模式明确、具体，发行人经营一种或多种业务的，每种业务应具有相应的关键资源要素，该要素组成应具有投入、处理和产出能力，能够与合同、收入或成本费用等相匹配。

（2）对发行人主要业务有重大影响的土地使用权、房屋所有权、生产设备、专利、商标和著作权等不存在对发行人持续经营能力构成重大不利影响的权属纠纷。

3. 发行人实际控制人、控股股东所持股份的权属争议问题的核查标准及披露要求

发行人控股股东和受控股股东、实际控制人支配的股东所持有的发行人股份不存在重大权属纠纷。

根据上述核查要求，也就是说发行人控股股东和受控股股东、实际控制人支配的股东所持有的发行人股份要权属清晰，不存在代持或其他潜在权属瑕疵。需要说明的是，如果股东质押率过高，或者对赌协议中以控股股东、实际控制人或其控制的股权作为对赌协议的补偿条款也会影响到控股股东、实际控制人的股权稳定性，进而影响公司控制权稳定性。保荐机构、发行人律师及申报会计师应对以下问题发表明确意见：

（1）发行人控股股东和受控股股东、实际控制人支配的股份出资的合法性和真实性；

（2）发行人控股股东和受控股股东、实际控制人支配的股份出资所持有的发行人股份不存在重大权属纠纷。

4. 发行人关联交易问题的核查标准及披露要求

重点关注关联方的财务状况和经营情况；发行人报告期内关联

方注销及非关联化的情况，非关联化后发行人与上述原关联方的后续交易情况；关联交易产生的收入、利润总额合理性，关联交易是否影响发行人的经营独立性、是否构成对控股股东或实际控制人的依赖，是否存在通过关联交易调节发行人收入利润或成本费用、对发行人利益输送的情形；发行人披露的未来减少关联交易的具体措施是否切实可行。

实务中通常中介机构要求企业将关联采购跟关联销售规模降至30%以下。

保荐机构、申报会计师及发行人律师在核查发行人与其客户、供应商之间是否存在关联方关系时，不应仅限于查阅书面资料，应采取实地走访，核对工商、税务、银行等部门提供的资料，甄别客户和供应商的实际控制人及关键经办人员与发行人是否存在关联方关系。

保荐机构、申报会计师及发行人律师应对发行人的关联方认定，关联交易信息披露的完整性，关联交易的必要性、合理性和公允性，关联交易是否影响发行人的独立性、是否可能对发行产生重大不利影响，以及是否已履行关联交易决策程序等进行充分核查并发表意见。①

5. 关于同业竞争是否对发行人构成重大不利影响的核查标准及披露要求

发行人与控股股东、实际控制人及其控制的其他企业间如存在同业竞争情形，认定同业竞争是否对发行人构成重大不利影响时，保荐机构及发行人律师应结合竞争方与发行人的经营地域、产品或服务的定位，同业竞争是否会导致发行人与竞争方之间的非公平竞争、是否会导致发行人与竞争方之间存在利益输送、是否会导致发行人与竞争方之间相互或者单方让渡商业机会情形，对未来发展的

---

① 无论是精选层挂牌、北交所上市，抑或是其他板块上市，关联交易从来不是禁止行为，对关联交易的核查，主要在其必要性、合理性和公允性以及发行人对关联交易的依赖程度，这和新三板基础层及创新层挂牌并无不同，在此不再进行案例探究。

潜在影响等方面,核查并出具明确意见。

发行人应在公开发行说明书中,披露保荐机构及发行人律师针对同业竞争是否对发行人构成重大不利影响的核查意见和认定依据。①

6.发行人进入精选层前的公司章程及董事、监事、高级管理人员构成等公司治理衔接问题的核查要求

(1)发行人申报时提交的《公司章程(草案)》内容应当符合《全国中小企业股份转让系统挂牌公司治理规则》关于精选层挂牌公司的要求,对利润分配、投资者关系管理、独立董事、累计投票等内容在《公司章程(草案)》中予以明确或者单独制定规则。

(2)发行人申报时的董事、监事、高级管理人员(包括董事会秘书和财务负责人)应当符合《全国中小企业股份转让系统挂牌公司治理规则》规定的任职要求,并符合精选层挂牌公司董事兼任高级管理人员的人数比例、董事或高级管理人员的亲属不得兼任监事的相关要求。

(3)发行人应当在挂牌委员会审议之前设立两名以上(含两名)独立董事。独立董事的任职资格、备案程序等应当符合全国股转公司的相关规定。

因不同层级对公司治理要求不同,企业应注意适用精选层规定。

7.发行人在经营中与其控股股东、实际控制人或董事、监事、高级管理人员存在共同投资行为问题的核查要求

(1)发行人应当披露相关公司的基本情况,包括但不限于公司名称、成立时间、注册资本、住所、经营范围、股权结构、最近一年及一期主要财务数据及简要历史沿革。

(2)中介机构应当核查发行人与上述主体共同设立公司的背景、原因和必要性,说明发行人出资是否合法合规、出资价格是否公允。

(3)如发行人与共同设立的公司存在业务或资金往来的,还应当披露相关交易的交易内容、交易金额、交易背景以及相关交易与

---

① 无论是精选层挂牌、北交所上市,都不允许发行人存在同业竞争,因此,截至目前为止,尚不存在企业存在同业竞争依然挂牌上市的成功案例。

发行人主营业务之间的关系。中介机构应当核查相关交易的真实性、合法性、必要性、合理性及公允性，是否存在损害发行人利益的行为。

（4）如公司共同投资方为董事、高级管理人员及其近亲属，中介机构应核查说明公司是否符合《公司法》第 148 条规定，即董事、高级管理人员未经股东会或者股东大会同意，不得利用职务便利为自己或者他人谋取属于公司的商业机会，自营或者为他人经营与所任职公司同类的业务。

8. 发行人报告期内存在的政府补助合法合规问题的核查要求 ①

发行人应结合政府补助的具体来源、获取条件、形式、金额、时间及持续情况、分类、政府补助与公司日常活动的相关性等，在公开发行说明书中披露报告期内各期取得政府补助资金的具体情况和使用情况、计入经常性损益与非经常性损益的政府补助金额，以及政府补助相关收益的列报情况是否符合《公开发行证券的公司信息披露解释性公告第 1 号——非经常性损益》的规定；结合报告期内各期计入损益的政府补助金额占同期净利润的比例说明对政府补助的依赖情况，报告期内经营业绩对政府补助存在较大依赖的，应当进行重大事项提示，并分析披露对发行人经营业绩和持续经营能力的影响。

保荐机构及申报会计师应对发行人上述事项进行核查，就发行人是否已在公开发行说明书中充分披露上述情况及风险，报告期内经营业绩是否对政府补助存在较大依赖发表明确意见。

9. 报告期内税收优惠的核查及披露要求 ②

对于税收优惠，发行人应遵循如下原则进行处理：（1）如果很可能获得相关税收优惠批复，按优惠税率预提预缴经税务部门同意，可暂按优惠税率预提并做风险提示，并说明如果未来被追缴税款的处理安排；同时，发行人应在公开发行说明书中披露税收优惠

---

① 参见《全国中小企业股份转让系统精选层挂牌审查问答（一）》问题 16。
② 参见《全国中小企业股份转让系统精选层挂牌审查问答（一）》问题 17。

不确定性风险。(2)如果获得相关税收优惠批复的可能性较小,需按照谨慎性原则按正常税率预提,未来根据实际的税收优惠批复情况进行相应调整。(3)发行人依法取得的税收优惠,在《公开发行证券的公司信息披露解释性公告第1号——非经常性损益》规定项目之外的,可以计入经常性损益。

保荐机构、发行人律师和申报会计师应对照税收优惠的相关条件和履行程序的相关规定,对发行人税收优惠相关事项的处理及披露是否合规,发行人对税收优惠是否存在较大依赖,税收优惠政策到期后是否能够继续享受优惠进行专业判断并发表明确意见。

企业在新三板精选层挂牌业务涉及挂牌企业向合格投资者公开发行股票,在业界被习惯性称为"小IPO",这不仅因为其存在公开发行股票行为,更重要的是,各中介机构在实务操作中均参照IPO业务标准进行核查,精选层挂牌业务的核查标准及对挂牌企业规范程度要求也较高。因此,精选层业务对广大中介机构而言,是一个新的机会,也是一个挑战。

10. 重大合同合规性核查及披露要点

发行人重大合同是挂牌企业主要供应商、主要客户、重要银行借款、重大担保及重要机器设备的反映,企业合同如果存在虚假合同往往直接影响发行人业务成本、业务收入,在财务造假案件中,虚构合同、虚增收入方式是发行人惯用的伎俩。因此,中介机构在核查重大合同时,除了披露重大合同的基本情况外,还应重点核查合同业务的真实性和合法性。

二、精选层挂牌合规案例分析[①]

全国股转公司颁布实施的《全国中小企业股份转让系统精选层挂牌审查问答(一)》对精选层挂牌业务审查中的28个问题进行了解答,对精选层挂牌业务有着非常重要的现实指导意义。鉴于精选

---

① 由于精选层公司已经整体平移至北交所,且截至本书交稿之日,精选层已经退出历史舞台,本书仅选举个别典型案例进行说明,其他不再详述。

层挂牌涉及股票公开发行,全国股转公司在审核项目时除了关注与基础层一致的问题以外,对发行人产品与业务的关联性、资金是否涉及转贷或倒贷款、实际控制人稳定性以及募投项目的合规性等给予了更多关注。

由于公开发行涉及内容较多,笔者作为法律实务工作者,从法律实操的角度选择了个别有别于基础层和创新层审核要点的典型案例进行分析,供大家学习。

(一)专利及软件著作权信息披露以及与发行人主要产品和业务的关联性

1. 项目概况

锦好医疗于 2021 年 9 月 23 日取得中国证监会核准文件,成为北交所上市第一股。根据申报材料,锦好医疗拥有 104 项专利,其中发明专利 1 项,实用新型专利 37 项,外观设计专利 66 项,软件著作权 7 项。另外,发行人核心技术人员龙瑞前、董平、李卓赐均为 2018 年以后入职,其中董平拥有 18 项专利,李卓赐拥有 1 项发明专利。

2. 股转公司反馈问题

请发行人:

(1)补充说明上述专利、软件著作权与发行人报告期核心技术、主要产品或服务、主营业务收入之间的对应关系。(2)说明上述专利、软件著作权是否存在权属纠纷或潜在权属纠纷。(3)结合相关研发人员的工作履历,说明上述专利、软件著作权是否涉及研发人员在原单位的职务成果,研发人员是否违反竞业禁止的有关规定,是否存在违反保密协议的情形,是否可能导致发行人的技术存在纠纷及潜在纠纷。

请保荐机构、发行人律师核查上述事项并发表明确意见。

3. 合规解决方案 [①]

(1)就发行人的专利、软件著作权与发行人核心技术、主要产

[①] 参见"恒坤股份"全国中小企业股份转让系统披露的挂牌公告;解决方案内容根据北京大成(广州)律师事务所出具的《补充法律意见书》进行整理。

品或服务、主营业务收入之间的对应关系，中介机构做了进一步尽职调查，并进行了详细披露，见表15、表16。

表15 发行人的专利、软件著作权与发行人核心技术的对应关系

序号	专利/软件著作权登记号	专利/软件著作权名称	核心技术名称
1	专利证书号2019207305850	一种具有移动电源功能的助听器充电盒	镍氢电池充电管理算法的开发与应用
……			
9	发明专利2019108470474	一种数字助听器的啸叫抑制方法、系统；专用DSP/锦好数字	数字助听器AFC声反馈抑制算法的开发与应用

表16 发行人的专利、软件著作权与发行人主要产品及其收入的对应关系

序号	知识产权类型	专利/软件著作权名称	专利/软件著作权登记号	对应产品	对应产品型号
1	实用新型专利	一种抑制声反馈的助听器	2015210023669	助听器	JH-125
……					
111	实用新型专利	便携雾化器	2015210033251	雾化器	JH-U0、JH-U02

报告期内，上述专利、软件著作权对应的相关产品形成的主营业务收入及其占发行人营业收入比例分别为9733.08万元、13572.35万元、19824.07万元及92.71%、91.03%、93.74%。

（2）关于上述专利、软件著作权是否存在权属纠纷或潜在权属纠纷的披露。

第一，根据公司提供的资料，并经律师前往国家知识产权局专利局广州代办处进行现场查询和网络查询，《律师工作报告》及《补充法律意见书（一）》中披露的发行人的专利及软件著作权，均已在相关知识产权监督管理部门依法登记并取得知识产权权属证明文件。因此，上述专利和软件著作权的权属清晰。

第二，根据发行人出具的承诺，并经律师登录中国裁判文书网和中国执行信息公开网进行核查，以及访谈发行人及其子公司技术

开发合同的相对方，截至本补充法律意见书出具之日，发行人不存在与其专利及软件著作权权属相关的纠纷或潜在纠纷。

（3）关于上述专利、软件著作权是否涉及研发人员在原单位的职务成果，研发人员是否违反竞业禁止的有关规定，是否存在违反保密协议的情形，是否可能导致发行人的技术存在纠纷及潜在纠纷。

第一，补充在职科研人员前任职单位：根据公司提供的资料并经核查，律师事务所补充了前任职单位的有关情况。

第二，在职科研人员出具承诺，并进行访谈。根据王华东和王智兴分别出具的承诺函和本所律师访谈二人的访谈记录，发行人拥有的专利和软件著作权均不涉及二人在原单位的职务成果，王华东与前任职单位之间没有签署竞业禁止的相关协议或条款，王智兴与前任职单位之间签署竞业禁止的相关协议或条款但因离职后未收到该单位支付的竞业禁止补偿金而无须履行竞业禁止义务，二人不存在违反原单位保密协议的情形，不存在窃取原单位的职务成果的情形，与原单位之间没有知识产权方面的纠纷或潜在纠纷。

第三，登录公开网络进行查询。经律师登录中国裁判文书网和中国执行信息公开网进行核查，截至本补充法律意见书出具之日，发行人、在职科研人员与科研人员的前单位不存在有关专利及软件著作权的诉讼。

第四，核查发行人与在职研发人员《劳动合同》及其他协议。根据发行人与在职研发人员签署的《劳动合同》《员工职务成果归属确认书》《员工保密与竞业禁止协议》，研发人员在为发行人履行职务时，保证不私自从外部将任何有侵权可能的信息和资料携入发行人，研发人员为完成发行人的工作任务，或利用发行人工作条件或便利，或利用发行人的物质技术条件等，创造或创作出与发行人安排的工作性质相关的各项成果均为职务成果；不论研发人员因任何原因离职发行人后2年内，在中国境内，该研发人员不得到与发行人生产或者经营同类或类似产品或服务、从事同类或类似业务的其他单位工作或兼职，也不得自己开业生产或者经营同类或类似产品或服务、从事同类或类似业务，不论形式上或实质上是否构成竞争关系。

发行人通过与研发人员签署上述协议，有效防止发行人的技术发生纠纷或潜在纠纷。

第五，根据公司出具的说明，上述专利和软件著作权在相关知识产权监督管理部门依法登记并公示过程中，不存在因侵犯第三方权利而被第三方提出异议导致无法取得所有权的情形。

4. 结论意见

发行人的专利及软件著作权不存在权属纠纷或潜在权属纠纷；不涉及在职研发人员在原单位的职务成果，在职研发人员不存在违反与原单位的竞业禁止和保密协议的情形导致发行人的技术存在纠纷及潜在纠纷。

（二）报告期内发行人利用供应商存在转贷行为的合规解决方案

1. 项目概况

漯河利通液压科技股份有限公司（832225，以下简称发行人）于2015年3月19日在新三板挂牌，2020年5月25日发行人进入创新层，成为全国股转系统创新层挂牌公司。发行人精选层挂牌文件申报后，全国股转公司反馈要求对发行人存在转贷行为进行了两次反馈。

2. 股转公司反馈问题

请发行人补充说明并披露2020年6月发生的转贷行为的原因、背景及规范情况，并对上述行为是否对精选层挂牌产生影响发表意见。

3. 合规解决方案[①]

（1）如实披露转贷行为发生的原因及具体情况。由于银行发放贷款要求采用受托支付方式，而公司在开展业务过程中一般会根据实际采购需求、按约定账期向供应商支付货款，因此会出现向供应商实际支付货款的时点、金额与贷款受托支付的金额无法匹配，从而导致不具有商业实质的转贷情形发生。

供应商在收到受托支付的贷款后，在当天或期后极短时间将贷

---

① 参见"利通科技"全国中小企业股份转让系统披露的挂牌公告及北京海润天睿律师事务所出具的《法律意见书》。

款全额转回发行人,转出转回资金相互匹配,周转后的贷款仍全部用于发行人生产经营。在发行人通过供应商获取贷款周转过程中,不存在贷款资金截留等情形,不存在损害发行人或其他方利益的情形,且相关供应商均非发行人的关联方。报告期内,发行人通过购置编织机等设备,生产规模逐步扩大,同时三期项目建设投入资金较大。发行人融资渠道有限,除盈余积累、融资租赁外,发行人主要通过银行贷款解决资金需求。

(2)核查款项归还情况。报告期内,发行人整体资信情况良好,与贷款银行保持了良好的合作关系。截至出具法律意见之时,发行人的借款大部分均已经归还。

(3)发行人不存在转贷牟利行为,不属于贷款诈骗。根据发行人与相关借款银行签署的贷款协议、发行人的银行流水以及律师对发行人总经理的访谈,发行人通过上述转贷获得的贷款全部用于了生产经营活动,未将相关款项用于非经营性活动谋取利益;发行人能按期依约偿还转贷所涉银行贷款本息,在贷款合同履行过程中不存在债务违约情形,截至本补充法律意见书出具之日,相关贷款已经全部归还借款银行。因此,发行人转贷行为不属于以转贷牟利为目的,套取金融机构信贷资金高利转贷他人的行为;不属于以非法占有为目的,诈骗银行或者其他金融机构的贷款的行为;不存在主观故意或恶意骗取银行贷款、恶意扰乱金融结算秩序的情形;不存在使用转贷资金用于资金拆借、证券投资、股权投资、房地产投入或国家禁止生产、经营的领域和用途的情形;不存在损害发行人及发行人中小股东利益的情形;不属于《中华人民共和国刑法》第175条之一规定的骗取贷款、第193条规定的贷款诈骗的行为。

(4)发行人和实际控制人出具具有约束力的承诺。发行人及实际控制人已就日后避免新增转贷行为及加强内控出具《承诺函》,承诺:"公司及相关人员将严格按照《商业银行法》《贷款通则》《支付结算办法》《流动资金贷款管理暂行办法》等相关法律法规及《资金借贷管理制度》的规定取得和使用贷款,坚决杜绝不具有实际交易背景的受托支付再次发生。"

(5)发行人完善了内控制度。发行人加强了资金预算管理,已制定《资金借贷管理制度》，加强了业务人员的培训，提高风险管理意识。经中介机构核查，相关内部控制制度已得到了有效执行，发行人和相关业务人员的规范意识已提高。2020年7月以来，发行人的银行贷款操作规范，未再发生转贷情形。

4. 结论意见

综上，中介机构认为，上述行为属于发行人为融资需要产生的偶发行为，不具有贷款诈骗及牟利行为，且上述贷款已经及时归还银行，并建立了完善的内控制度，不会对发行人本次精选层挂牌产生实质影响。

（三）募投项目及募集资金运用的审查要点及合规解决方案

1. 项目概况

连城数控于2016年4月25日在全国股转系统挂牌，于2018年5月28日进入创新层，连城数控为在全国股转系统连续挂牌满12个月的创新层公司。2020年3月4日，连城数控召开2020年第二次临时股东大会，审议通过了《关于公司向不特定合格投资者公开发行股票并在精选层挂牌》《关于公司向不特定合格投资者公开发行股票募集资金用途及可行性》《关于公司向不特定合格投资者公开发行股票并在精选层挂牌〈股东分红回报规划〉》等议案，2020年5月公司提交精选层挂牌的申报文件。

2. 关注焦点

募投项目及募集资金的审核是新三板精选层项目有别于基础层和创新层的重要内容。由于精选层挂牌项目涉及向不特定合格投资者公开发行股票募集资金，因此募集资金的用途和募投项目合规性是精选层项目必须关注的问题，实务中主要从募集资金的金额、决议程序、资金管理制度、投资项目等方面予以审核并披露。

3. 合规解决方案[①]

就上述问题，中介机构经审核后发表如下合规意见：

---

① 参见"利通科技"全国中小企业股份转让系统披露的挂牌公告及开源证券股份有限公司出具的《公开发行说明书》。

（1）预计募集资金总额。

根据公司第三届董事会第二十四次会议和2020年第二次临时股东大会决议，公司拟以37.89元/股的价格向不特定合格投资者公开发行普通股股票不超过1500.00万股，预计募集资金总额为56835.00万元，发行价格及具体募集资金数额将根据询价结果和市场情况确定。

（2）募集资金投资项目的审批及投入情况。

本次发行募集资金扣除发行费用后，将投资于以下项目：

项目名称	项目投资总额（万元）	拟投入募集资金（万元）	立项备案	环评批复
单晶炉和切片机扩建项目	32816.36	32816.36	锡山行审备（2020）29号	备案号：2020320205000000094
研发中心建设	6559.40	6559.40	锡山行审备（2020）29号	备案号：2020320205000000094
合计	39375.76	39375.76	—	

本次发行募集资金投资项目符合公司主营业务的发展方向，是公司未来发展战略的重要组成部分。

如本次发行的实际募集资金净额少于投资项目所需资金，公司将通过自有资金或银行贷款解决；若实际募集资金净额满足上述项目投资后仍有剩余，剩余资金将用于补充公司流动资金。在募集资金到位前，公司可以先行以自筹资金投入上述项目，待募集资金到位后再按募集资金使用管理的相关规定置换前期已投入的自筹资金。

（3）募集资金投资项目的合规性。

公司的全资子公司连城凯克斯已取得无锡市自然资源和规划局颁发的编号为"苏（2020）无锡市不动产权第0041701号"的《不动产权证》，作为权利人为本次募集资金投资项目取得位于江苏省无锡市锡山区锡北镇锡东大道东、泾虹路南的国有工业用地使用权，面积为 72347 平方米。

2020 年 3 月 2 日，无锡市锡山区行政审批局出具编号为锡山行审备〔2020〕29 号《江苏省投资项目备案证》，对连城凯克斯拟投资建设的"半导体高端装备研发制造项目"予以备案。连城凯克斯于 2020 年 3 月 19 日在无锡市建设项目环境影响登记表备案系统提交了募集资金拟投资项目的《建设项目环境影响登记表》，并完成备案，备案号为 202032020500000094。

无锡市行政审批局分别于 2020 年 3 月 9 日、2020 年 3 月 11 日向连城凯克斯核发了编号为建字第 3202052020A0020《建设工程规划许可证》及编号为地字第 3202052020A0002 号《建设用地规划许可证》。无锡市锡山区住房和城乡建设局于 2020 年 4 月 29 日向连城凯克斯核发了编号为 3202052020042901 的《建设工程施工许可证》。

（4）募集资金专项储存制度。

公司 2018 年 2 月 5 日召开的第三届董事会第六次会议及 2018 年 2 月 22 日召开的 2018 年第二次临时股东大会审议通过了《大连连城数控机器股份有限公司募集资金管理制度》，该制度规定本次募集资金存放于公司董事会决定的专项账户集中管理，做到专款专用。

4. 结论意见

保荐机构及发行人律师经核查认为，发行人已建立募集资金专项存储制度，确定募集资金应当存放于董事会决定的专项账户。发行人募集资金用途符合国家产业政策、投资管理、环境保护、土地管理以及其他法律、行政法规、部门规章及其他规范性文件的规定，不会产生同业竞争或者对发行人的独立性产生不利影响。